DIANA

Das Buch

Die drei hier vereinten Prosastücke lassen sich auf je unterschiedliche Weise mit der Person und dem Werk Franz Kafkas ein.

Die erste Geschichte ist eine Art Fortschreibung des unvollendeten *Amerika*-Romans (Der Verschollene), geboren aus Zuneigung zu dessen unendlich sanfter und liebenswerter Hauptfigur Karl Roßmann, den der Nachdichter in Kafkas Sinn gern etwas ›gerettet‹ haben möchte.

Die zweite Erzählung geht, charmant anachronistisch, von der Fiktion aus, Kafka habe eine der fast immer unsäglichen Dramatisierungen und Verfilmungen seiner Werke noch miterleben müssen, in diesem Fall eine besonders verwegene – ja, der Dichter nimmt leibhaftig an ihr teil und erlebt viel Ungeahntes, Unerhörtes und Ungehöriges dabei.

Der dritte und gute letzte Kurztext rechnet mit Kafkas – angeblicher – Geschlechtsunlust ab.

Der Autor

Eckhard Henscheid wurde 1941 in Amberg geboren. Ursprünglich wollte er Musiker werden, entschied sich dann jedoch für ein Studium der Germanistik in München. Er war Journalist in Regensburg und Redakteur in Frankfurt. Er lebt seit 1971 als freier Schriftsteller abwechselnd in Amberg und in Frankfurt/Main.

Eckhard Henscheid

Roßmann, Roßmann …

Drei Kafka-Geschichten

DIANA VERLAG
München Zürich

Diana Taschenbuch Nr. 62/0015

Einzig berechtigte Taschenbuchausgabe
Wilhelm Heyne Verlag GmbH & Co. KG, München
Printed in Germany 1999

Umschlagillustration: © Klaus Wagenbach Verlag und Ralph Gibson
aus ›Lichtjahre‹, Edition Stemmle, Zürich
Umschlaggestaltung: Hauptmann und Kampa
Werbeagentur, CH-Zug
Satz: Schaber Satz- und Datentechnik, Wels
Druck und Bindung: Elsnerdruck, Berlin
Gedruckt auf chlor- und säurefreiem Papier

ISBN 3-453-15023-6

http://www.heyne.de

Für REGINA,
die viel half und riet

Inhalt

ROSSMANN, ROSSMANN …

»Karl Roßmann«, sagte er.
»Roßmann«, wiederholte der Polizeimann, zweifellos nur, weil er ein ruhiger und gründlicher Mensch war, aber Karl, der es hier eigentlich zum erstenmal mit amerikanischen Behörden zu tun bekam, sah schon in dieser Wiederholung das Aussprechen eines gewissen Verdachtes. Und tatsächlich konnte seine Sache nicht gut stehen.

(Kafka, Amerika)

Als der achtzehnjährige Karl Roßmann zusammen mit den deutschen Schriftstellern von seiner kurzen, vom Naturtheater von Oklahoma organisierten Reise quer durch das Landesinnere nach New York zurückkehrte, unschlüssig noch hinsichtlich seiner weiteren Pläne fern der europäischen Heimat, erblickte er im frühen Sonnenlicht auf dem Bürgersteig gegenüber der Busendhaltestelle, umweht von freien Lüften, einen älteren, festen, im Dienst stark angegrauten Polizisten. Es war ein Mann von gut überdurchschnittlichen Proportionen, er trug an seiner für den Vorfrühling recht molligen Dienstjacke ein aufgenähtes, silberkühl blitzendes Schild mit dem Hinweis ›Polizei Distrikt New York‹, aber er wirkte insgesamt noch unentschlossen, zugleich großzügig, fast huldreich dem Verzeihen zugeneigt, im Sinn der Flüchtigkeit der nicht allzu erheblichen Sache. Zwar musterte und studierte er alle Reisenden, die aus dem Bus kletterten, überaus sorgfältig, ja mit Sorgenfurchen auf der sonst sonnenlichtbeglänzten

Stirn; doch schien er noch keinen reellen Anlaß zu sehen, einzugreifen, auch im Falle Karl Roßmann nicht, indessen die Reisenden vor dem noch eine Weile nachknatternden Bus kleine zerstreute, zum Teil lebhaft schwatzende Gruppen bildeten oder in schon fast allzu hastiger Auflösung der Busgemeinschaft bereits verschwunden waren.

Langsam, bedachtsam, als wäre er sich andererseits der Berechtigung seiner Nachsicht, ja Oberflächlichkeit noch keineswegs so sicher, drehte der Polizist wenig später mit bedeutendem Körperschwung nach links ab und verschwand um die Ecke. Karl atmete heftig durch, ließ seine Rechte zum Abschied von Wehmeier ergreifen und hielt mit der Linken den Koffer ganz klamm fest. Unter ruhig jagenden Wolken, während Wehmeier schon besinnungslos die Hand nun schüttelte, fühlte Karl stark das Herz ihm schlagen. Ein enges Schluchzen stak ihm lautlos in dem Schlund der Kehle und er nagte darum schnell die Lippen. Die Rückkunft war schon halb verdorben und vertan.

Karl Roßmann hatte die Rückreise nach New York im Verein mit einer Gruppe deutschösterreichischer Westernroman-Autoren gemacht. Diese Landsleute, etwa zwei Dutzend älterer oder schon alter Männer, waren zur Information, zur Schulung und Fortbildung und, wie es hieß, vor allem zur Bereicherung ihrer intimeren Landeskenntnisse wochenlang durch große Teile Amerikas gefahren, vor allem durch Texas, Arizona und Utah – Karl war den Autoren, denen es neben der Gewinnung neuer Eindrücke und Einsichten sicherlich auch um ein paar sorgenlose Tage fern des beruflichen Alltags zu tun war, in dem Gebirgsstädtchen Largo vorgestellt worden. Es war beim letzten öffentlichen Auftritt des Naturtheaters von Oklahoma gewesen, dessen

Tournee-Ensemble Karl ja als Bläser angehört hatte, bei einem Bunten Abend im Zentralsaal des Pfarrgeländes der Gemeinde von Largo, damals, als die Liquidation der Bläsertruppe wegen nicht wiedergutzumachender wirtschaftlicher Belastungen schon so gut wie feststand – wenig hätte Karl Roßmann gelegener kommen können als die Einladung der Deutschen, die er dann beim abschließenden geselligen Teil des Abends kennengelernt hatte, mit ihnen in ihrem vorab gemieteten Überlandbus nach New York zurückzukehren; umsonst gar, nachdem das Glück es gefügt hatte, daß einer der deutschen Autoren kurz zuvor bei einem Abstecher nach Corpus Christi einer Herzschwäche erlegen war. So konnte die Reiseleitung guten Gewissens und gewissermaßen einen Busfreiplatz vergeben oder sie nahm sich zumindest das Recht heraus, auch wenn es Karl nicht ganz geheuer vorkam, er fragte sich immer wieder, wo denn der Tote dann verblieben sei. Aber tot im Bus konnte er schließlich auch nicht gut mitfahren, und schließlich hatte Karl gar kein Geld mehr, sondern nur noch seinen allerdings leeren Koffer, und war auf die Hilfe seiner Landsleute also dringend angewiesen und dankbar für sie.

Rasch hatte sich Karl im Fortgang der Inspektionsfahrt dann besonders mit einem gewissen Erwin Wehmeier angefreundet und verstanden. Es war dies ein sehr rundlicher, gemüthafter, aber trotzdem überaus behend wirkender Mann im etwas fortgeschrittenen Alter, freilich, wie sich bald herausstellte, die jüngste Nachwuchskraft inmitten dieser Mannschaft mehrenteils langgedienter und ausgefuchster Roman- oder doch Kurzromanautoren. Aber gerade die noch etwas unfertige Lernwilligkeit im Verein mit seiner sich aber trotz alledem schon abzeichnenden herzhaften Gerissenheit waren es gewesen, was Karl von Anfang an im Falle Wehmeier so zugesagt, ja bezaubert hatte; indessen zum Beispiel der Delegationsleiter, Wehmeiers Vorgesetzter, der Cheflektor Ted Hoffnung, ein schon gar zu oft und rücksichtslos den stärksten und zudem doppelstöckigen nationalen Schnäpsen zusprechender und etwas jüngerer Mann, ihm beinahe verabscheuungswürdig erschienen war; und dies, obgleich der meist schwitzende, rundliche und noch viel rundlicher wirkende Wehmeier Hoffnung bei solchen Anlässen häufig und gleichsam peinlich gehorsam zugeprostet und dabei großartig die ohne Bewußtsein gewölbte Hand gehoben hatte – es mochte ja sein, fühlte Karl, daß Wehmeiers Position in diesem ›Zauberring-Verlag‹ noch nicht gefestigt genug war, als daß er sich ein Ausscheren aus der allzu fröhlichen und gleichgültigen Lebensart seines Vorgesetzten erlauben durfte, ohne seinen schönen und neuen, und, wie Karl bald von ihm selber erfuhr, den deutschen Finanzbehörden noch nicht bekannten Posten zu riskieren und wieder zu verlieren.

Wehmeier, das hatte Karl ganz besonders beeindruckt, hatte aber auch immer wieder, wahrscheinlich als einziger innerhalb der Rundreisegruppe, querlandein Notizen gemacht, schweißtriefend im hitzedampfenden Bus, bedenkenlos die Nase reibend und die Lippen zuspitzend – Notizen in ein kleines Kalenderbüchlein, auf dem auch ›Bayernversicherung‹ stand – Notizen sogar in Stenographie, als ob es ihm gar nicht schnell genug gehen könne, die Eigenarten und Wunder des großen und weiten Lands in allen Details zu bannen und ein für allemal festzuhalten. Und stets hatte Erwin Wehmeier dabei seine feine Hornbrille über die etwas verhutzelte Stupsnase mitten im kreisrunden Kopf gestülpt, das überwiegend eisgraue Haar war schmissig, wie in trotzigem Aufbegehren und dennoch weltläufig und jederzeit vorzeigbar meist halbnaß nach hinten geworfen und gebürstet und geklebt – und ein paarmal war Wehmeier während des Notierens oder aber wenn er sich, hinausstarrend ins flache Land, von den Notizen erholte, sogar überlastet eingeschlafen. Achtlos stieß der kleine ringelförmige Mund, dessen Winkel sonst meist im nicht zu täuschenden und dennoch vornehmen Weltgram einwärts und nach unten sackten, verdiente Seufzer vorübergehender Erlösung aus.

Daß die deutschen Landsleute bei ihrer Rundreise sogar richtige Indianer besichtigt hatten, wie Wehmeier einmal auf der Höhe von Trinidad behauptete, dies in einem gleichsam verdrießlichen Ton, den er vielleicht für unwiderstehlich hielt, und zwar auf einem hohen Berggipfel mit Rundblick auf den Stillen Ozean, ja daß man sogar miteinander die Friedenspfeife geraucht haben würde, hätte ein neues amerikanisches Gesetz eben diesen Brauch vor drei Jahren nicht strikt verboten – dieser Bericht schien Roßmann ungeachtet seiner starken Zuneigung zu Wehmeier doch leicht übereilt, ja um so unglaubwürdiger, als der Schriftsteller, der, wie Karl schon wußte, noch bis vor kurzem in der Elektrokochplatten- und zugleich in der Gebrauchtautobranche tätig gewesen war, ihm schon wenige Minuten später sein letztes, noch vor der Amerikaexpedition entstandenes Werk zu lesen gab und schenkte. Es hieß ›Erbarmen mit dem Sheriff‹ und begann so:

»Als Guy Stuyvesant endlich nach Hause kam, fand er zwei Gräber. Es waren die Gräber seines Vaters Jerome und seiner Schwester Lolo. Aber da war auch noch Lala, die geheimnisvolle Indianerin, mit der Guys Vater Jerome so viele Jahre über wild zusammengelebt hatte, zum Zorn des Häuptlings Jojo, aber auch von

Lieutenant Duchin von den Texas-Rangern. Sie war Guy Stuyvesants leibliche Mutter, aber das war ein Mysterium, um das nur wenige, sehr wenige Menschen wußten. Guy Stuyvesant und die Indianersquaw wurden auf jenen Pfad der Rache getrieben, den keine Friedenspfeife der Welt mehr gutmacht. Zwei Menschen, die das Leben über alles liebten und die doch dazu verdammt waren, bis ans Ende ihrer Fährte im grausamen Schatten des Todes zu reiten, immerfort zu reiten. Die Mündung einer abgesägten doppelläufigen Schrotflinte ragte ...«

Auf der Seite gegenüber diesen drucktechnisch hervorgehobenen Eingangszeilen ersah Karl fünf photographierte Frauen, eine davon sogar im Badetrikot, die für den Saunaanzug ›Carmen‹ warben, der das Fett siebenmal schneller verbrenne als die bekannte Knüller-Diät. Zwischen Wehmeiers Romanzeilen waren kleine Anzeigentexte eingerückt: »Frei von Prostatabeschwerden – Schutzgebühr eine Mark in Briefmarken« und »Die magische Kraft der Hexenkunst – genießen Sie jetzt ein Leben unglaublichen Wohlstands, ewiger Liebe und ständigen Schutzes«. Auf dem Umschlag des Romanhefts aber sah man einen bärenstarken blonden Mann mit Revolver sowie eine Indianerin, vielleicht Lala. »Ein Roman, der jedermann in Atem hält – ein neuer, unheimlicher, faszinierender Roman von Ed Strong!«

Wehmeier war, von Schwäche befallen, im Bus eingenickt. Darauf hatte Karl nur gelauert. Er nahm sich fest vor, von diesem und anderen Romanen Wehmeiers nie mehr als die fettgedruckten Eingangszeilen zu lesen, denn er wollte den Autor ja unbedingt als Freund behalten. Um der Versuchung nicht jetzt schon zu erliegen, warf Karl das Heft kurzerhand aus dem Busfensterschlitz, es fiel aufs blaue Asphaltband der Landstraße mitten unter ein paar vorübergehend wohl deshalb erregte Hühner, aber schon kamen zwei Mulatten gelaufen und entrissen, soweit Karl das noch feststellen konnte, den Roman den aufgescheuchten Tieren.

Später hatte Wehmeier Karl noch erzählt, er habe seine Westernlaufbahn zuerst mit dem Decknamen ›Ed Whem‹ begonnen, dann habe er es, in Erinnerung an den großen Schauspieler, mit ›Ed Wayme‹ versucht, auch das habe dem Verlag nicht viel genützt – erst seitdem er, Wehmeier, sich ›Ed Strong‹ nenne, liefen die Bücher oder vielmehr Heftchen wie geschmiert – jetzt spiele man in den oberen Etagen mit dem Gedanken, berichtete Wehmeier rücksichtslos nachdenklich, in Anlehnung an den berühmten Negermusiker einmal ›Al Strong‹ oder vielleicht sogar, um das häufig mexikanische Romanpersonal verständlicher zu machen, ›El Strong‹ auszuprobieren, wer weiß, dann ziehe der Verkauf nochmals an, sagte Wehmeier und seufzte immer grübelnder. Das da vorne – Wehmeiers Zeigefinger krümmte sich ein wenig schmerzhaft in Richtung auf die Busfahrergegend, hin auf einen recht alterslosen, marineartig eingekleideten Mann, der soeben benommen eine Prise Schnupftabak in seine Nase strich – das da vorne sei übrigens der Verfasser der meisten Jerry-Cotton-Romane, Ewald Streibl, »sein Renommee«, fuhr Wehmeier trauriger erklärend fort, »innerhalb der Branche ist heute praktisch ramponiert, for heaven's sake, er ißt nur noch sein Gnadenbrot, er arbeitet für einen Judaslohn, ach Gott, ach was für ein trauriges Schicksal, eine gebrochene Existenz!« klagte Wehmeier lauter und faltete die dicken Hände, Karl aber hatte plötzlich den Wunsch, jetzt seinerseits etwas im Gepäcknetz des Busses zu schlafen, auch um die deutschen Autoren für eine Weile mit seinem Anblick zu verschonen. »Er hat früher den Eisenbahner-Landwirt redigiert«, faßte Wehmeier, eine ihn umkreisende Fliege verjagend, nochmals zusammen, und dies so bitterlich, daß sich Karl dafür sofort verantwortlich, zumindest mitverantwortlich fühlte und nun schon deshalb ins Gepäcknetz wollte, »ach, was für eine Hitze, ach, was für ein Land! Aber take it easy, in vier Tagen sind wir wieder daheim dann in Manhattan!« Und tatsächlich, bald darauf war der Bus in New York eingerollt.

Der graue Polizist auf der anderen Straßenseite der Endhaltestelle war und blieb verschwunden. Kaum hatte sich Karl provisorisch von dieser ersten Erschütterung erholt und machte sich zur Verabschiedung von seinem neuen Freund fertig – schon sah er an der anderen Straßenecke stadteinwärts etwas noch viel Furchtbareres. Es waren – die Glutaugen und Ringellocken Robinsons, seines alten Feindes oder Freundes – oder vielmehr, es mußten sie gewesen sein, denn es währte keine zwei Sekunden und der im Schatten der Straßenecke angriffslüstern tänzelnde Robinson wurde, falls er es wirklich gewesen war, von einem, wenn Karl es in der Atemenge recht erkannte, lang ausgestreckten nackten Arm zum Verschwinden gebracht – an der zupackenden Faust dieses Arms aber, und da war keine Täuschung und kein Gaukelspiel des Lichts mehr möglich, blitzte etwas derart gewaltsam und erschütternd, daß es eigentlich nur Delamarchens grünschillernder Smaragdring sein konnte – jener köstliche Ring, den Delamarche einst von seiner Herrin Brunelda in einer Stunde schon fast übergroßer Gunst empfangen hatte, jener Stunde, da ihrer beider Knecht Karl Roßmann auf dem Balkon eingesperrt worden war, seine Zukunft gut zu überdenken!

Wehmeiers Dufflecoat wehte offen im leichten Frühlingswind – von Robinson kein Schimmer mehr. Noch immer, indessen der Deutsche ausdauernd ihm die Rechte schüttelte und dabei wiederholt, tränenreichen liebevollen Blicks, ein baldiges Wiedersehen in Europa beschwor, saß der Schreck wie Prügelschlag in Karls Gliedern, machte die Freude der Rückkunft nach New York noch einmal zum schlechten Scherz. Robinson Delamarche – Brunelda – wollte es denn nie ein Ende nehmen! Dies Gewürge ewiger Verknotung! Heftig bewegt erinnerte Erwin Wehmeier Karl nochmals an die vergangenen sieben oder elf Tage, an das gemeinsam Erlebte – doch Karl lag Robinsons lasterhaft krauseliges Pechhaar, stand die nimmersatte Pranke Delamarchens vor den Augen – und zudem bildeten die anderen Westernautoren jetzt auch schon eine feste klumpenhafte Formation, die sich anschickte, auf eine unmittelbar schräg hinter dem Busendhalteschild gelegene Wirtschaft zuzustreben, an ihrer Spitze Ted Hoffnung, so drangvoll, ja unwiderstehlich, als habe auch und gerade dieser Gaststättenbesuch nachdrücklich und ausdrücklich auf dem Reiseterminkalender gestanden, ja, als gelte es da aber auch schon keine einzige Sekunde Aufschub zu wagen – ein Eindruck Karls, der, wiewohl gehetzt, doch wiederum durch Wehmeier insofern zur Gänze bestätigt wurde, als nun auch dieser nach einem letzten warmen und innigen Händedruck, welcher für eine Weile vier mal fünf Finger schmerzhaft ineinander verknotete, ebenso eilig wie einsatzfreudig, beinahe hüpfend, gleichzeitig aber schwebend, schließlich sogar ein wenig lahmend, als ob das invalidäre Lahmen das böse Gewissen über die kleine Verspätung beschwichtigen und zugleich als Erklärung Ted Hoffnung gegenüber herhalten wolle, den entschwindenden Kollegen nachhastete – der ballonförmige Kopf, der jetzt auch noch schnell mit einem pfiffig schiefgelagerten Filzsporthut gedeckt war, wippte dabei so ehrlich auf und nieder und von links nach rechts, daß Karl sogar von hinten sah, wie die Backentaschen beim Laufen leicht ausschlugen und schlackerten – der ganze obere Körper wedelte in gleichermaßen demütiger und geschmeidiger und vor allem einsatzwilliger Boxerhaltung auf und nieder, mit leichter Schulterneigung nach links unten; wozu die hellgraue und etwas zerknitterte Sakkohose über dem gewaltig ausladenden Hinterteil unter dem Dufflecoat lustig und behend hin und her wetzte.

Karls Herzklopfen, nach Sekunden, die von der raschen Herzlichkeit des Lebewohls übertönt waren, wurde wieder pochender, aber Karl war nicht so sicher, ob das Pochen nicht vielleicht sogar vor allem Wehmeier galt. Halb erblindet saugte sich sein Auge an ihm fest. Im Wegwalzen wirkte Wehmeier noch gedrungener, runder, eher breit als hoch angelegt. Noch einmal, schon beinahe unter der Wirtshauspforte, aber eigentlich noch im Laufen, drehte der deutsche Schriftsteller sich sehnsüchtig nach Karl um, schwenkte, schwer atmenden Bauches, dergleichen Karl noch nie gesehen, die geballte Faust, wuchtete sie jäh nach oben, zum Signal unabdingbaren, ja ewigen Widerstands über alle Lebenslast hinweg – und rief laut:

»Good luck!« Wehmeier kniff, sichtlich um Karl, sich und überhaupt alle Welt aufzumuntern, das linke Auge zu, dabei wurde die riesige linke Unterlippenfront weit und verwegen nach vorne geschleudert, nun aber ließ Wehmeier auch noch die Zunge blitzartig und spitzbübisch aus dem Mund schauen und endlich schnappte er ausgelassen, sogar ein wenig übermütig Daumen und Zeigefinger aneinander himmelwärts. »So long and much good luck!« Wehmeier keuchte leicht gehetzt, doch breithin lachend. »See you later, Alligator! Ah!«

Im Schnellschwung drehte Wehmeier sich wieder um, kratzte beherzt den prallen Hintern und zog, sicherlich etwas durcheinanderbringend, nochmals zum Salut den beigen Sporthut. Dann endlich verschwand er hinter einer etwas zu bunt angemalten Tür, über der in roten Ölbuchstaben ›Hereinspaziert ins Bräustüberl‹ stand.

Eine vorerst letzte Welle von Zuneigung durchflutete Karl wie Feuerwasser, dann lief er sogleich ohne Federlesen fünfhundert Meter von der Haltestelle weg. Schließlich blieb er stehen und streckte sich, um sich ein wenig erste Beruhigung zu verschaffen. Es half wenig, noch immer hatte sich sein Herz nicht recht erholt. Die Erinnerung an den Polizisten verstrickte sich mit dem freundlichen Bilde Wehmeiers, dieser sich abermals mit dem argen von Robinson, dem Geschmeide Delamarchens. Dies alles konnte ja kein Zufall sein und war ganz sicher keiner. Alles war ganz schlimm! Vielleicht, daß sein größter Todfeind, Delamarche, jetzt schon die Handschellen Robinson übergab oder gleich dem Polizisten! Daß Delamarche tunlichst Polizisten mied, Behörden insgesamt, darin lag wenig Trost – er hatte seine Mittelsleute. Es half nichts, Karl mußte schleunigst weiterlaufen.

Die Stadt war vormittäglich gut belebt. Im Laufen fiel Karl bald ein, daß sein Laufen ja nur doppelt Verdacht erweckte. Er zwang sich also zu einer ausreichend schnellen Schrittgeschwindigkeit zurück, die ihn aber nun so anstrengte und ihm das Hirn so doppelt marterte, daß er versehentlich wieder den Weg zur Bushaltestelle einschlug und erst in letzter Sekunde der beiden Katzen inne wurde, einer schwarzen und einer graugestreiften, die sich ihm in den Weg gestellt oder jedenfalls postiert hatten. Äußerst bedrohlich saßen sie mitten auf dem Gehsteig, anscheinend gemütlich, neugierig musterten und beäugten sie Karl, fragend und wohl auch schon aburteilend, wie ein zweifacher Violinschlüssel in scheinbar leichter Huldigung oder aber vielmehr Verachtung hißten beide längst ihre krummen Schwänze, und die linke gähnte Karl endlich ohne alle Rücksicht an. Es war dies eine lockere, wahrscheinlich aushilfsmäßige, aber um so kompromißlosere Straßensperre.

Karl machte auf dem Absatz kehrt und schritt zurück, ohne das Tempo zu verringern. Im Augenblick fiel ihm jetzt wieder ein, daß er ja auch gar kein Geld bei sich hatte, denn den letzten kargen Rest hatte er vorgestern dem Lektor Hoffnung für ein Päckchen Zigaretten geliehen – noch vor einer Viertelstunde hatte er sich ja vorgenommen, Wehmeier deshalb vertraulich um eine geringfügige Münze zu bitten, zur ersten notdürftigen Überbrückung seines zweiten New Yorker Aufenthalts. Er würde, hatte er Wehmeier anflehen wollen, das Geld sogleich als Luftfracht in die alte Heimat zurückentsenden, sobald auch nur die erstbeste Arbeit, und wäre es die niedrigste, und mithin das erste Entgelt gesichert wäre. Karl schrak schon wieder leis zusammen. Er hatte es im Zauber, in der Betäubung des Abschieds vollkommen vergessen und verabsäumt! Die Sonne wurde heißer – ein Blitz aus haufenweisen Selbstvorwürfen fuhr in Karl, aus Fenstern links und rechts drang Anklage wie lautlos Wehgeschrei. Der zweite Aufenthalt in dieser Stadt – er sollte doch der übersichtlich gute werden! Karl blieb stehen und drehte sich zufällig um. Die Katzen waren weg, der Weg zu Wehmeier lag wieder frei. Karl kniff sich mit den beiden Daumen und den Zeigefingern zum besseren Nachdenken in seine beiden

Augen, den Koffer vor den Beinen aufgestellt. Nein! Wehmeier jetzt in die Wirtschaft nachzulaufen, ging nicht an. Dort, wo bereits aller Berechnung nach die ersten Rückkunftsfestlichkeiten der Deutschen hochbrandeten und die Informationsfahrt beendeten, vielleicht im Gefolge von allerlei entscheidenden Aussprachen und Auszeichnungen, dort jetzt Wehmeier abermals aufzustöbern und zu erdrücken – nimmer hätte Karl es übers Herz gebracht, wollte er doch die junge Freundschaft, die ihm ja später in Europa vielleicht einmal so nützlich werden konnte, nicht zu früh gefährden, womöglich zu Wehmeiers Bestürzung schon zerstören! Gewiß, mit einiger Zuverlässigkeit würde ihm der Deutsche die gewünschte Münze zwar über den Tisch schieben, sogar rasch und ohne alle Formalitäten, aber, so erkannte Karl und sah für einige Sekunden zugepreßten Auges immer klarer, doch wie einen letzten Gruß leider schmählichen Eingedenkens, indessen sein Ohr sich in Wahrheit ja schon den Zusammenfassungen und Bilanzen des Vorgesetzten Hoffnung zuneigen mußte, den Ausführungen, an denen Wehmeiers Leben und Zukunft rissig hingen – wohinein er, Karl, in unerlaubter Ausnutzung einer kleinen, allenfalls langsam aufblühenden Freundschaft sich nun schamlos drängelte, jener zarten Bande, die, werweiß, Wehmeier vielleicht schon wieder längst vergessen hatte!

Nein! rief Karl sich nochmals da selber zu, ich darf diese ebenso wichtige wie reine Freundschaft doch nicht schon gefährden! Wie wäre ich denn sonst dem Robinson, gar Delamarche gewachsen! Geläutert von meinen einstigen schlechten Erfahrungen mit ihrer falschen Freundschaft werde ich die Dinge hier schon selbst zu steuern wissen! Als ob es an der kleinen Münze hinge! Dies ist eine große, eine reiche Stadt, in der ein jeder, sagt man, wohl sein Glück kann finden! Und sei's im zweiten Anlauf – und sei's zuerst durch etwas unverdientes Glück! Warum sollte ich nicht für den ersten Übergang etwas Kleingeld – finden? Eine kleine Münze – nur zur ersten Rüstung! Und warum denn nicht auf dieser Straße, auf dem Gehsteig, dem Fußboden! Mein Hunger ist nicht gar zu quälend schon. Auch hab ich Zeit, darin liegt meine stärkste Waffe! Und also will ich schnellstens suchen. Meine Zuversicht ist nicht gering, daß in dieser Stadt so mancher, sei's aus Unbedachtheit, sei's aus Mutwillen und Zeitvertreib, kleine Münzen gern zu Boden fallen läßt – zu meinem jedenfalls vorübergehend großen Heil! Jawohl! Das mache ich!

Karl nahm den alten treuen, jetzt so luftig leeren Koffer hoch und beschloß, den Versuch sogleich zu wagen. Ein wenig lähmte ihn sogar das Glück des vortrefflichen Plans, und mit dem nächsten Gedanken gleich noch mehr. Denn das Suchen nach Geld, so sagte Karl sich unverweilt, gestattete ihm ja nicht nur, sich in dieser großen Stadt wieder etwas zurechtzufinden, in ihren Grundrissen und Winkelzügen, die ihm in der Ferne schon sämtlich wieder entfallen waren – die Suchtätigkeit selber half ihm ja prächtig über die Verlegenheit des Nichtstuns hinweg, vor der er sich im Bus doch schon gefürchtet hatte, und mehr noch über die Einsicht, hier sicher nicht gebraucht zu werden zu irgendeiner Arbeit, aller Willigkeit zum bösen Trotz! Er war ja doch kein Faulpelz!

Aus tausend Fenstern schillerte die Freude. Entschlossenheit zum Gelderwerb hieß die Arznei! Viel fehlte nicht und Karl hätte vor lauter Lust schon laut gepfiffen oder ein Lied aus seiner Heimat vor sich hingeschmettert. Wie weißlichblau der Frühlingshimmel war! Und Menschen ohne Zahl! Ein arbeitsreicher New

Yorker Tag war angebrochen. Sieg oder Vernichtung! Voller Mut und äußerst guter Dinge schritt Karl aus und vorwärts, schon wurden die Häuser höher, und in ihren Erdgeschossen erkannte Karl all die kleinen Einkehrstätten wieder mit ihren verlockenden Inschriften wie ›Billig Futter‹, ›China Schnell Futter‹ und gar ›Hamburger‹. Hamburg, ferne Stadt des Abschieds vor zwei Jahren! Karls Augen wurden feucht. Nein, er durfte sich jetzt kein Heimweh erlauben, jetzt am wenigsten, keinen gefühlvollen Gedanken an irgendwelche Dienstmädchen und Mägde, nicht einmal die kürzeste Erinnerung an Johanna Brummer und ihre ausufernden Brüste, die er einst im Rausch des Mitleids taub umhalst! Jetzt galt es der Gegenwart, der neuen Welt! Es galt der wachen Aufmerksamkeit! Es galt dem Trottoir, das so verheißungsvoll, licht- wie schattenübersät und gutgefegt ihm schon entgegenwinkte!

Karls Kopf schreckte vom Suchen hoch. Ein sehr dickes und plumpes Kind auf Rollschuhen fuhr ungeheuer schnell und laut gleich Meeresbrandung an ihm vorbei, hätte ihn im Ernstfall umgeworfen. Vermummt bis über beide Ohren mit Schaltüchern ließ es Karl keine Wahl, ob es ein Junge oder Mädchen sei – bei dieser Körperfülle schien dem Kind dies ohnedies ganz gleichgültig – allein die Eile war gefragt! Karl sah ein, daß auch ihm wieder mehr Tempo nottat. Im Tempo selbst lag ja die meiste Hoffnung! Gleichzeitig aber nahm Karl sich vor, er würde auf das Geld, sollte ein Kind es vor seinen Augen verlieren, in jedem Fall verzichten. Nur in dem Falle, daß das Geld schon längst bereit lag, glitzernd, rufend, dennoch unbeachtet von der Menge, würde er es zu sich nehmen. Ja, so würde er es halten! Die Verhältnisse in New York mochten schwierig sein, unlösbar waren sie nicht.

Schweres, rauhes Grollen unmittelbar unter seinen Beinen schreckte Karl nur für zwei oder drei Sekunden und ließ ihn angesichts dieser neuen Einkreisungstechniken der Polizei flüchtig erstarren. Dann erkannte er die Quelle mit ganzer Klarheit wieder. Es war die heißgeliebte Untergrundbahn! Ihr gänzlich unerhörtes Rollen, Rauschen, Toben! Die Untergrundbahn, in deren Benutzung ihn einst sein Onkel Edward Jakob, der erfolgreiche Senator, eingewiesen hatte! Damals, als es galt, außer Hauses das Waldhorn zu erlernen! Das Rauschen hielt noch immer an. Vor Wiedererkennungsfreude klatschte Karl eilig fest die Hände aufeinander – um nicht aufzujauchzen, mußte er sogar die Schultern biegsam ineinander pressen, schon als friere ihn. Was für ein lachsfarben frühlinghaftes Leben! Robinson und Delamarche hin, der unschlüssige Polizeimann her – endlich fühlte Karl wieder guten, sicheren, ehrlichen New Yorker Boden unter schwanken Füßen! Schon hatte sich die Schonung Wehmeiers gelohnt und ausbezahlt! Und ein bißchen Geld, hätschelte sich Karl, würde er schnellstens auch bald finden für das Gröbste – und morgen gab es bestimmt so etwas wie ein Arbeitsamt – da ließ sich doch Amerika nicht lumpen!

Flink lief Karl, als der Gruß der Untergrundbahn endlich leis verrollte und verhallte, weiter vorwärts. Freilich durfte er es nicht gar zu bunt schon treiben, es galt ja, den Blick mit ganzer Kraft nun in den Fußboden zu bohren, auf Gedeih und auch Verderb, so sprach sich Karl hurtig vor. Eine Redensart aus seiner Heimat fiel ihm ohne Mühe dabei ein: »Mutter Erde sorgt für alle.« Darüber hatte er einst, als europäischer Mittelschüler, ja doch einen Aufsatz geschrieben, ehe ihn Johanna Brummer dann verführte. Die tiefe Wahrheit der deutschen Sprichwörter machte Karl noch fröhlicher und ausgelassener. Durchaus schon dem Übermut gehorchend blieb er stehen und musterte den unter ihm ruhenden Pflasterstein auch ganz genau. Noch lag kein Geld herum – der Coup wäre ja auch allzu schnell gelungen. Ein langbärtig betagter Straßenlangläufer, der in einem goldenen Mantelumhang über dem weißen Trainingsanzug von einem Gehsteig auf den anderen wechselte, rempelte Karl nur geringfügig, zu wenig, um seine Lage wirklich zu verschlechtern, ja seine Zuversicht auch nur zu berühren. Schon nahm die Höhe aller Häuser weiter zu, in mannigfachsten Bedeutungen zitterten ihre Fenster. Warum, so sprach sich Karl leichthin vor, sollte der Mann mich strafen? An meinem Vorwärtskommen hindern? Sicher wollte er mich nur darauf aufmerksam machen, daß in dieser Stadt selbst alte Leute sich sputen müssen, um den Anschluß noch zu wahren! Ein Goldumhang ist dann ihr Lohn. Nichts, sprach Karl laut, spricht noch dagegen, daß ich mich in dieser Stadt beim zweiten Anlauf endlich und endgültig durchschlage und bewähre – und diesmal sogar ohne des Onkels zupackende Hilfe! Einmal ist doch keinmal! dachte Karl ohne weitere Besinnung und lachte über diesen vor Freude etwas danebengegangen Gedanken schon hellauf. Diesmal würde er es schaffen, und sei es vorerst auf die etwas schmachvolle Weise des Geldsuchens und endlichen Findens! Auch der Onkel hatte ja einst klein angefangen, so hatte er ihm einmal in einer verschwiegenen Stunde gestanden – bevor er es dann zum Senator und sogar zum Zwischenhändler mit zehn verschiedenen Büros gebracht hatte! Jetzt galt es der Bewährung. Jetzt galt es der Bewahrung der Lehre und des Onkels Wahlspruch, jetzt galt es den Beweis! Und eines fernen Tages würde er, Karl, vielleicht sogar strahlend zu diesem ihm so lehrreichen Onkel zurückfinden und den Lorbeer sicher ernten, ihn dem Onkel hochverdient dann weiterreichend. Vor Freude, Mut und Übersicherheit schwenkte Karl den ja sehr leichten Koffer hoch über dem Kopf. Ach was, die Stadt lag ihm doch schon zu Füßen!

Ein Landauer fuhr rasch vorbei, jemandes helle Hand grüßte alle aus dem Fenster. Immer höher ragten die hell- und dunkelbraunen Steinriesen zu allen Seiten, wohl hunderttausend Fenster klafften wachsam in den warmen Mauern. Nicht im mindesten drohend schienen sie Karl mehr wie kurz nach Wehmeiers Abgang. Sondern, und dies trotz einer wohl vorübergehenden Sonnenfinsternis, die das erste Gleißen der Fassaden löschte, sehr viel mehr wie freundliche Helfer, die, sich nicht ohne Anteilnahme über ihn beugend, mit machtvollen Armen wenigstens den Unrat vom Himmel herunter einigermaßen abwehrten – oder immerhin so taten. Karl wurde wirr vor Freude, etwas Rosenstaub lag jetzt vor ihm. Auf dem Gehsteig, fünfzig Meter weiter vorne, spielten sich zwei kleine Buben mit den Füßen einen Ball zu. Aus der Ziegelmauer des Hauses hingen Steckdosen an abgerissenen Kabeln, baumelten im sanften Windstoß. Mit Hilfe eines dreieckigen Holzschilds wurden gleichzeitig Billigbeerdigungen angeboten. Etwas kleiner stand darunter, Verbrennungen würden mit Würde durch den Weltweiten Aschenverband besorgt. Karls gute Laune wich auch nicht, als ihn eine Wandinschrift in weißer Pinselfarbe aufforderte, sofort und ohne Widerrede katholisch zu werden. Zwei Auslagenfenster, die sicher zu hier einstens ansässigen Verkaufshallen gehört hatten, waren jetzt mit Sperrholzplatten vernagelt wie für alle Ewigkeit, falls nicht doch eine grundlegende Änderung der Wirtschaftsformen einträte. Dem folgte schon ein Wohnhaus, in dem alle

Fensterläden auswärts standen, wie vollkommen offenherzig. Karl sah in eins hinein. Zwei alte Frauen sägten Holz, einen dicken Stamm zu Scheiben. Eine schneuzte sich die Nase, da gewahrte sie auch Karls Einblick. Karl ging schnell weiter, griff sich unters Kinn. Endlich traute er sich umzusehen. Die alte Frau hing noch am Fenster und sah dem Neugierigen nach, aber gar nicht strafend; vielmehr ganz so, als habe Karls Sache nun doch einiges Interesse grundsätzlicher Art für sie gewonnen, was sie freilich selber nicht verstehe.

Karl drängte mächtig weiter. Sonne kam erneut zum Vorschein. Ebenerdig, aus einem Parterrefenster der anspruchsloseren Art, lehnten jetzt drei Hunde. Sie lagen langgestreckt aneinandergeschmiegt, drei jagdhundähnliche Hunde, ein blonder, ein schwarzer und ein überwiegend grauer, der auch ein wenig bulldoggenhaft anmahnte. Sie lagen wippend mit den fahlen Zungen, in großer Hoffnung auf allerlei Neuigkeiten, auch die nutzlosesten und widerwärtigsten, und wäre es das Fußballspiel der beiden Knaben – eigentümlicherweise sah es aber gleichzeitig so aus, als ob sie dienstlich hier herumlägen, ein recht langweiliger Dienst, dem Zoll etwa vergleichbar. Und doch war es reines Vergnügen. Gerade als Karl die drei etwas in Angst passierte, japste eins der Tiere keck und geradezu begeistert auf – einer der Fußballer hatte das Leder vom Fuß auf den Kopf balanciert und es von dort an den Mitspieler weiterbeordert. Ihm, dem Ausländer, widmeten die drei Hunde nicht den kleinsten Blick, es war schon eine ernste Niederlage. Trotzdem war es Karl noch immer sehr zufrieden oder versuchte es doch immerhin zu sein. Erst als ihn gleich darauf die besonnte Lichtung eines leeren Hinterhofs, eingekeilt zwischen den Hausgebirgen, zur Atemrast empfing, erst da fluteten ihm die Tränen der Demütigung so stürmisch in die Augen, daß er Kopfweh davon kriegte und fürchtete, wie Robinson einst im Hotel sich übergeben zu müssen vor großer Schmach. Verhohlen äugte Karl zurück. Einer der Jungen schoß den Ball im Überschwang steil in die Luft. »Hou hou!« hörte man schon einen Hund, sicherlich den vorhin schon begeisterten, froh und fern erwidern. Sofort wurde es Karl wieder besser. Er schalt sich, daß er gar so sehr auf Freundschaft aus war. Als ob ihm Wehmeier, zwar fern, doch nah im Herzen, schon nicht mehr genügte! Im Geist schlug Karl auf den Tisch. Frisch ermutigt schritt er weiter, den Kopf sehr emsig hin zum Boden.

Schon wieder, etwas weiter weg, hörte man der Untergrundbahn einsatzfrohes Rauschen. Aber Karls Hunger war jetzt feuriger geworden, kaum mehr abzuweisen durch jene Stärke des Charakters, die der Onkel einstens ihn gelehrt. Mit einem Plakat auf dem Fensterladen seines sehr grünen Bretterhäuschens wünschte der Besitzer, man möge sich seines Mahls erfreuen. Der hat gut reden, dachte Karl etwas ärgerlich und blieb trotzdem verlangend stehen – aber da trat plötzlich ein schwarzer dicker Polizist aus dem Schatten der Pforte, auch er trug das Schild ›Polizei Distrikt New York‹, freilich auf der Arbeitskappe. Versteinert starrte Karl auf ihn hin und schlug, den Koffer zwischen die Beine bugsierend, gerade noch die Hände an die Hosennaht. Nur jetzt kein Kreuzverhör! Karl fühlte sich vollständig kampfunfähig – und er hatte sich ja noch kaum Unredlichkeiten zuschulden kommen lassen! Eine Spottdrossel saß hoch in den kahlen Zweigen eines Lindenbaums. Der Polizist sah kurz und wägend Karl an, dann aufmerksamer noch in die zerrieselnde Luft des blauen Himmels. Sorglich prüfend tastete er nach der Dienstwaffe, dann verschwand er, Karl wahrscheinlich strategisch absichtsvoll noch schonend, nebenan in einer Bäckerei, als ob er sehr pressiert sei. Die Spottdrossel tat einen Pfiff. Karls Mund stand lang halboffen, bemüht um die Zusammenhänge.

Keine acht Minuten später erreichte Karl die erste der besonders prächtigen und ausladenden Straßen in den Weichteilen der Stadt. Erstmals feierte er hier Wiedersehen mit ihrem wohl höchsten Gebäude, dem zumindest mächtigsten und auch erhabensten, das sich jetzt zwischen den gewöhnlichen Häusern heraushob, zerfließend gelb im etwas bräunlichblauen Mittagsdunst. Karl freute sich ganz ausgelassen, so sehr er andererseits darunter litt, daß er sich des Namens des sicherlich weltberühmten Hauses gar nicht mehr entsinnen konnte. Hier müßte doch für ihn auch Arbeit zu finden sein, in diesem Riesenhaus fiel doch ein Nichtsnutz mehr oder weniger gar nicht ins Gewicht! Annähernd beseligt schritt Karl deshalb wieder rascher aus, vom Bimmeln eines nicht zu fernen Mittagsglöckleins angestachelt. Ein Schwarm von Radfahrern auf Rennrädern überholte ihn, lauter vom Sport gestählte Körper, der Wind stieß ihnen in die Seite. Es schien eine richtige zusammengehörige Equipe zu sein, eine Art Gelände- oder Querfeldeinwettbewerb, so rasend eilig hatten es die Männer, befrackt mit buntesten Trikots, auf ihren huschend schmalen Spuren! Unklar war nur, ob es sich um eine Angelegenheit mehr privater oder eher offizieller Natur handle, und Karls Mut schmolz also wieder ein bißchen in sich zusammen. Stöße von Furcht übertäubten alle große Farbensattheit des Geschehens, doch schon entschwanden die Radler wieder, dampfend staubig in der Ferne.

Ob Delamarche und Robinson im Verein mit Brunelda, falls sie ihn doch fänden, ihn wieder in ihrer Wohnung einbuchteten, ihn erneut zum Hausknecht machten? Ihm zuletzt auch noch den leeren Koffer raubten? Bevor sie ihn den Behörden übergäben, wegen erwiesener Nichtseßhaftigkeit und Versagens insgesamt? Karl klammerte sich etwas fester an den alten Koffergriff in seiner Faust, er wollte ihn ja auch nicht als einen leeren gestohlen haben! Schon blinkte Karl ein allzu leichtes Mädchen grüßend zu, geschminkt, gepudert bis hin zum Vergehen. Sicherlich kostete ihre Zuneigung viel Geld. Stach ihr der Koffer in die Augen? Weil sie drin Geld erhoffte? Das Geld! Seit zwanzig Minuten hatte Karl ganz der Geldsuche vergessen! Er schalt sich laut und wurde ganz rebellisch vor dem Gedanken an die vertane Zeit, nie mehr wieder gutzumachen! Aufauf, rief Karl sich, zur Eile mahnend, zu, doch eine etwas jähe Müdigkeit stand sehr dagegen. Gleichzeitig wurde ja auch auf der anderen Straßenseite ein gesprenkeltes Kälbchen von vier Arzthelfern über eine Eisenaushilfsstiege in einen Lastwagen gestupst, mit flehenden Gebärden sah es auf Karl hin – hier galt es unverändert Härte! Karl griff sich am Genick, dann drehte er den Kopf zu Boden. Die flache Hand auf den Hinterkopf gepreßt, so stapfte er nun weiter, nur ja die Suche nie mehr zu vergessen! Eifrig und vertieft, energisch spähte Karl auf den Boden – vielleicht entdeckte er dort ja gar eine Ölquelle oder noch viel Herrlicheres. Aber auch mit einer schlüpfrigen Münze würde er ja sehr zufrieden sein. Allerdings, so nahm er sich jetzt, aus Ehrbarkeit oder in Rücksicht auf die Polizisten, vor, wollte er nur das bereits liegende Geld hochnehmen, nicht etwa gerade fallendes – solches würde er dem Verlierer vielmehr pfeilschnell zurück in die Hand pressen, dem Besitzer, der ja vielleicht im Unterschied zu ihm, dem immerhin noch Schuldenfreien, noch viel ärmer sein mochte, noch ungleich eingeschränkter! Wäre er aber reich, so redete sich Karl mühelos in Freude, nun, dann würde ja der Finderlohn nicht gar zu gering ausfallen, dachte er schon maßlos leichten Herzens und sprang bald hüpfend vorwärts, den Kopf in sehr reiterhaft schunkelnder Art stets hin zur Erde nickend. Ja, der Verlierer würde ihn, werweiß, am Ende auch noch adoptieren, um ihn der ehrlichen Gesellschaft wieder einzugliedern, ihn vielleicht sogar eines Tages dann dem Onkel Senator vorzustellen – Karl mußte glucksend lachen! Was würde aus diesem Schicksalsmißverständnis doch allseits höchste Heiterkeit, Zufriedenheit hochlodern! Wie freute Karl sich im voraus!

Auf einem kleinen dreieckigen Rasenfleck, inmitten der lieblichen Lichtung einer Großbaustelle, hatten sich mit unverkennbar quadratischen Köpfen drei Slowenen sacht zum Picknick niedergelassen. Zwei lagen struppig auf dem Rücken ohne Strümpfe, mit den übergelegten Ellbogen schützten sie die Augen schlafend vor der Sonne. Der dritte und korpulenteste stand mit einer nur etwas tückischen Feierlichkeit aufrecht und trank zurückgekrümmt aus einer Thermosflasche, schien vor Genußsucht schon zu schwanken. Karl verjagte den Gedanken an die Bitte um einen stärkenden Schluck – was immer in der Flasche sein mochte, es mußte gar zu mißlich sein, wenn zwei Slowenen lieber schliefen und alles dem dicksten zu trinken überließen! Schon hatte Karl allen Grund, sich für seinen Entschluß zu beglückwünschen und im gleichen Atemzug sich über die Ordnungsliebe der Einheimischen sehr zu wundern. Ausgerechnet einer der vielen jungen und sehr elastischen Neger, die hier freilich gegenüber den Slowenen stark in der Minderheit schienen, hielt ihn davor zurück, beim

Rot der Ampel die Straße schon zu passieren – vor lauter Geldausschau und Slowenenbetrachtung hatte Karl die rechte Zeit diesmal verschwitzt. Doch nicht nur dies! Als die Ampel sich grün einfärbte, nahm der sogar etwas stutzerhaft gekleidete Neger stumm fortlächelnd Karl nun ein wenig am Arm und geleitete ihn sicher so zum anderen Straßenufer. Karls dankenden Augen schenkte der Neger nur ein flüchtiges Entschleiern der Zähne, dessen ernstem Unterton dem Deutschen aber eine Andeutung von großer Zuversicht beigemischt dünkte, sofern er, Karl, nur seine Launen etwas besser unter Kontrolle hielte. Karl riß sich rasch am Riemen. Wie unweigerlich und atemraubend sicher der Neger in ihm den Unkundigen und also Deutschen erkannt doch hatte! Hier gehen Klugheit und Ordnungsliebe Hand in Hand, flüsterte Karl sich schnellstens zu, wie einst Jesaja schon geweissagt, freilich kaum den Negern. Gern hätte sich Karl bei seinem Helfershelfer noch einmal bedankt, immer sicherer sich fühlend, froh fortan die Augen offenhaltend, fast zufrieden schon mit seinem Los – wie aber erschrak er und ließ sogar den Neger fahren, als er plötzlich, den Kopf hochschleudernd – Mack hinter dem Fenster sah! Der Kopf mit dem Operngucker – hinter Gardinen halb zu sehen – und schon war er wieder weg! Mit zwei Sprüngen Green und Pollunder Bericht zu erstatten über Karls Wiederkunft! Erst tagte die Sitzung, dann blitzte das Hochgericht!

Mack! Es mochte der siebente Stock eines zwanzigstöckigen Hauses sein. Um die platte Spitze des Hauses ballten sich im Himmelsblau rußige Wolken. Karl war sofort weitergerannt, die Beine trampelten nur so aufs Pflaster. Im Rennen sprühten Tränen in die Augen, diesmal Tränen voll von Angst. Mack! Ausgerechnet Mack! Mack war der Allerschlimmste! Mit Delamarche und

Robinson wäre er, Karl, alleine fertiggeworden und die Polizei schien mild. Mack aber war zu groß als Feind, mit Green und Pollunder im Verein schon gänzlich übermächtig. Karls Tränen würgten wie elektrisch. Was, fragte er sich schneller rennend, hab ich Mack denn angetan? Nichts, schrie Karl und stampfte mit dem rechten Bein so heftig auf das Pflaster, daß er beim Rennen ins Straucheln kam. Was also wollte Mack von ihm? Schon vor dem Namen graute Karl. Wer ›Mack‹ hieß, war verdammt zur Rache! Zu nimmersatter ewiger Rache! Mack! Mack! Was hab ich ihm getan, schrie Karl, blieb stehen und lief weiter. Wollte Mack ihn weiter verfolgen, weil er, Karl, sich seinerzeit Macks Braut, Klara Pollunder, ein bißchen genähert hatte? – und dafür gebissen worden war? Oder legte es Mack ihm umgekehrt krumm aus und zur Last, daß er damals Klaras Liebe eben nicht erworben, daß er nicht eherner um sie gerungen hatte! Oder hatte Mack vielmehr gar Wind bekommen von der Sache Johanna Brummer, dem Dienstmädchen – und trug ihm den europäischen Skandal weiter nach, womöglich zäher als der Onkel, sogar die Eltern in der alten Welt! Nun gut, es war ein Kind dabei entsprossen, aber welch ein Siebzehnjähriger, rief Karl erhitzt, ist denn davor gefeit, von einer fünfunddreißigjährigen Dienstmagd nicht eines Tags doch noch verramscht zu werden, wenn die Magd nach Wärme sucht! Klingt denn Macks abscheulicher Name nicht selbst nach Abstammung von einer Magd! Jawohl! Jawohl!

Endlich ließ Karl sich wieder in erträglicheres Tempo zurückfallen. Fürs erste war er ja weit genug fort, so schnell würden Macks Häscher ja auch wieder nicht bei der Hand sein – nun, und vielleicht war es auch gar nicht Mack gewesen, sondern nur ein Ähnlichkeitsartist, ein Bekannter Macks vielleicht, der ihn, Karl, auf diese Weise necken wollte, Mack am Abend Karls ekelhaftes Zusammenzucken als Anekdote vorzutragen, zu Macks herrlichem Hauptvergnügen, bevor er selber Klara griff. Außerdem hatte doch einst Klara ihn, Karl, schon einmal zusammengeschlagen! Und ihn schließlich, gleich einem räudigen Tier, fortgeschickt, mitten in der Nacht! Wieder vernahm, fast eine Erinnerung daran, Karl das heisernahe Röhren unter der Erde, es schien ihm gänzlich recht zu geben. Er, Karl, wollte und würde künftig wie ein Ehrenmann leben und Mack zum Trotz nicht einen Fingerbreit davon abrücken! Und dazu galt es erst mal Geld. Karl bedauerte schon, der Sache Mack so viel Gewicht eingeräumt zu haben – gab es doch sonst soviel zu denken!

Mit einem Lachen, das nicht ganz zu seiner Lage gehörte, erledigte Karl endgültig den Fall Mack und nahm die Straße vertieft in Augenschein. Ein Mann ging stramm an Karl vorbei, zwei Frauen kamen ihm gemach entgegen. Schon wieder verriet die Kreideinschrift auf einer Schiefertafel, daß es hier sogar regulären Kaffee zu trinken gebe, nicht solchen der Slowenen. Am Bordstein eine Wurstverkäuferin war mit einer Sonnenbrille geschmückt und ließ sich durch ein handgroß schmales Radiogerät etwas bei der Arbeit aufmuntern – sicherlich war sie vom Knuspergeruch ihrer Würste schon zu verweichlicht und verwöhnt. Aufseufzend gedachte Karl schon wieder Wehmeiers, Wehmeiers und der anderen Herren, die jetzt allesamt schon heftig und feierlich schmausen und zechen mochten, ihren Auftrag glänzend zu bekränzen. Wie er ihnen ihr Glück neidete und es ihnen zugleich herzlich gönnte! Es waren ja allesamt hochwerte Herren, die ihr Leben längst mit Bravour gemeistert hatten, Männer, die vielleicht seit Jahrzehnten den deutschen

Sprachraum bis tief in die Alpen und Südtirol hinein mit Spannung und magischen Abenteuern versorgten und bei Laune hielten – sie hatten ihren Lohn ja längst verdient, während er, Karl, sich erst noch zu bewähren, aus seiner momentan sicherlich unvorteilhaften Lage emporzuarbeiten hatte – und er würde es auch schließlich schaffen und das Gebot erfüllen, mochten auch Mack und all die anderen ihm noch ärger drohen und ihm ihre feisten Beine in den Weg legen – Verachtung nur verdient, wer sich von Schicksalswut zertrampeln läßt! Verdammt, wer bei der mindesten Prüfung und Versuchung die Flinte schon ins Kornfeld wirft! Aufauf in das Gefecht des großen Kampfs!

Wie recht Karl hatte, bekräftigte schon die nächste Straßenecke. Sonnenklar ein Fels im kaum getrübten Wasser, silbern warfen die oberen Kanten der Etagen all das Licht verheißungsvoll zurück, ragte das höchste Gebäude der Stadt nun in den unbestechlich blauen Himmel, gelbbraun und alabasterweiß zur gleichen Zeit, gerippt gegen die Spitze sich verjüngend fast zum Pfeil – Karls Vergnügen war vollkommen! Und wie freudig staunte er erst, als er weiterlaufend bald darauf erkannte, daß man in einer freilich etwas fremd wirkenden Kirche – es mußte sich um eine außereuropäische Religion handeln – sogar eine Deutsche Bank einquartiert hatte, in einen ehemaligen Seitentrakt der Kirche! Karl blieb zunächst vor der prächtig glasgewirkten Eingangspforte harren. Dann konnte er dem Einfall nicht länger widerstehen. Ob er nicht den sicherlich noch deutschen Kassier um einen geringfügigen Kredit angehen könnte? Einen mündlichen natürlich nur, denn er hatte ja im Augenblick noch keine ausreichenden Papiere bei sich – die würde er, verloren, wie sie in den Unterlagen des Naturtheaters von Oklahoma ein für allemal wohl waren, dann morgen oder übermorgen bei der deutschen Gesandtschaft beantragen, ohne mit der Wimper aufzuzucken, der Gesandtschaft, die ja irgendwo hier stecken mußte! Ob der winzige und zudem zerfaserte Bläser-Ensemble-Mitgliedausweis in den Schluchten seiner Hosentaschen herreichen würde, den mißtrauischen Kassier von seiner Unverwerflichkeit zu überzeugen? Oder sollte er den alten Koffer als Unterpfand ihm anbieten? Im Schalterraum gewahrte Karl einige Neger und noch mehr Slowenen hin und wieder rennen. Sie alle hatten ausgesorgt, keiner schien hier Geld aus Gnade nur zu kriegen. Das Versickern seines eigenen Muts übertölpelnd griff Karl nach dem Glastürknopf – dann hielt er sich doch mit Gewalt zurück. Ein neuer Plan ging Karl durch den Kopf. Jawohl, so würde er es halten! Er würde zuerst noch einen oder zwei Tage auf dem Erdboden herumsuchen, mit aller Gewalt – erst überübermorgen, sollte der Erfolg dennoch ausbleiben, würde er sich dann den deutschen Bankiers zu erkennen geben und gleichzeitig, Karl sprang vor Freude über diesen Einfall einige wenige Zentimeter vom Boden weg in die Luft, ihnen seine Laufburschendienste antragen – das wußte Karl noch aus der Heimat, daß innerhalb der Banken viel Botengang anfiel – und eine der verantwortungsvollsten und vertrauenswürdigsten Stellungen des ganzen Landes wäre endlich sein! Aber waren denn die deutschen Banken nicht kraft zwischenstaatlicher Verträge gehalten, unehrenhafte oder jedenfalls noch zweifelhafte Elemente nicht nur aus dem Arbeitsprozeß auszuschließen, sondern sogleich den amerikanischen Kontrollstellen zu melden, falls Mack es nicht längst selbst erledigt hatte? Ein kurzer und etwas verkrüppelter Kampf fauchte in Karl, dann entschied er, sich im Fall des Falles doch lieber weiter an den Fußboden zu halten. Natürlich, er würde weiter auf den Pflastern suchen, er hatte ja doch bisher auch schon einige hoffnungsvolle Erfolge zu verzeichnen gehabt! Zwar hatte er noch immer keine Münze, aber doch immerhin allerlei Knöpfe, Schraubenmuttern, Papierschlangen und Windräder aufgespürt, ja sogar einen fast neuen Bleistiftspitzer – wer wollte da von Aussichtslosigkeit noch reden! Fände er aber endlich Geld, so würde er es auch ja keineswegs verschleudern, sondern mächtig seine Hand auf den Besitz legen und sofort zu sparen anfangen – ein Konto hier eröffnen und sich dann erst als Bote zur Verfügung stellen, zu des Kassiers zwiefacher Lust!

Unverdrossen, wenn auch nicht ganz ohne Wehmut, ließ Karl die Deutsche Bank hinter sich. Die Straßen wurden jetzt ja noch schöner und breiter, so schön, daß ein sicherlich schon ferienmäßig eingestimmter Mann mit einer fast platzenden Aktenmappe das Lied ›Guten Abend, gut Nacht‹ vor sich hinpfiff, das Karl um so lieber und gleichzeitig fast aufgeregt wiedererkannte, als er das schöne und getragene Stück aus der Heimat einst sogar mit nicht geringem Gelingen auf dem Waldhorn vorgetragen hatte, und der launische Onkel Senator, auch wenn er insgeheim amerikanischen Märschen den Vorzug gab, hatte dazu sehr versonnen und ein wenig schlampig die Takte mit den Fußsohlen mitgeklopft! Fast schwindelig wurde Karl vor Erinnerung, damals gab es ja auch Mack, Green und Pollunder längst noch nicht – aber schon im nächsten Augenblick blieb Karl ganz verwirrt, ja wiederum vernichtet auf der Stelle stehen. Im ersten Stehenbleiben wußte er noch gar nicht einmal recht, was ihn so erschüttert, was seine Nerven so gekitzelt, fast wie Sirenensang ihn durcheinandergewirbelt hatte. Dann, inmitten der geistigen Schwäche den Oberkörper mitsamt dem Kopf ein wenig hin und her schwenkend, erkannte er die Ursache mit einem Mal ganz klar. Sie kam aus einem kleinen, ansonsten übersehenswerten Schaufenster, aus seiner Auslage. Dort hing das Bild von einem Jesus mit der Dornenkrone. Jetzt hatte Jesus beide Augen offen, soweit hatte alles seine Richtigkeit. Bog Karl aber seinen Kopf nur wenig vor, so hatte Jesus das linke Auge offen, das rechte zugezwickt. Bog Karl den eigenen Kopf entsprechend weit seitlich nach links, dann hielt Jesus umgekehrt das rechte Auge offen – jetzt war das linke zu. Es war, durchfuhr es Karl schnell, fast ebenso wie im Falle Wehmeier, beim Abschied vor dem Restaurant! Nur zwickte Jesus noch müheloser und artistischer und schneller – und vor allem beidseitig, während Wehmeier nach Karls sicherer Erinnerung nur links stets zwickte! Ein herrlich Schauspiel – und ganz ohne Eintrittsgeld! Karl konnte sich gar nicht satt daran sehen – hier müßte man sich ein Zelt aufschlagen für den Rest des ganzen Lebens! Immer wieder prüfte Karl alles nach. Links, rechts, links, rechts. Bog er, Karl, den eigenen Oberkörper rasch hin und wieder, dann sah er Jesus in blitzeiliger Folge beide Augen auf- und zuklappen – schon wie nicht mehr von dieser Welt! Es sah nach Karls Eindruck aus, als ob er, Jesus, heute noch ein nicht zu geringes Gaunerstückchen vorhätte, von dem dieser Stadtteil, vielleicht die Stadt, der ganze Erdball noch lange reden würde – nur könne er, Jesus, Karl jetzt noch nichts Bestimmteres verraten. Eine Empfindung wie Karwoche und Schunkeln umsprühte und umsäumte Karl, im Innersten aufjauchzend wußte und erinnerte er sich nun in Eile auch, daß heute wennschon nicht Karfreitag, so doch immerhin Gründonnerstag war und sein mußte, der Tag des Leids und neuen Lebens allzugleich, und immer noch zwickte und zwickte Jesus auf und zu und zu und auf, und keine Polizei schritt ein und alle Furcht vor Mack war längst erledigt und entschwunden – und da sah Karl auch das Geld. Ein Pantoffeltierchen stieß sich eben an der Münze und machte zügig kehrt. Zwei Meter vor Karls Augen lag und lagerte flach eine Münze, silbern schimmerte die Oberfläche mit einer ›Eins‹ als Höhepunkt. Es war die größte Münze dieses Landes. Sie lag halb verborgen hinter einem Kaugummiabfallpapier, doch war sie nicht nur gut erkennbar, sondern einfach unverkennbar. Jesus selber hatte sie durch Blinkzeichen gewiesen.

Lauschend spähte Karl um sich. Wenn ihn jetzt Wehmeier sehen könnte! Doch zur Freude war die Zeit schon zu beengt für Karl. Wer wagt, gewinnt, dachte er immer wieder, nur Jesus selber sieht ja zu. Karl ging wie übend etwas in die Knie. Jetzt oder nie galt es, den Lohn auch heimzufahren in die Scheuer. Noch hielt Karl sich zurück. Die Straße schien ganz ausgestorben. Kein Robinson noch Delamarche noch Mack zu sehen, kein Polizist hielt Wache. Sein Tun war nicht verboten, wenn auch andererseits nicht einwandfrei zur Gänze. Das Geld konnte ja der Witwe eben aus dem Fenster gefallen sein. Also wartete Karl noch drei Minuten, um der Witwe Gelegenheit zu geben, ihr Recht zu wahren. In weiter Ferne staubend zog ein Trupp von Marschierern quer über die Straße, etwa dreißig Männer, brüllend auf der Suche nach irgendwelchem Heil, welches Karl kaum verstand. Dann lag die Straße wieder leer, vollständig ausgeräumt. Keine Witwe kam noch auch der kahle Geiger, der es beim Vormittagskonzert womöglich hatte liegen lassen. Jesus blinzelte noch immer schelmisch. Karl schloß verdreht die Augen, wartete noch zehn Sekunden. Dann bückte er sich, flink wie ein Tier, ein bißchen raschelte das Kaugummipapier – dann hielt die dünne halbgekrümmte Hand das große Geldstück. Das Geldstück hatte kaum Gewicht und fühlte sich doch eisig an. Freude und Beklommenheit balgten sich fort in Karl, Freude schon der höchsten Art, mit ihr Furcht und Scham und Pein. Im Kopf hüpfte es auf und nieder, etwas wie Erinnerung. Es war die Kreideinschrift, die er, Karl, vor drei Stunden an der Mauer hinter der Busstation gelesen hatte. Siebenundzwanzig Mal, hatte ein Mutloser da hingekritzelt, habe er schon aufgeben wollen – jetzt gebe er es endgültig auf. Und das, sagte sich Karl grimmig wild in Hast, das passiert mir nicht! Nicht mit mir! Nicht mit Karl Roßmann! Einmal ist ja keinmal! Dies ist Karl Roßmanns Stunde!

Klamm schloß sich Karls Faust über der Münze, ohne Zucken suchte sie die große Hosentasche, Schutz vor Delamarche zu finden, ein für allemal und ewig! Schon hatte die Faust den Schlitz erreicht, schon war das Werk fast abgeschlossen – da fühlte Karl einen leichten Schlag auf seiner Schulter. Der Klaps fühlte sich schon vorab ja recht verzeihend an, doch auch Widerspruch nicht duldend. Karls Arme sackten in die Tiefe, die rechte Faust hielt noch die Münze. Starke Muskeln drehten Karl leicht herum um hundertachtzig Grad. Vor Karl stand ein alter Mann. Er war sehr alt, sehr klein und mächtig schmutzig. Der Bart war viele Tage alt, Jacke, Hemd und Hose Kleidung länger nicht zu nennen. Von der Hutkrempe zur Nase spannte sich ein Spinnweb, es glitzerte im Sonnenlicht. Ganz als habe er seine rohe Kraft nur kurzzeitig und für dringendste Fälle geborgt, tätschelte der Alte Karl schon sehr saftlos an der Hüfte, mit größtmöglicher Freundlichkeit und Ehrerbietung, aber freilich auch mit einer Miene, die kaum unnütze

Auseinandersetzungen mehr duldete. Lächelnd zeigte er die Lücken gelber Zähne.

»Du bist glücklich«, sagte der alte Mann halblaut, strich sich irgendwelche Haare aus der Stirn unter der Krempe und sah an Karl knapp gekränkt vorbei, »weil du erst achtzehn bist. Sei ein guter Junge. Gib mir einen Dollar!«

Noch während der Alte kaum verstehbar redete, bedachte Karl äußerst genau, ob man die große Münze wohl auch teilen könne, dann hätte jeder ja sein Auskommen. Kaum aber hatte der Mann seinen Aufruf beendet, überlegte es sich Karl eilends anders. Er streckte dem Alten die geschlossene Faust entgegen, schon half ihm der Alte bei ihrem Öffnen, ungeduldig langte er hinein, die Faust entfaltete sich zur Fläche, für Sekunden lag des Geldes Schein im Freien, dem Alten zur maßlos großen Freude – nun wohl dennoch etwas eingeschüchtert wagte er kaum zuzugreifen. Da pflückte die andere Hand Karls die Münze und drückte sie dem Greis in seine Rechte.

»Hier!« rief Karl festlich und verschluckte ein Lachen verwegenster Genugtuung. »Es ist mir eine Ehre und eine Lust, als künftiger Amerikaner die verdienten Korea-Kriegsveteranen des Landes zu stützen und zu unterstützen allzeit. Jawohl, so würde ich es druckreif sagen!«

Der Alte, der die glänzende Münze längst in den ewigen Tiefen seiner Jackensäcke versenkt hatte, sah Karl nicht ohne Tücke und Verachtung, aber auch sehr bewundernd an, ganz so, als ob alle Zuversicht des Daseins ab jetzt nur noch aus Roßmann komme.

»Sie sind mein Mann!« rief er fast zu voreilig aus und begann sofort zufrieden und auch etwas verlegen Karls Wange zu streicheln. »Zwar war ich, Gott bewahre, nie in Korea, Gott verdamm mich! Aber doch immerhin einst Präsident der ›Freunde der Italienischen Oper‹ Sektion New York. Die Zeit war herrlich – lang ist sie vorbei. Sie wissen, was ich meine? Mein Name ist übrigens Sondermann, wenn Sie wissen, was ich meine! Ich bin der gerettete Subkapitän respektive Suppenkaspar der untergegangenen ›Titanic‹-Strohmannschaft – Gott hab die Besatzung selig! O ja, Sie sind mein Mann!«

»Schon vergessen«, murmelte Karl sehr besinnlich und vollzog unverhofft eine große Geste allseitiger Entschuldigung. »Ich bin ja immer für Sie da!«

Der alte Mann ging jetzt ein wenig in Hockstellung und sah zu Karl hoch, als wolle er ihn über diese Technik darauf aufmerksam machen, er, Karl, sei einfach zu hoch und zu lang und zu schmal gewachsen, um all seinen, des Alten, Jammer wirklich und letztendlich zu begreifen.

»Sie sind mein Mann«, wiederholte der Greis sehr viel leiser, ächzend schon vor Altersschwäche, und schien kurz den nächsten Coup zu überlegen oder aber die beste Möglichkeit sofortiger Geldanlage. Dann aber rappelte er sich wieder hoch und zupfte geschmeichelt an den Stoppeln seines Barts. »Ein schöner Tag«, rief er recht leichtsinnig und bekam den Schluckauf, »wie Weihnachten, nur wärmer!« Jetzt kicherte er ganz offen. »Ich bin ein Lump, Sie sind mein Mann«, flüsterte er wieder gedankenverloren und zog sich heimlich schon etwas zurück, als sei ihm der Boden unter den Füßen längst zu kühl. »Viel Vergnügen auch weiterhin in dieser Stadt! Viel Vergnügen in dieser Klassestadt! In dieser wirklich Eins-a-Stadt!«

Rasend schnell schrumpfte der Greis zusammen. Schon war er in der Hofeinfahrt hinter Bierkisten verschwunden.

Ziemlich überflüssig schüttelte Karl nochmals beide Hände aus. Eigentlich war er sehr froh, daß er das Geld und mithin den schmutzigen Präsidenten endlich los hatte. Er mußte sich doch ohnehin wieder entschiedener auf seinen Hunger und die Abwehr Macks konzentrieren, der Alte war ja doch zusätzliche Belastung nur gewesen. Vor allem aber empfand Karl den Abgang des Lumpen deshalb als so wichtige Befreiung, weil schon seit einigen Minuten, ja praktisch seit dem Auftauchen des nutzlosen Geldes, von der anderen Straßenseite herüber ein sehr kleiner Mensch Karl heftig zuwinkte und verstohlene Zeichen machte. Beim Näherhinsehen entpuppte er sich als ein Mädchen, lang fielen braune Haare an ihm hinunter – und alles deutete darauf hin, er, Karl, solle doch gleich zu ihm hinüberkommen, es eile ja ganz mächtig. Noch harrte Karl unschlüssig auf der Stelle, als hoffe er noch mal auf Glück, als würde ja der Boden vielleicht ein zweites Mal ihm Geld ausspucken. Jesus hielt jetzt beide Augen ermunternd offen. Das Mädelchen winkte noch stürmischer. Vielleicht, überlegte Karl, hatte es ja gesehen, wie er, Karl, endlich Geld gefunden und wie er es unverrichteter Dinge wieder hatte herausrücken müssen – am Ende wollte es Karl dafür gar schadlos halten, ihm neues Geld rasch leihen oder doch sonst mit Rat und Tat zur Seite stehen. Wolken formten sich zu Rauchgebilden, linkerhand schlug eine Uhr dreimal. Karl riß den Kopf hoch. An der Mauer, im dritten Stock über dem Jesus hing siebenmal das nämliche Plakat, eine Frauenbüste, riesig und voll Schweinereien. Das Mädchen schwang die Faust nun schon im Winken. Man muß dem Glück entgegenwanken, dachte Karl. Neubeherzt passierte er die Straße, erste Regentropfen fielen.

Das Mädelchen mochte drei, vier Jahre zählen. Es

stand in einem kleineren Vorgarten, eingerahmt zwischen zwei Goldregenbüschen. Fest mit beiden Händen umklammerte es die Eisengitterstangen, als es Karl nahen spürte. Es trug ein scharlachrotes Samtkostümchen und einen Florentinerhut samt Schleife – wie eine große Dame. Es hatte es offensichtlich mächtig eilig. Mit einer von Vorwürfen zerklüfteten und sogar ein wenig bösen Miene schüttelte es mehrfach vor Ungeduld die langen Locken aus. Sofort griff seine Linke durch die Stäbe hindurch nach Karls Arm, so daß es Karl bald weh tat. Dann wechselte der Blick des Kindes vom Vorwurfsvollen hin zu nötigster Belehrung. Keine Sekunde länger schien die junge Amerikanerin ihr Vorwissen gegenüber dem Älteren und Deutschen für sich behalten zu können, sonst würde etwas explodieren.

»Hör die Musik! Obacht! Hör die Musik!« hauchte das Kind im fieberhaften Flüsterton und zog Karl mit kräftigen Muskeln wieder näher zu sich hin. »Hör nur, hör nur!« wisperte es drängend, ja drangselig und zog erregt an seinem Rock. »Sag, reizt es dich? Sag, reizt es dich?«

Jetzt erst, mit einem Male, hörte es auch Karl. Es drang aus einem etwas villenartigen Landhaus hinterhalb des buschichten Gartens. Es war ein ganz feiner und zarter und sehr heller Knabenchor, allem Anschein nach umsäumt von Mandolinen- oder Zitherklängen, vielleicht auch von einem winzigen kaum hörbaren Orchester. Neue Regentropfen saugten sich ins Pflaster. Unter Umständen sogar deshalb klang die Musik noch ferner, wiegender und zugleich noch lachlustiger.

Wenn froh des Lenzes Ruf erschallt
Und von den Bergen widerhallt,
Wie lockt's zum Tanz …

Der Lenz ist … über Nacht,
Die Erde prangt in Blütenpracht,
Am Himmel lacht die Sonne!

Karl stellte den Koffer zu Boden. Das eine oder andere Wort verstand er nicht vollständig. Schon aber hatte er den Eindruck gewonnen, die Musik sei deshalb so lachend und lachenmachend, weil den Kehlen der Sänger und sogar den unklaren Instrumenten ab sofort um nichts anderes mehr auf der Welt zu tun war als um unabdingbare Wonne, den eigenen bedenkenlosen Ohrenschmaus. Zweifellos war es ein Walzer, was da so süß aus den Hecken hervortönte, aber kaum ein roher oder stampfender wie gewöhnlich, sondern die ausgeruhten Stimmen selber machten vielmehr den Rhythmus etwas schweben, die Melodie schien lässig schwalbenhaft zu segeln, gleichzeitig und lerchengleich gelassen mit den Flügeln zu schlagen, die Lerchenschwalbe schüttelte den Kopf vor Selbsteingenommenheit und Unbedenklichkeit, dergleichen Karl nie gehört, und er mußte auch schon lachen.

»Reizt es dich?« wiederholte das Mädchen etwas ruhiger und noch ernsthafter seine Frage und stieß Karl mit überschüssiger Kraft vor lauter gleichzeitigem Lauschen etwas zu stark wider die Brust. »Es kommt aus der Radio Musik Halle, gesungen und interpretiert von europäischen Knaben. Es ist nämlich Frühling, oder?«

Jetzt waren die Stimmen wieder sehr deutlich zu entziffern:

Und das Herz vergißt den Schmerz,
Lächeln Augen himmelwärts,
Lauter Wonne! Lauter Wonne …

Damit schloß der erste Teil und es folgte so etwas wie ein Zwischenspiel der Saiteninstrumente. Mit äußerster Eile und Gewalt war in Karl ein Einfall erwacht und nahm ihn brausend in Beschlag.

»Nicht möglich«, sagte das Mädchen kopfschüttelnd und sah in das Erdreich, »schöner als im Fernsehen«, grübelte es schon fast zu nachdenklich und sah ungeduldig erzürnt wieder zu Karl an dem Gitter hoch. »Gib's zu!« hauchte es rauh, fast schreiend und versetzte Karl, indem es auf eine Gitterquerstange kletterte, in neuer Drangsal einen leichten Nasenstüber.

Auf, du Mädel, frisch zum Tanz,
Schmück die Locken mit dem Kranz,
Komm zum Herzen, lieber Schatz
Komm bald in ...

»Es ist sehr schön und aufregend!« bestätigte Karl und konnte sich wirklich vor Aufregung kaum mehr fassen, derweil in die schwereren Regentropfen geschwinder Wind und kleinste Hagelkörner sprühten. »Ob ich mich wohl bei den Knaben bewerben könnte? Ich bin europäischer Mittelschüler. Meine Papiere würde ich in Bälde nachreichen, und wenn es sein muß«, Karl lachte schon ganz forsch über seine Lüge hinweg, »singe ich vom Blatt!«

»Pst!« rief das Mädchen, legte den Zeigefinger auf den Mund und deutete mit ihm dann nochmals nach hinten auf den Ursprung der Musik.

Willst du mein Tänzer sein?
Trag mich in' Himmel 'nein ...
Sanft mit mir schweben,
Tanzen durchs Leben ...

In seiner Erregung verstand Karl auch diese letzten Zeilen nicht so ganz, um so besser dies, daß die Musik nach dem ersten wiegenden und vollkommen seligen Walzer an dieser Stelle in eine Weise überging, die vielmehr zum Hochraffen aller Lebenskräfte und Säfte aufrief – die singenden Knaben, denen er nun bald auch angehören würde, schienen in ihrer buntschillernden Gesinnung beim Singen ganz zu übersehen oder zu überhören, daß sie ja eigentlich noch gar nicht im Tanzalter waren, alles klang so zuverlässig und ausgepicht, als wären sie fast schon mit himmelblauen Tanzschuhen auf die Welt gekommen und hätten seither nie anderes im Sinn gehabt, ja als habe alles andere letztlich keinen Zweck! Karl ließ seine schmalen Schultern andeutend mitschaukeln und stellte sich in einem augenblicklichen Abschweifen seiner Hoffnungen vor, wie er an dieser Stelle auf des Onkel Senators Klavier die Finger gekrümmt haben würde vor Lust, besinnungsloser noch als bei seiner Darstellung der amerikanischen Nationalhymne! Der Regen streifte nun schon recht dicht des Wegs und also beeilte sich Karl mit der Frage, wo die Radio Musik Halle zu finden sei, damit er dort um seinen endgültigen Anschluß nachsuchen könne.

Horch, es schluchzen leis die Geigen,
Laden uns zum Reigen …

»Du bist zu alt«, sagte das Mädchen, ohne daß es Karl eigentlich zugehört hatte, und winkte mit seiner kleinen Hand vergrämt schon ab. Es hörte noch einmal, den Kopf wiegend, kurz in die Musik hinein, dann kompromißlos bereitete es seinen Rückzug vor. »Wisse«, sagte es und sah unangenehm berührt an Karl vorbei, »für die europäischen Knaben bist du ja viel zu alt …«

»Aber ich habe einige musikalische Praxis!« rief Karl ganz gehetzt, – und das unwiederbringliche Blitzgeschmetter der einstigen Oklahoma-Trompetengruppe kreischte laut in der Erinnerung mit, »ich beherrsche ja nicht nur die einzelnen Noten, sondern auch die Rhythmen und Frauen und Tango und alles!« rief Karl nah schon am Ertrinken, indessen die Hagelkörner ihren Einfluß vermehrten und auch das schöne Kostüm des Mädchens schon halbnaß klebte – aber nun sah es ganz so aus, als ob die Kleine gerade angesichts der Klagerufe des jungen Deutschen in seiner Erledigungslust noch nicht ganz zufrieden wäre. »Und«, rief Karl, fühlte sich ertappt, wollte aber um keinen Preis schon wieder aufgeben, »natürlich würde ich auch umsonst spielen und singen und sogar Handstand schlagen, jedenfalls die ersten Jahre über! Wie heißt du?« Er zuckte vor seiner eigenen Anmaßung gleich zusammen. »Wie heißt du eigentlich?«

»Du sollst jetzt«, sagte das Kind, schloß nachdenkend den Mund, rollte mehr verachtend als zürnend die rosarote Stirn zu Falten, schüttelte den Kopf und öffnete den Mund wieder, »du sollst jetzt nichts mehr fragen!« Rasch und aber mehr wie eine Kräftedemonstration packte es Karl an seiner Nase. »Du sollst jetzt«, mürrisch lauschte es einige Augenblicke der im Regen immer ferner versiegenden Musik und legte dann Karl mit einem ganz und gar wegwerferischen Handkantenschlag gegen die Hosentüre endlich das vollkommene Schweigegebot auf, »nichts mehr fragen, sondern« – da aber schien die kleine Frau doch noch einmal milder zu werden und vielleicht zu ihrem eigenen Erstaunen Karl sogar entgegenzukommen, vielleicht war ja ihr Entschluß noch nicht der festeste!

»Aber ich will ja nur«, schon regenweich versuchte

Karl die Gunst der Stunde zu nutzen und wenigstens das Gröbste zu retten, »ich will ja nur die Schuhe jener Knaben putzen und die Kleiderbügel schnitzen!«

O Seligkeit!
Die Welt ist erwacht!

»Sondern«, rief das Kind aber schon im Weglaufen, dennoch wandte es sich, bevor es den Gartenpavillon erreichte und hinter Heckenrosenbüschen verschwand, noch einmal um. »Sondern weitergehen! Sofort! Kein Wort weiter! Es ist ja längst genug!«

Im gleichen Augenblick und jetzt unwiderruflich rauschte und toste der Regen hernieder, die zarte Musik ging nun auch in den letzten Resten verloren – ein Platzregen; ärger und immer ärger noch wurde das Dröhnen in der Luft, der Himmel war ein umkippender Bottich Rauch und Rauschen, behelfsweise klammerte sich Karl an dem Eisengitter fest, denn jetzt wirbelten schon tischtennisballgroße Hagelkörner über die aufgestäubte Straße und mit Schmerz auf seinen ungeschützten Kopf, Schmutz flog pfeifend zwischen alles – und dann brauste etwas an: Zuerst sah es aus wie ein entflohener und weiter fliehender Manegendirektor – es war aber ein Polizist, ein Polizist auf falbem Schimmel, ein Polizist ungeheuer hoch auf trampelndstierem Rosse – an seinem energiegeballten Kinn erkannte Karl ihn da wieder, es war der nämliche Polizist, der ihm heute morgen schon an der Bushaltestelle aufgelauert hatte, jetzt aber auf dem reizendsten Tier der Stadt, jagend schon die Nüstern schnaubend blähten, die Hagelbälle prallten ab von Strähnen seines Schädels – der Mann obendrauf aber schien seinerseits besessen von Alarmbereitschaftsgier, steil wallte hoch der Körper, das

Schild ›Polizei Distrikt New York‹ glänzte noch wie sonst auf schwarzem Arbeitswams, jawohl, es war der nämliche Polizist, oder aber fast derselbe, ausgesandt von Mack und Delamarche zur Festnahme und endgültigen Erledigung des Roßmann! Schon nahm Karl die Hände von den Gitterstäben und legte sie flach und für die Handschellen bereit – immer donnerschwerer wuchtete das helle Tier die Straße hoch und auf ihn zu, aufgezäumt im Jagdgalopp, peitschend knirschend mit den Zähnen, Schaum im Mund von Roß und Reiter, beide hatten ja nur auf das Unwetter gewartet, Roßmanns Vernichtung noch klirrender zu gestalten und noch viel fetzender – nun, seltsam genug, verlangsamte man freilich kurz vor Karl keineswegs, sondern irrsinnig schon klatschten und prasselten die Hufe auf das naß spiegelnde und wassersprühende Pflaster, mit wahrscheinlich letzter weher Freude erinnerte Karl sich seiner eigenen Reitstunden bei Mack in ihrer lächerlichen Schwachheit – jetzt waren Schimmel und Schutzmann schon auf Karls Höhe, wirbelnd stieben Hagelbälle sich zuschanden, Karl den Garaus zu machen hob der Polizist die Peitsche, im höchsten Schwung stemmte er sich empor, gleich wie die Freiheitsstatue selbst riß er die Hand steil in die Luft, beide Beine pressend in den Bügel – doch siehe, achtlos brausten und hechteten Gaul und Gendarm nun an Karl vorbei, straßenabwärts und vorüber in die Tiefe, bärenstark und schwergerüstet – annähernd mühelos einem unverhofften Slowenenaufstand schnelles, hochverdientes Ende zu bereiten.

Karl stand patschnaß. Polizist und Pferd waren verschwunden, nachschlug Scheppern ferner Hufe. Hagel und Regen waren im Augenblick versendet, wärmend spähte schon die Sonne wieder, funkelte ins Spiegelnaß der sehr rein gefegten Straße. Karl stand verdattert an dem Gitter. Jenseits aller Entlastung kam er sich jetzt erst vollkommen betreten und enttäuscht, ja beleidigt vor. Soweit, sagte er sich und rührte sich nicht von der Stelle, war es also schon, daß man seiner nicht mehr ernst nahm, seine törichten Reden am Eisengitter mit einem kleinen Mädchen unbeanstandet ließ! Ihn allenfalls beim Ausritt nach Slowenen noch ein wenig schreckte, nicht einmal als letzte Warnung, sondern lediglich zum Spaß! Ja, vielleicht auch waren Roß und Reiter insgesamt nur zu ihrem Vergnügen unterwegs, unsichere Kandidaten routinemäßig und weilchenweise aufzustören und zu narren! Mit Hilfe gar von etwas Hagel!

Scham glitt Karl in den feuchten Kopf und walkte auf und nieder, und also suchte er doch lieber nach einer anderen Erklärung. Was mochte den Slowenen in die kantigen Struppelköpfe gestiegen sein? In ihre radauerfreuten Seelen! Oder daß die Polizei gar Robinson und Delamarche nach ihrem letzten Diebstahl dingfest machte? Voll Schreck griff Karl nach dem Koffer doch, der glänzte naß und, wie es schien, besonders treu. Herzklopfend und ein wenig überwältigt von unverhoffter neuer Hoffnung begann Karl wieder ein wenig auszuschreiten, gut ausgeruht freuten die Beine sich schon auf neuen Dienst. Ein Schlafender lag auf einer Bank, bezwungen offenbar von konzentriertestem Alkohol, der ihn selbst dem Regenhagel hatte trotzen lassen! Auch auf ihn konnte der Polizist es ja kaum abgesehen haben, denn Schläfer achten stets den Staat. Um sich die Sache zu erklären, ging Karl etwas langsamer. Ob gar Mack selbst gemeint war? Daß er ob Rennstallsteuerhinterziehung endlich ein für allemal den kürzeren zog! Und mit ihm Green, Pollunder und all das Geschmeiß!

Oder war in der Radio Musik Halle Unheil ausgebrochen, vor lauter Turbulenz und Frühlingsluft und Lust! Hatte Hagel eingeschlagen – und Pferd und Polizist standen der Feuerwehr nur brav zur Seite …

›Die New Yorker Feuerwehr!‹ raunte es schwärmerisch durch Karls Kopf. Sein Herz, schon schlug es wieder schneller. Mit einem Mal erkannte er und sah ein, wie schwer, wie entsetzlich schwer die hiesige Feuerwehr es doch hatte! Unerträglich schwer angesichts der ergreifend hohen Häuser und Wachtürme! Auch und gerade, weil sie ja alle leer und nutzlos waren! Freilich, noch schwerer, sagte sich Karl fast im gleichen Atemzug, fiel es natürlich, daß diese Milliarden Steine und Zementklumpen ja erst einmal Feuer fingen und auch wirklich brannten – na dann nun freilich, pfiff Karl durch die Zähne wie ein Alter, na dann weh und gnad uns Gott! Dann gut Nacht, du schöne Bäuerin! Da war ja schon gar keine Möglichkeit mehr, an das Feuer heranzukommen mit den Löschern und den Leitern, mit den Rössern und den Reitern! Keine als – vielleicht Gebet? Gebet und Roßtäuschen vielleicht. Roßtäuscher reden Feuer nieder und Gott im Himmel schaut darein. Dereinst wenn die Trompeten blasen, wird Hagelschauer Mack roßtäuschen und Delamarche zur Hölle fahren und Robinson am Band nachschleifen …

Beim Gehen war Karl ein wenig eingenickt. Die Sonne stand schon wieder warm wie Glut und wohlverstaut. Ein neuer Gedanke machte Karl abermals hellwach. Ob angesichts der besonders bravourös erbrachten Leistungen der New Yorker Feuerwehr wohl auch hin und wieder große Feuerwehrfeste ausgerichtet würden, wie in seiner alten Heimat? Mit Schweinebraten, Knödel, Sauerkraut zumal? Schon glaubte Karl die Schallmauern des New Yorker Feuerwehrleutechors am

Ohr trommeln hören, doch da erkannte er, daß in einer kleinen Nische zwischen zwei Häusern, eigentlich ein vorwurfsvolles Loch nur, ein lebendiger Neger aufgestellt stand, wahrscheinlich ein Wärter oder Privatwächter beider Häuser allsogleich. Er trug eine pechschwarze Windschutzbluse, ließ abwartend das Diplomatenköfferchen schwingen und beantwortete Karls stumme Frage, ob ihm, dem Neger, auch Karls Koffer wohl gefiele, steil nickend mit großem ja. Rasch ging Karl weiter. Pfiffig musterte er den nun vollends reingefegten Himmel. Wie Karl die Straße doch genoß! In ihm stieg der Verdacht auf, daß es ihm schon wieder oder noch immer viel zu gut ging, von kleiner Bangnis geschüttelt entsann er sich Wehmeiers einstigem Hinweis, dies Dasein sei ja nichts als eine Kette von Verfehlungen und Niederlagen mit sehr viel Gram und noch mehr Schmach, gar nicht wert, gelebt zu werden. Wer nie geboren würde, hatte Wehmeier gesummt, bedenkenlos das linke Auge zugezwickt und unter einer wohlgelungenen Grimasse geseufzt, die Lippen weit nach links gewölbt, der sei am besten dran. Karl seufzte zur Unterhaltung gleichfalls, sehr verlangte ihn jetzt nach Wehmeiers tröstendem Blick und er hoffte nur, daß es Wehmeier in diesem Augenblick auch einigermaßen so gut wie ihm noch ging. Noch, dachte Karl, war nicht aller Tage Abend, die Welt war jung und er war offen. Hunger scheuchte ihm das Wasser in die Augen. In seiner Not spielte Karl kurz mit dem Gedanken, Aufsichts- oder gar Verfassungsbeschwerde einzulegen. Aber natürlich, er wußte ja nicht wann und wie, warum und gegen wen.

Die Straße schwankte nun etwas bergab, wahrscheinlich lag die Stadtmitte schon wieder hinter Karl. Eine Frühkastanie schmetterte gegen seinen Schädel, verrannte sich im Abflußrohr. Am Horizont wurde schon ein weißgleißendes Wasser sichtbar, nach Karls Meinung konnte das nur einen Mündungsarm bedeuten, vielleicht sogar das Meer, das ihn, ohne Barmherzen schön, zag mit dem Heimatland verquickte. Karl überlegte eine Zeitlang, warum er die Gepflogenheit nicht wieder aufnahm, am Boden nach viel Geld zu forschen. Er wußte es ja nicht. Sein Hunger war inzwischen noch mehr angeschnellt, kaum länger zu erleiden. Den Durst, erinnerte sich Karl matt, hatte er ja recht versiert zur Zeit des Hagels schon gestillt, schleckend an der Körnerfrucht, es war seine Henkersmahlzeit oder doch die Henkerstrinkzeit. Im Licht lag knusprig eine immerhin italienische Konditorei, auf die konnte man kaum bald mehr verzichten. Wieder schlüpfte der Gedanke an eine neue Münze in Karl, allein, er war ja schon zu schwach, noch ausdauernd in den Bodendreck zu starren. Längst mußte später Nachmittag sein. Der Gedanke an das fehlende Nachtlager machte Karl ein bißchen lächeln. Belustigt und mit Spannung erkundigte der streunende Deutsche sich bei sich selber, wie er einst wohl sterben möchte, aber auch davon wich das Herzweh nicht und klemmte immer fort. Ein Hauch von Kühle, schon von Kälte wehte geschwinder durch die Stadt. Sie lag jetzt schattenreich und freilich noch sehr hell. Karl hatte wohl längst die Übergangszonen zwischen der Stadt und den Vororten erklommen, der Hunger wurde immer schlimmer, es zwickte schon im Hinterhirn. Immerhin, so tröstete sich Karl, immerhin würde er in den preiswerteren Lokalen der Vorstadtzonen viel leichter etwas zu essen kriegen als in den ganz kostbaren der Mitte.

Erst Minuten später erkannte Karl, daß er hier wie dort nichts kriegte. Trotzdem lag ein wenig Trost auch in dieser Aussicht. Stark schritt Karl weiter aus, sanft wucherte ein Park zur Linken. Nun wurden, um Karl noch verbissener zu verspotten, auch die Häuser wieder höher, vornehmer und mitreißender. Machtvolles Licht beschien ein prächtiges Haus im ockergelben Sandgestein. Es mochte sich um ein Museum oder dergleichen handeln, denn vor seiner Pforte drängelten sich sogleich Hundertschaften von Menschen, schwarze, weiße und vor allem Slowenen, sogar die allesamt vornehmen Frauen waren in festlich glänzende Hosen eingekleidet und freuten sich offensichtlich auch wie toll darüber – mochte das Leben im Ausland zuweilen noch so verbittern, sagte sich Karl und setzte seine Hoffnungen in das Vorrücken der Zeit als solchem, es gab ja doch immer wieder allerlei wimmelndes Gefunkel zu sehen und zu erspähen, und trotz seines jetzt schon hörbar surrenden Magenknurrens freute sich Karl bestmöglich über den namenlosen Bildungshunger des Landes und vor allem dieser Stadt, der ja schon am Nachmittag nicht mehr zu bremsen war. Ein etwas zu klein geratener Polizist tauchte in einer angrenzenden Querstraße auf und schaute gebannt und erledigt in den noch strahlend wolkensatten Himmel. Karl verspürte kaum noch Furcht, er schritt beherzter wieder aus und stieß alsbald auf ein ungeheuer hohes Haus in der äußerst schmalen und fast zerbrechlichen Gestalt eines großen Bügeleisens. Das Haus mochte fünfzig Stockwerke zählen, allesamt waren sie fettig, fleckig, mürrisch, muffig und verkommen, wie nicht mehr von dieser Welt. Einsam, mutlos, rußig stand das Haus des Wegs, ein großes Mitleid mit dem Haus überströmte Karl – hier würde er, hätte er etwas zu sagen in dieser Stadt, wenigstens das Kreiswehrersatzamt untergebracht haben. Der ihn vorübergehend anrührende Gedanke an eine kleine militärische Laufbahn wurde ihm aber schon wieder vertrieben, ja zerstäubt durch einen leeren Rollstuhl unter der im Vergleich recht schmächtigen Eingangstür des Dreieckshauses, unter dem Rollstuhl lag ein blonder alter Teddybär, auglos, mundlos, gottlos, zudem in sehr vertrackter Stellung, das Ohr war linksseitig vom Rollrad eingeklemmt. Nun spielte Karl doch wieder mit dem Gedanken, gleichfalls das Handtuch zu werfen, wie immer das gehen mochte – aber schon traf ihn die warme Sonne wieder aus dem flüchtigen Zement der Wolkenkugel. Karl beschloß also, es erst mal gut sein zu lassen und den Hunger ein wenig zu dämpfen, indem er sich nachhaltiger um ein Nachtlager kümmerte, ein einigermaßen bequemes Nachtlager, um wenigstens von daher besser über die Runden zu kommen. Eine Frau auf einem nahen Flachdach schien Karls Gedanken erraten zu haben und übernehmen zu wollen und sich aus voller Höhe abwärts zu stürzen. Sie trat bis an die Brüstung vor, schwenkte die Arme, sah hinunter, doch dann ließ sie ihr Manöver lieber und hütete sich wohl. Um sich ein wenig Bewegung zu verschaffen, eilte Karl überstürzt davon, und tatsächlich wurden die Aussichten auch sofort wieder deutlich besser. Schon fand er sich abermals in einer weniger lebhaften und wohlhabenden Region, einer Region, die seiner eigenen Lage in nichts nachzugeben zu schien. Auf den allerdings noch unglaublich hohen Eisenbalkonen konnte man nun zahlreiche Negerinnen in Turnschuhen und mit großgemusterten Hemden auf dem schwarzen Leibe sehen und bestaunen, sie saßen und räkelten sich sehr geruhsam, vielleicht auch krank von Höhenrausch und Sehnsucht, in Korbsesseln herum und warfen lange einprägsam Blicke nach unten, nach geradeaus, etliche auch nach oben. Ah! seufzte Karl viel zu laut. Dort oben hätte er jetzt auch gern und mit Vergnügen ein auffrischendes Luftbad genommen, aber es bestand ja sicher keine Möglichkeit, sich ausreichend schnell mit den Besitzern oder wenigstens Miet-Inhabern der Balkone anzufreunden, um ins Innere und Geschäft zu kommen. Karl seufzte jetzt belustigt, dann wiederholte er, um sich ein wenig zu zerstreuen, den Seufzer ein paarmal auf mehr theatralische Art. Ob ihn wohl, den Seufzer erlauschend, eine der Negerfrauen zu sich heraufkommandieren würde, klug lesend auch in seinen bitterlichen Augen, ihn für die niedrigsten und sei's entbehrlichsten Arbeiten einzusetzen? Solche, die sie selbst nicht mehr begriff? Karl hätte beinahe laut herausgelacht bei dieser Art von Gehirngespinsten, die ihm der Onkel einst so stracks und gerade angesichts der amerikanischen Verhältnisse strengstens untersagt hatte. Beim unterdrückten Lachen erkannte Karl jetzt auch, daß dies überhaupt keine Balkone, sondern allesamt nur Feuerleitern waren! Seine ehemalige Hochachtung vor der New Yorker Feuerwehr sank sofort steil in sich zusammen und mit ihr freilich auch sein Mut, und noch im gleichen Augenblick meldete sich plärrend auch der Hunger wieder. Ach was, diese Feuerwehr! gluckste Karl recht verdrießlich – er hatte sich ja heimlich schon das Emporklettern der Uniformierten an nackter Fassade ausgemalt, eine Kunst, die es ihm allerdings wohl für alle Zeiten verwehrt hätte, diesen tüchtigen Menschen als Rottenführer oder doch als freiwilliges Mitglied auf Trinkgeldgrundlage beizuwohnen oder immerhin doch beizutreten. Aber, so sagte sich Karl, wenn es ein so Leichtes war, die hohen Häuser zu erklimmen, dann könnte er sich ja immerhin als Fensterwäscher oder Gebäudereiniger am höchsten Haus der Stadt bewerben und im Notfall sogar eine Anstellung wagen; in sicherlich vierhundert Meter Höhe war er dann auch endgültig für Mack und Delamarche und Robinson und selbst für die Polizei ganz unerreichbar! Die Welt würde staunen, wie wenig er als Gebäudereiniger zuwege brächte! Und sich so energisch wie möglich blamierte! Und wäre zum Gröbsten dennoch endlich aus dem Schneider. Und könnte dann erst recht ja zusätzlich noch Feuerwehrmann machen, die sterbensmäßig lange Zeit der Abende aufs allerbeste totzuschlagen, umschwankt vom Bürgermeister im Zivil fünfhundert Meter unter seinen Füßen, träumte sich Karl noch ein wenig weiter, bevor er sich dann kichernd schalt: Nein, wenn es schon so einfach und todsicher war, an den hohen Häusern hochzuschwirren, dann wollte er auch nicht Gebäudereiniger oder Feuerwehrmann werden, dann wollte er mit diesem Pack schon gleich niemals zu schaffen haben! Jawohl, das mache ich, rief Karl etwas fröstelnd.

Erfrischten Muts lief er wieder weiter, ja er fiel schon ein wenig vornüber, die Schwäche aller irgend brauchbaren Muskeln war jetzt vollendete Tatsache. Wie sehr gönnte Karl doch Wehmeier noch einmal sein hochverdientes Ruheglück, den Halt vor dem Schutz des Bierschaums! Karls eigener Hunger und vor allem sein Durst hatten jetzt eine solche Roheit und Rauhbeinigkeit erreicht, daß außergewöhnliche Entscheidungen einfach getroffen werden mußten! Ein ›China Schnell Futter‹ erstand erneut vor Karls Blick, noch schöner wohl als die, die er heute schon gekreuzt und sogar gestreift hatte. Karl warf einen rückhaltlosen Blick über die Schulter, ob ein Polizist ihn wohl beschatte. Niemand war zu sehen, nur das sorglose Mähen eines Schafs zu hören. Karl blieb vor Staunen stehen. Er malte sich aus, und sofort tat ihm der Kopf weh vor lauter Denken, wie er jetzt einfach unerschüttert einträte, eine

Kleinigkeit bestellte und ganz gemächlich wegverzehrte. Natürlich, es müßte etwas Chinesisches sein, damit alles noch viel verrat- und schauervoller würde. Sodann würde er den Leiter des Unternehmens zu sprechen wünschen, bescheidenen und dennoch ungebrochenen Blicks, und schließlich seine Zahlungsunfähigkeit rasch eingestehen. Noch im gleichen Augenblick aber würde er seinen festen Willen aussprechen, zur Strafe und Wiedergutmachung eine Woche lang alle nur erdenklichen Aufgaben zu erledigen, sofern es nur kein Mord an den Slowenen wäre oder sonstwie gar zu stürmisch an seiner Ehre rüttelte – Schafe, sprach sich Karl bald in Schlummer, Schafe würde er ja immer hüten und auch bei den Schweinen schlafen, wenn das irgend jemand nützte ...

Karl trat mit Kraft ins Gasthaus.

Allerdings, der Saus und Braus, den er sich hinsichtlich des Innenlebens der Wirtschaft ausgemalt hatte, den gab es hier wirklich nicht, oder doch schon sehr verborgen. Verraten und verdammt blieb Karl noch im Türstock stehen. Unermeßliche Verletzungskraft fiel mächtig auf den jungen Deutschen, ohne daß er sich des Beweises noch ganz sicher gewesen wäre – und dann sah er auch schon den Polizisten. Zuerst stand er eindeutig neben der Cassa, mit nicht weiter bestimmbarer Hautfarbe entwischte er aber sofort nach hinten in die Küche, man konnte es nur als Flucht verstehen – im gleichen Augenblick spähte schon ein Neger aus der Küchendurchreiche, er hatte die Pfeife so fest im Mund, die Augenbrauen waren so vergraut, als wollten sie ja die Polizeibehörde selber als übergeordnete Instanz für das Unheil und den Unfug in dieser Wirtschaft zur Verantwortung ziehen und als möchte er, der Neger, damit aber auch schon gar nichts mehr zu tun haben – vor dem Neger aber stand seinerseits in brauner Kutte ein alter Benediktiner, er trug um die Taille ein weißes Seil, hatte die Hände in die Hosentaschen gegeben und bestellte schallend »Einen Liter ex!«

Karl freute sich trotz allem, schon wieder einen Landsmann zu treffen, ja seine Hoffnung stieg schon doppelt rasend wieder, denn je schmählicher die Wirtschaft, desto besser waren ja doch seine Überdauernschancen. Also machte Karl ein paar schnelle Schritte vorwärts, da gewahrte er in einer Saalecke einen Fernsehapparat. Er war schon eingeschaltet, soeben schoß in ihm ein kleiner vollbärtiger Mann im Fußballdreß das Leder in die Maschen, er hieb es wie einen letzten und allerdings gnadenlosen Racheakt hinein, nun erschien eine Druckschrift auf dem Bildschirm mit den Worten ›Gerd Mueller‹ – und im selben Augenblick fragte ein sehr dünner Kellner im grünblauen Trikot Karl, der ganz verzaubert vor dem Kasten stand, was er hier denn schließlich wolle.

Ohne weitere Verzögerung nahm Karl an einem der kurvenreichen Abspeisetische Platz. Seine Zuversicht war durch den Anblick dieses zweiten Deutschen, und nun gar im Fernsehen, nochmals hochgeschnellt, auch wenn die drei oder vier Lokalgäste Mueller nicht weiter beachtet und der Benediktiner längst seinen Liter ausgetrunken und wieder das Weite gesucht hatte. Ohne viel Anstrengung und ohne sich weiter behindert zu fühlen, nahm Karl seinen Geist erneut zusammen und ließ sich die Speisekarte vom Neger aus der Küche reichen. Etwas erblindet lasen seine Augen in den Zeilen, trotzdem wurde Karl rasch klar, daß es in diesem Wirtshaus mit Gewißheit überhaupt nichts Chinesisches gab, vielmehr offenbar nur alle möglichen Ausführungen gemeiner Speisen, Omeletten, Nudeln, Kartoffeln und dergleichen. Karl fühlte sich noch mehr erleichtert. Um so besser bei der Abrechnung, überlegte er fast ruhig und bestellte ein Gericht, das von den Verantwortlichen als ›Küchenheld‹ ausgewiesen war. Keine zehn Sekunden später wurde Karl ein Teller dargereicht, auf dem sich etwas semmelnah Blondes und Längliches mit etwas gallertartig Bräunlichem dazwischen fand. Der Kellner stellte sich hinter Karl, als ob er über ihn wache, und vollzog dabei und auch noch vor den ersten Bissen in Richtung auf den Gast hin aufmunternde, ja hitzige Armbewegungen, ganz so, als wolle er Karl auffordern, schnell und schneller zu speisen, unglaublich viele Gäste drängten nämlich nach und müßten abgefertigt werden. Dabei war allerdings die Wirtschaft fast ganz leer und nach des Geistlichen Abgang schien sie noch viel leerer, auch der Neger war längst nicht mehr zu sehen, nur ein sehr zerbrechlicher Versicherungsangestellter blätterte zerfurcht in einem Telephonbuch und wollte sicherlich jede Speise verweigern. Im Hintergrund schmauste zügig ein älteres Ehepaar, der Mann schlug sich zum Trinkspruch soeben scharf gegen die Ohren, danach erhoben Mann und Frau ihre Pokale und führten sie sehr einheitlich zum Mund. Daraufhin zwängte und klaubte die sehr dicke Frau, die auch mit einer Abendstola verziert war, sich ebenso aufgerüttelt wie beleidigt hoch, strich in Hitze ihren Rock nach unten und entschwand auf die Toilette.

Karl besann sich auf sein Mahl und sah es überwältigt an. Er überlegte, was das Blonde, was das Braune sein mochte und wieviele Stunden Lokalputzarbeit der Besitzer von ihm dafür wohl verlangen würde. Kein Zweifel konnte sein, es mußte sich um eine Gattung Fleisch handeln, das von viel Tomatensoße verbrämt worden war, um nicht ganz verwerflich zu erscheinen und seine Niederlage vorschnell einzugestehen, mit der allergrößten Scham. Karl dachte etwas verschlafen an den Polizisten, der ja noch in der Küche weilen mußte. Trotzdem hob er unwillkürlich ratlos seine Hände, schon schlug mit einem Klaps der Kellner sie ihm wieder nieder und sah eisern hoch zu Decke. Karl mußte es also darauf ankommen lassen. Tatsächlich, das Fleisch ließ sich sehr leicht zersäbeln, der dünne Kellner sah jetzt wieder hochzufrieden summend zu. Um die Sache aus der Welt zu schaffen, hob Karl also, freilich noch scheu genug, die Gabel zum Mund und überlegte, ob die Bitte um ein unbezahltes Glas Wasser des Eigners Zorn ins Bodenlose triebe. Dann sah er es, durch die halb sich öffnende Küchentür. Ein feuerrotes Plakat hing über dem Ofen. In riesenhaften schwarzen Lettern stand darauf:

GEWÜNSCHT:

Karl Roßmann!

Karl hätte nicht zu sagen vermocht, ob die beigegebene kleine Photographie ihm sehr ähnlich sah. Im nächsten Augenblick fand er sich rennend in der Dämmerschlucht der Straße wieder, der dünne Kellner selbst war es gewesen, der ihm die Türe aufgerissen und, als sich noch gar der Koffer im Türrahmen verkeilen wollte, ihn mit ein paar scharfen Griffen auch aus diesem Trubel noch befreit hatte. Karl lief und rannte. Der stellenweise Abendnebel mußte ja doch seiner Flucht nur günstig sein. Tomatensoße klebte zwischen Zähnen, auch etwas Fleisch hing noch am Gaumen. Im Zickzackkurs brachte Karl etwa zwölf Straßen und ebenso viele Straßenbiegungen hinter sich, galt es doch, seine Verfolger so geschickt irrezuführen, daß selbst ihre Intimkenntnis New Yorks Lügen gestraft würde. Einmal, schon leicht ermattend, wähnte Karl, gemeinsam lungernd in einer Telephonzelle, Mack, Pollunder und sonderbarerweise auch Robinson auszumachen, allesamt in modisch geckenhafte Sportanzüge gewandet, als ob sie das Trabrennen nach getanem Werk ja um keinen Preis zu versäumen gedächten. Noch rücksichtsloser rannte Karl dahin. ›Allez-hop!‹ rief er sich aufmunternd zu, im Laufen weinte er sogar wieder ein wenig vor Scham und Pein, mehr noch aber eigentlich aus Verblüffung über diesen Doppel-, ja schon Dreifachschlag. Er vermochte ihn sich nur daraus zu erklären, daß der Polizist in der Küche mit Mack längst unter einer Decke steckte, wahrscheinlich unterrichteten die drei in ihrer Zelle nun auch noch Delamarche, und dann wären wohl selbst Wehmeiers Möglichkeiten beschnitten. Ein Frettchen huschte flink des Wegs. Pollunders eisbärhafte Größe! Und Macks kaum glaublich biegsame Gestalt! Karl blieb verschnaufend stehen. In Windeseile überdachte er die Möglichkeit, ob er vielleicht doch dem Wunsch nachgeben sollte, den Onkel umgekehrt und seinerseits jetzt anzuläuten, vielleicht lag ihm ja doch nun wieder Neffenrettung schwer am Herzen! Doch gleichzeitig überfiel Karl schon die Erkenntnis, daß es ja wohl der Onkel selber gewesen sein mußte, der da unerbittlich das Erkennungsphoto gestiftet hatte, er war ja der einzige, der ein Photo von Karl besaß – es sei denn, Mack hätte es ihm gestohlen oder aber die Behörden hätten irgendein beliebiges verwendet, das vielleicht von Gustav Mahler! Karl mußte sich ein wenig erbrechen, es war aber nur etwas milchgrüne Flüssigkeit, was da herausfloß und bei weitem nicht so strahlend wie einst Robinson im Großhotel Occidental zu Ramses, Robinson, der, die Erinnerung machte Karl eilig lächeln, das Haus beinahe aus den Angeln gehoben hätte! Im Brechen überlegte

Karl weiter, ob ihm wohl noch ein wenig schlechter werden könne, wenn er in diesem Augenblick erführe, daß er im nächsten vor Gottes Angesicht zu treten habe. Ein zweites Frettchen huschte. Um sich nur irgendwo festzuhalten, hielt Karl sich, den Koffer in die Armbeuge geklemmt, an einem Vorfahrtsschild, mit der anderen Hand an seiner Hose fest. Eine enge Nebenstraße lag im Dämmer, fast ein Gäßchen. Kein Polizeimann stand darin, ermüdet schienen die Verfolger. Leiser schnaufend lauschte Karl. Betört lauschte er fünf Minuten, immer auf die Gasse hin. Dann endlich wurde ihm das Lauschen gar zu töricht, da hob er zunächst vor großer Freude beide Arme hoch, oder doch vor Freudenwille, dann beglückwünschte er mit der einen seine andere Hand. In diesem Augenblick erschrak er wieder. Er durfte nicht abermals und auf so dumme Art die Anwohner hinter den Fensterscheiben auf sich aufmerksam und sich verdächtig machen! Im Zuge einer kleinen Plauderei mit sich selber schalt sich Karl einen Narren, aber immer erfreuter fand er dabei heraus, daß der Hunger nun doch wieder und jetzt vielleicht ein für allemal verschwunden war. Etwas tastend und betont gemächlich, befreit die Arme schlenkernd, schritt Karl wieder vorwärts, mitten durch das Dämmerwogen der Fliedergärten und Gehege, sich sogar ein wenig, dem Vorbild Wehmeiers gehorchend, traulich in den Hüften wiegend. Klaglos fühlte sich Karl wieder recht wohl, also beschleunigte er auch leicht die Schritte. Einen Augenblick lang glaubte er, jenseits der sich wieder öffnenden Häuserformation, fern die Silbersilhouette des Matterhorns zu erspähen, es war aber wiederum nur das höchste Gebäude der Stadt, seine Farbe war nun ins Silberviolette übergeglitten, so als wolle das Haus selber wenigstens durch kleine farbliche Wechseltrickspiele den Anwohnern das Leben immerhin eine Idee erträglicher machen, und Karl gähnte schon vor Kummer. Aber es war jetzt, als ob eine geheime und geheimnisstarke Macht ihn sachter vorwärts ziehe, so leicht, als schlittere und glitte er nur so dahin – und mit einem Mal erkannte Karl auch die Quelle der neuen Macht. Es war eine zuerst noch leise und unsicher stockende, dann aber zügig und immer mehr und immer feuriger anschwellende und anrennende Musik, gänzlich anders als die vom Nachmittag, viel rötlicher und rüttelnder und ratternder, eine Musik, die anscheinend bald Marsch-, dann schnellstens wieder Walzerformation annahm, jetzt auch wurde mit ihr zusammen eine Art Klatschen und Poltern hörbar, überhaupt allerhand unregelmäßiges Gerangel und Gekeife – Karl bog eifrig um eine Ecke, dann um eine zweite und dann sah er es.

Er befand sich vor einer breiten und wahrscheinlich gotischen, jedenfalls sehr schwärzlichgräulichen Kathedrale. Vor dieser aber, umringt von sicherlich sechshundert Zaungästen, waren da etwa achtzig Menschen, Männer und Frauen einigermaßen gleichverteilt, sie sprangen und grüßten und tummelten sich ganz unübersehbar, alle eingehüllt in Trachten und in großem Trubel Fahnen schwingend, Trachten, die Karl sogleich an die Feste seiner Heimat erinnerten – auf einem zwei Meter hohen Podest aber saß und spielte eine gemischte Kapelle auf, die es nicht nur mit den härtesten europäischen Konkurrenzen, sondern sogar mit dem Naturtheater von Oklahoma ohne weiteres hätte aufnehmen können, obgleich sie, wie Karl rasch zu spüren meinte, jetzt noch nicht einmal ihr Bestes bot.

Späte Sonne schwelte nachzüglerisch über dem Kirchdach, doch schon war Karl ganz gefangen. Es waren allesamt Menschen in Dirndeln und mit Bommeln, mit roten Hüten und weißen Stiefelchen – die Männer ihrerseits trugen Lederhosen und verwandte Hosenträger, weiße Wadenschützer und großteils sogar Gamsbarthüte, in nicht ganz geklärter Anordnung sprangen sie paarweise und in Großgruppen herum, mal so, mal so, dabei schlugen die Männer zu der lauten und unermeßlich energiegeladenen Musik sich vielmals auf die prallen Schenkel, auf die Schuhsohlen und aufs Gesäß sogar, so daß es schallend krachte – andere schwangen erbarmungslos die Fahnen und warfen Hüte steil in die Luft, einige Zuschauer taten es ihnen sofort nach, ohne Scherereien zu machen drückten sie dabei Karl nach hinten an die Hauswand, zu seinem Glück – bald hatte Karl dort auf einem kleinen Treppenabsatz den besten Aussichtsplatz erobert.

Jetzt erst ließ das Ganze sich besser und verständiger mit den Einzelteilen verbinden. Eine der Trachtlerbrigaden schwenkte zum Beispiel gerade nach links aus, eine kleinere Schwadron Frauen lief laut kreischend in Furcht von den Männern weg, dann aber kamen beide doch schleunigst wieder aufeinander zugerollt, die Männer sahen den Frauen tatsächlich feurig, nichts vertuschend und gleichzeitig wie lebenssatt in die betörten Augen – freilich, von Gier oder wirklicher Lebenslust konnte nach Karls Eindruck trotzdem nur beschränkt die Rede sein. Alle Aktiven sahen plötzlich aus, und dies wurde ja durch die recht unbeholfene Kathedrale im Hintergrund nur stracks bestätigt, als ob sie sehr katholisch seien, oder doch vielmehr und genauer, als ob sie einst alle sehr katholisch gewesen seien und es nur noch nicht ganz erkannt hatten, daß sie es nun nicht mehr oder kaum mehr waren.

Karl genoß trotzdem die kummerlosen Mienen, die offenen rückhaltlosen Blicke. Jetzt gesellten sich zur

Verstärkung auch noch zwanzig Peitschenknaller in die Gesamtmassen und machten sofort ihre Anstalten. Karl wurde zwar wieder ein wenig ängstlich ums Herz, ihm war ja das Peitschenknallen durch die neue Erinnerung an Mack verdächtig, der ja sogar ein beruflicher Peitschenknaller gewesen war. Aber im gleichen Augenblick verspürte er im Gegenteil, daß nun gerade diese Peitschenknaller in ihrer lauteren Art den Einfluß Macks erblassen ließen. Wie sittlich tönte dieses Peitschen! Restlos erleichtert hob Karl den Blick über die Musik hinweg. Leis scheuernd entdeckte er noch einmal und sehr fern das höchste Haus der Stadt. Gelbbräunlich stieß sein Schwertbau in den Abendflockennebel, still, kaum beteiligt, insgesamt doch wohlgesinnt. Die Absicht des Erbauers, erkannte Karl unverzüglich, war es ja gewesen, mittels der unermeßlichen Gebäudehöhe auf die letzten Endes lächerliche Flächigkeit der Nebelschwärme aufmerksam zu machen, dies mit lässigster Gebärde. So viel Aufwand, so viel Lohn. Karl schnaufte auf und durch.

Die Peitschenknaller, schon hochrot in den Gesichtern, hatten inzwischen das Regiment ganz offensichtlich vollends an sich gerissen, die Trachtlerinnen hatten deutlich nur für sie noch Augen. Karl klopfte den Takt der Peitschenschläge mit dem Fuße mit und freute sich nochmals des Fehlens jeden Hungers, was wohl ab sofort beschlossene Sache war für immer. Dann aber, indem die Musik, die Plattler und die Peitschenleute geschlossen in eine Art Hudelpolka verfielen und gleichzeitig östlich neue Ordonnanzen aufzogen, packte ihn die Schläfrigkeit der Freude, es machte ihm schon Angst und war auch nicht mehr rechtens, ein flatternd böser Zauber senkte sich auf Karl – hier nur ja wollte er auf ewig bleiben! Und der Entschluß fiel ihm noch in der nämlichen Sekunde um so leichter, als er mit einem raschen Körperruck das lindgrün elektrische Wort ›Wienerwald‹ auf dem Gebäude hinter seinem Rücken las. Hier mußte es ein Ende haben! Alles und warum auch immer! Sei's, daß er, Karl, sich hier unentgeltlich die landsmannschaftliche Suppe zu erhoffen hatte, sei's, daß Wehmeier und seine Leute hier inzwischen eingetroffen waren, ihre Festlichkeit zu krönen. Hier und nirgends sonstwo wollte Karl enden und den Schierlingsbecher trinken! Schon rückte er der Pforte näher, wie von Magnethand angezogen. Vor ihr stand dreifach überlebensgroß, bunt angemalt ein alter Mann aus Pappkarton. Auch er trug einen Gamsbarthut und einen schlohweißlangen Rauschebart. In maßvoll regelmäßigen Abständen führte seine Hand eine schäumende Maß Bier bogenförmig hoch zum Mund, der daraus langsam trank. Auf den Hut des Greises war ein Schild genagelt, darauf stand schwungvoll ›Glücklicher Hans‹. Erhitzt, in lauem Schweiß, blieb Karl stehen, knöpfte den Rock sich auf und zu. Zur Festigung sah er nochmals an dem Greis empor, der Kopf schleckte schon wieder von dem Schaum, zum Abschluß senkte er sich bejahend. Jawohl, jetzt wußte Karl alles. Hier lag die Vernichtung aller Sorgen, hier war die Lage ausgesöhnt. Schon schlug, ein Beweis für die Richtigkeit und Genauigkeit von Karls Entscheidung, ein Widerhall der Stärke und der Macht seiner Pläne, hinein in letzte Flecken Sonnenlicht und in den Beginn eines scharfen Tangos, die Kirchenglocke laut sechsmal.

Karl betrat die Gastwirtschaft.

Freilich schien die Sache vorerst noch einen verborgenen Haken zu haben. Im weit sich dehnenden und offensichtlich vollkommen neuen Gästeraum der Restauration gewahrte Karl zunächst niemanden als sechs

Kellner und sechs Kellnerinnen. Sie standen, sehr ähnlich den Tänzern draußen, in Trachtenkostümen an der Wand, beinahe in Reih und Glied, es kam Karl gleich so vor, als würden sie dort in größtmöglicher Entspanntheit, ja Besinnlichkeit ihrer höchstwahrscheinlich doch bald folgenden Einsätze harren. Mittels eines zarten Kopfruckelns versuchte Karl einen zumindest vorläufigen Gruß, die Kellnergruppe schien aber den ersten Gast gar nicht oder nur flüchtig zu bemerken, ja Karl gewann den Eindruck, sie alle hätten seine, Karls, Vertrauensunwürdigkeit und letzten Endes vollständige Nichtsnutzigkeit im Vergleich zu den ernstzunehmenden Gästen längst ja schon durchschaut, schon als sein Schatten jüngst die Milchglastür verdüstert hatte. Unter diesen Umständen wagte es Karl selbstverständlich nicht, sich hier niederzulassen, und beinahe wäre er, ohne daß er wirklich eine Gefahr hätte abwehren müssen, schon wieder verloren gewesen – zu seiner ersten Rettung aber entdeckte er nun eine Stiege, die deutlich nach unten führte, wahrscheinlich in das Kellergeschoß, ja sie war diesbezüglich sogar mit einem Schildchen versehen, nämlich mit einem geschnitzten Pfeil, auf dem die Worte ›Rest Sitze Raum‹ sich fanden. Draußen, verblüffend ferne, dehnte sich ein Zwiefacher aus, es mochte auch ein Foxtrott sein. Hastig, mit beiden Händen seinen Koffer greifend, schwang Karl sich rasch abwärts. Sein Herz schlug taumlig zum Zerplatzen.

Tatsächlich, im Kellergeschoß gab es noch einen weiteren Wirtschaftsraum, erhellt von fahlem Röhrenlicht, eigentlich aber doch mehr verdunkelt. Es standen da sehr ebenmäßig etwa hundertzwanzig goldbraun bestrichene Holzlangtische, dazwischen doppelt so viele Holzlangbänke, alle blau und weiß gestreift. Auch hier saß nicht ein einziger Gast herum, aber wiederum war, an einer Kette von der gleichfalls weißblaufarbenen Decke baumelnd, eine Tafel zu sehen, auf der in freundlich geschwungenen Buchstaben ›Willkommen im Rest Sitze Raum‹ geschrieben stand.

Karl schwankte leicht. Wieder hatte er Bedenken. Am Boden der Gruft wand sich im Halb- oder Dreivierteldunkel ein trockenrotes Blutgerinnsel. Aber nicht eigentlich dieses quälte ihn und war ihm unausstehlich. Karl, die Hand vor der Stirne, dachte eine Weile im Herumstehen nach, dann wußte er es schon. Sehr viel hatte er heute zum Zwecke seiner Wiedereingliederung in New York durchmachen müssen und wiederholt wäre er davon um ein Haar eingeschlafen. Indessen, die hohe, die wahrhaft haushohe Höflichkeit, die Leidenschaftlichkeit der Gastfreundschaft, bei gegebenenfalls vollbesetzten oberen Gasträumen in der Finsternis des Kellergewölbes noch eine weitere und weiträumige und großzügigste Verweilmöglichkeit zu gewähren, wenn auch eine andererseits unleugbar etwas zweischneidige, dies alles gefiel Karl so sehr, daß er sein Herz knacken zu hören meinte, daß er fast dahinschmolz vom Gekreisch der Engel. Zwar, das Gelbbraun der geradezu biergartenartigen Holztische im Verein mit den Nationalfarben seiner Heimat, das dünkte Karls mattem Auge so überladen, so gesättigt von Nichtswürdigkeit, von vollendeter Gemeinheit, ja kaum mehr gezügelter schabenhafter Gier nach immer noch mehr Ruchlosigkeit, Sterne splitterten vor Karls Blickfeld – allein, im allergünstigsten Auslegungsfall gab es doch andererseits den Verdacht, der Besitzer oder aber der von ihm gedungene und abhängige Erbauer habe sich bei seinem Husarenstück schon gleich gar nichts mehr gedacht, sondern eben schnurstracks drauflosgezimmert und gesägt, und dann, als es oben zu viel wurde, das ganze Gelump halt einfach in den Kellerraum gedrängt und geschoben und werweiß in noch viel verborgenere Korridore – nicht ohne noch im nachhinein mit der Tafel ›Rest Sitze Raum‹ das leidlich beste aus seinem geballten Hohn zu veranstalten. So daß Karl am Ende seiner Überlegungen schon wieder rastlos zwischen Ermunterung und Verdammnis hin und her gepeitscht und geschleudert wurde – da aber entdeckte er in der neuen Herzensnot als weiteren Sendboten ein dämmeriges Schild ›Toilette‹. Im Zustand allerhöchsten Wankelmuts fiel Karl, der ja ursprünglich in Amerika hatte weiterstudieren wollen, zu seinem Glück noch ein, daß er dort ja immerhin seinen noch immer oder schon wieder atemberaubenden Durst stillen könne und also etwas gestärkt wäre für weitere Abenteuer, und seien es noch erbarmungslosere und erbarmungswürdigere. Karl klopfte an die ihrerseits schwarzrotgoldene schwere Tür. Keine Antwort kam. Karl schlug die Augen hoch. Unter dem Scherenschnitt eines Herrn im Smoking hing ein etwas zu kleines Täfelchen an der Tür. ›Herein, wenn's kein Schneider ist‹, stand darauf. Ohne Mühe drückte Karl die Klinke nieder, schon schlüpfte er hinein. Erst als er, mit schlechtem Wasser, aber dennoch vorzüglich erquickt, den Toiletten- und Wassertrinkraum wieder verlassen wollte, entdeckte er die alte Frau. Sie saß hinter einem Schreibtisch vor der Front der Kabinen auf einem Stuhl. Sie war entfernt wie eine Krankenschwester eingewandet und hatte eine Schüssel vor sich stehen, in der anscheinend Münzen lagen. Daneben stand eine zweite Schüssel, in der sich sieben Äpfel fanden. Noch während die Frau gleichzeitig die Tagespresse studierte, schälte sie die Äpfel und führte sie dann, immerfort kauend, in den zur Sicherheit schon jeweils offenen Mund. Ehernen, doch auch sehr birnenweichen Antlitzes, schien auch sie für Karl weder Aug noch Ohr zu haben und ihn so gut wie gar nicht auszumachen. Karl versuchte, sich in die neue Problematik hineinzufinden. Er überlegte etwas überhetzt, ob er sich dazu aufraffen solle, die Frau für alle Fälle um Verzeihung zu bitten, dafür, daß er ihr unter keinen Umständen Geld zu geben vermöge, ob er sie gar umgekehrt wohl anflehen könnte, ihm ihrerseits eine Kleinigkeit zu leihen – da reichte die Frau, als hätte sie ja längst all seine Ideen erraten, Karl, fast ohne aufzusehen, eine Münze hin, die nämliche Münze, die er heute schon einmal gefunden hatte. Herzhaft weiterkauend streute sie nun sogar gelben Zucker aus einer Schublade auf die Apfelschnitten und dann, mit einer wegwischenden Bewegung der Handkante, legte sie Karl stumm nahe, ihren Toilettenraum jetzt endlich zu verlassen, als wolle sie ihm noch einmal bedeuten, in Amerika könne es ja jeder zu etwas bringen, wenn er sich nur ranhalte und die wahren Pfründe wisse. Schlechten Gewissens setzte Karl dennoch dazu an, seinen Dank abzustatten, er brachte aber kein Wort heraus, auch wußte er ja nicht, wohin mit dieser Münze – da steckte ihm die Frau, hingerissen lauschend einer fernen und doch starken Spülung, auch noch zwei Minzebonbon zu. Gleichzeitig freilich wies und orderte sie mit dem herrischen Fingerschlag, mit dem überbürdete Menschen um Ruhe und neue Besinnung nachsuchen, den Gast schon endgültig nach draußen.

Etwas überführt tappte Karl in den noch dunkler gewordenen, nur noch von schwach gähnendem Licht durchrieselten und deshalb wohl noch riesigeren ›Rest Sitze Raum‹ zurück. Dort saß auf einmal, barfuß, Stöckelschuhe und Strümpfe waren neben die Beine gelegt, der blanke Ellenbogen war auf den Tisch gestützt und hielt den Kopf, ein ganz feines junges Mädchen vor einer schaumlosen Halben Bier und rauchte kraftvoll und ergeben. Doppelt ertappt blieb Karl sogleich stehen und ließ das Geld vorerst in seinem Ohrhohlraum verschwinden, den Koffer hielt er vor die Knie. Jetzt sah das Mädchen auf und Karl an. Neugierig, spitzbübisch war der Blick, ihn schon ein wenig auf Verdacht umgarnend, vor allem aber gleichgültig bis hin zur Machtausübung. Das Mädchen sah drein, als erwarte es von Karl, daß er sich nun endlich und seinerseits zu erkennen gebe und dann mit den allerdings lästigen Fragen beginne, bevor es selber ernstzumachen sich gezwungen sehe. Das Mädchen hatte große, runde Schlehenaugen. Scheinnachdenklich schürzte es die Lippen, Wehmeier nicht ganz unähnlich.

»Servus!« sprach es hilfreich lächelnd und ließ, als unterhielte es sich königlich, die bloßen Zehen kreisen.

»Es tut mir sehr leid«, hatte es Karl plötzlich eilig und er sprach ein wenig heillos und reichte der jungen Frau im Traum ein paar seiner Finger, welche sie auch leicht ergriff, um sie durch Anfassen für sich zu gewinnen. »Wenn Sie mich schon als einen der ärmeren Tröpfe der Stadt würdigen zu wissen meinen, dann würde es doch meine unbeirrt unheilvolle oder aber unheilbare Würde trotz all der Umstände und Widrigkeiten und ungeachtet meines heutigen geschundenen Benehmens ...«

Das Mädchen, indem es, ihn aber nicht aus den Augen lassend, mit der flachen Hand nachlässig gegen den vielleicht leicht gähnenden Mund klopfte, gebot schon Karls Redereien vorläufigen Einhalt. Mit einer graziösen, ein wenig wegwerferischen und jedenfalls tellerbildenden Öffnung der anderen Hand lud es Karl frank zum Niedersetzen ein. Zwei Goldblondzöpfe schlugen flüchtig aus, der Schrägblick, interessiert aus halber Höhe, versprach auch gar nichts allzu Übles. Aus dem Klosettraum kam ein Rufen: »Karl Roßmann! Karl Roßmann!«

»Sie heißen also Karl«, sprach das Mädchen schlau aufhorchend und drückte seine Zigarette aus. Es lupfte eins der blauen Augen, fast wie Jesus, nur viel zarter. »Das ist doch mehr als gar nichts. Prost!«

Das Mädchen griff zum Bierglas und nahm einen starken Schluck. Dann brachte es die Beine aus der übereinandergeschlagenen in die gestreckte Stellung, schob Karl das Bier hin und musterte ihn wohlgefällig.

»Wenn's erlaubt ist«, sagte Karl noch fast ohne rechten Glauben. Über beider Köpfe brummte plötzlich Rauschen. Unverkennbar noch im Trinken war es wiederum die Untergrundbahn.

»Aber immer«, bestätigte das Mädchen in den etwas zu einwickelnden Lärm hinein sehr ruhig und öffnete den obersten Knopf seiner weißen feinflanellenen Rüschenbluse. Der schwarze Rock saß fast zu eng zum Sitzen. Die Beine kreuzten sich gestreckt, die Zehen spielten miteinander wuselnd.

»Und wie heißen aber nachher vielmehr Sie?« frug Karl mehr zum Zeitvertreib. Das Bier hatte ihn leicht benebelt. Er hatte das Empfinden, die Frage heute schon einmal umsonst gestellt zu haben, aber er würde sich auch mit neuer Verweigerung abzufinden wissen.

»Kathi!« säuselte das Mädchen und spitzte spöttisch seinen Mund, »Kathi, wann's gefällt dem Herrn.« Kathi kicherte galant blauäugig. Dann zeigte sie Karl die vorgeschobene obere Zahnreihe, die lauernd an der Unterlippe nagte.

»Kathi«, widerhallte Karl versonnen und knöpfte seinen fleckigen Rock auf. »Wo Sie, Fräulein Kathi, sind, da bin auch ich recht gerne, wenn Sie mich nicht verlassen. Prost!«

Nochmals, nun gleichfalls mit geschlossenen Augen, nippte Karl vom Bier. Es tat, als saugte Himmel an.

Jawohl, berichtete Kathi im Anschluß fast eilfertig und gelegentlich von einem ganz und gar undurchdringlichen Lachen durchbrochen, sie heiße Kathi und sei mithin eine Landsmännin und vielleicht noch mehr, noch vor drei Tagen sei sie nämlich zufällig am Gardasee gewesen, von dort sei sie geradewegs nach München getrampt, vorher habe sie, sagte Kathi und nagte jetzt stärker an der etwas zu violetten Lippe, eine kleine Enttäuschung erlebt, da sei ihr der Kopf so dumm geworden, daß sie, jetzt schmunzelte sie aber wieder, mit dem Flieger gleich aufs Geratewohl nach Amerika weitergesegelt sei – da sei sie halt jetzt da.

Und Kathi lachte halbwegs selig.

Eine Pause der ersten vielleicht beiderseitigen Überrumpelung entstand. Längst war die Untergrundbahn verrollt, kältlich strich ein Luftzug durch die Halle, unglaublich ferne schien Musik zu schunkeln. Kathis Anblick erinnerte Karl jetzt doch wieder Wehmeiers und seiner ausdrucksvollen, leeren, freilich grünlichgelben Augen. Die Deutsche trank das Bier fast aus, dann schüttelte sie gelernt nochmals den Goldblondschopf. Ihr Näschen nickte mehrfach auf und nieder, als ob das Leben sie halt freue, wenn auch allerdings nicht gar zu sehr. Sich selber sofort rechtgebend, zündete sie mit einem Streichholz eine neue Zigarette an, blies Karl schmunzelnd Rauch ins Auge. Dann musterte sie ihn schärfer und auch ein bißchen schamlos, als wäre sie ja dessen nicht so sicher. Und legte leicht die Stirn in Falten.

Schon wieder und jetzt sehr behaglich brummte über beider Köpfe die Untergrundbahn des Wegs. Karl sah zu Boden, sich zu sammeln, dann setzte er seine bedeutendste Miene auf und fragte seine Bekannte gleichsam sorglich, ob sie, Kathi, denn in Amerika Arbeit zu finden hoffe, ob sie in Europa auch Nützliches gelernt habe, sei's am Gardasee, sei's auch in München, es sei ja doch so, daß er, Karl, zum Beispiel jenseits des Ozeans durchaus auf die Mittelschule gegangen sei, um Maschinenbau zu studieren und schließlich Ingenieur zu werden – allein, die Verhältnisse in Amerika und zumal New York gestatteten es ja keineswegs in jedem Fall – Karl fühlte sich plötzlich ganz mundfertig, allzu viel hatte er ja heute auch noch nicht reden müssen –, das erlernte Wissen bestmöglich einzusetzen, auch wenn eins von Natur sehr bereitwillig sei, um ihm zum Erfolg und endlich zur Durchsetzung und zum Gewinn zu verhelfen – auch Damen, fuhr Karl schon etwas zager fort, denn seine Rede wollte überhaupt kein Ende finden, könnten es zwar theoretisch weit bringen, praktisch hätten sie in Amerika aber gleichfalls nicht allzu viel zu lachen, so viel er nämlich wisse. Was sie, Kathi, denn studiert habe, vollendete Karl und ihm wurde schwindlig.

»An sich Gemeindeschwester!« Kathi lachte ganz begeistert und patschte sich gegen den berockten Schenkel. »Und ich bin neunzehn! Und Sie sind was warum?«

»Anwärter bei der Feuerwehr«, antwortete eilig sehr versponnen Karl. »Ich bin vollständig arm und ebenso vollständig unbrauchbar«, flüsterte er, einer fernen Erinnerung folgend, um dann um so fester fortzufahren: »Aber ich bin trotzdem nicht ganz ohne Aussichten. Mit diesem Rechte bin ich hier.«

»Naja!« rief Kathi fröhlich und ließ die Augen lebhaft blinzeln, »was wollen Sie! Dann sind Sie ja ein freier Mann!«

Als ob sie auf diesen ausschweifenden Wortwechsel nur gewartet habe, kam in diesem Augenblick aber auf einmal mit fast überschwänglich von Gram zerzaustem Kopf die Klosettfrau aus der Türe ihres Kabinetts gestürzt, jetzt erst sah Karl, wie umfangreich und zwingend sie doch war, nimmermüden, wenngleich winzigen Fußes trippelte sie auf die beiden jungen Deutschen zu, schnaufend blieb sie vor ihnen stehen, schon nickte sie beistimmend auf Kathi ein, stellte ihr Petroleumlämpchen auf den Tisch zum Bier, dann schüttelte sie Karl gegenüber innerlichst erschöpft den kalkweißen Schopf und umarmte, sich besinnend, endlich Kathi stürmisch. »Ich bin doch die Klofrau! Denken Sie nur!« rief sie beiden jungen Menschen feierlich zu und teilte Kathi beinahe außer Atem mit, natürlich könne und dürfe sie, Kathi, jederzeit in diesem Lokal mit der Arbeit anfangen, der Hauptbesitzer Jahn sei zwar ein oft schon, gar zu strenger, sein hiesiger vereidigter Filialleiter Rieser aber ebenso wie der Abteilungsleiter Glühspieß ein freiheitlicher, gerechter und nun freilich in der Folge davon auch wieder überaus wachsamer und konsequenter Mann – und deshalb, die Klofrau schnellte mit vor Eifer geröteten Wangen ihren Leib zu Karl hin, packte ihn an seinen Schultern, schüttelte ihn und schlug gleichzeitig, aber wohl eher der Form halber, schnell ihr Vormerkbuch auf, könne natürlich auch er, Karl, hier aller Wahrscheinlichkeit nach einen Posten finden und somit seine Lage ins reine bringen, auch wenn sie, sie heiße übrigens Frau Eberwein und sei hier die Klofrau, wiederholte sie drangvoller, nicht gänzlich befugt sei, endgültige oder gar schriftliche Zusagen zu machen. Immerhin, und jetzt umarmte Frau Eberwein, ergriffen und nur mühsam die Tränen blockierend, auch Karl, immerhin stünden auch für ihn, Karl, die Aussichten nicht gar zu schlecht, hier könne ja sogar der Ärgste anfangen, auch wenn er, Karl, bei seinen fehlenden Zeugnissen natürlich ganz unten beginnen müsse – aber gerade in diesem Augenblick würden ja von Rieser, Glühspieß und sogar von Jahn dringendst zuverlässige Hilfskräfte gesucht mit gewissen zumindest oberflächlichen Erfahrungen auf dem Gebiet des Gerätemaschinenbaus, nämlich als Büroboten, auch und vor allem junge Männer, die vorwärtskommen und ihren Einfluß vermehren wollten, Männer, denen man wichtige Botschaften und Petschaften, welche von der einen ›Wienerwald‹-Station schleunigst in die andere zu befördern seien, blindlings anvertrauen könne, ohne gleich das Allerschlimmste befürchten zu müssen. Ja, und da sei es doch, fuhr die Eberwein immer donnernder bewegt und wie in Geschäften erschüttert um sich selbst sich drehend fort, das Allerbeste, wenn sie beidesamt, Karl und Kathi, hier gleichzeitig arbeiteten, nachdem sie ja in absehbarer Zeit, rief Frau Eberwein laut und wischte schon in einem fort mit dem Schurzzipfel die hellblaugrünen Augen aus, sowieso heirateten, bevor die Slowenen hier endlich alles übernähmen und in Schutt und Asche legten – sie, Frau Eberwein, sagte sie lachend und weinend und im Halbscherz vorwurfsvoll und drückte nun unwiderruflich und voller Ehrgeiz die schlanken Leiber ihrer Schützlinge fest und restlos aufeinander zu und widereinander, sie, Eberwein, habe es vorhin schon kaum mehr mit ansehen können, sie, man müsse es ihr, Eberwein, schon nachsehen, sie habe nämlich vorher verstohlen aus dem Schlüsselloch ihres Klosetts nach draußen gespäht und gespitzt und dabei natürlich sofort erkannt, daß sie beide, Kathi und Karl, ja ewig zusammengehörten, und eigentlich, aufschluchzend ließ Frau Eberwein das Gesicht in beide Hände plumpsen, sei es ja ein Wunder und zugleich ein Skandal, daß sich beide nicht längst schon begegnet und über den Haufen gelaufen seien – und gerade darum, im höchsten Zorn schlug jetzt die Eberwein mit eiserner Faust auf den Biertisch ein, so daß auch Kathis Halbeglas stark wackelte, gerade darum habe sie es gar nicht mehr mitansehen können, wie dumm und genierlich Karl sich angestellt habe, seine Heiratsanzeige respektive seinen Heiratsvortrag endlich loszuwerden, wiewohl doch diese unverzügliche Vermählung, wie bekannt, sein letzter Halt sei.

»Begreifen Sie doch Ihr Glück, junger Mann!« rief Frau Eberwein fast rachsüchtig und restlos erledigt und versetzte Karl einen milden, mehr angedeuteten Kinnhaken. »Seien Sie doch nicht so verstockt, setzen Sie mir doch nicht so zu, denken Sie nur, ich bin doch hier die Klofrau!«

Jetzt aber, fuhr Frau Eberwein sofort wieder gütlicher, ja ausgelassen und fröhlich fort, strich Kathi den Rock ganz glatt und drückte beiden Verlobten tränenblind abwechselnd die Hände, sei man sich ja also gottseidank soweit einig. Sie, Eberwein, telephoniere nur eben schnell noch mit dem zuständigen Geistlichen, dann könne man die Hochzeit aller Wahrscheinlichkeit nach sogar noch für heute abend anberaumen und arrangieren, sofern die Sache Hussareck gegen Spitzl Theo, den Leiter des Personalbüros, geregelt und mithin Karls und Kathis endgültige Einstellung vorläufig beglaubigt sei, denn wohlgemerkt, man dürfe natürlich vor allem Jahn, so unvoreingenommen er auch in allem sei, mit unfertigen Sachen nicht ermüden oder umgekehrt in Wallung bringen.

Frau Eberwein, die nach Karls Eindruck auch etwas durchaus Oberköchinnenhaftes an sich hatte, wie es zumal im amerikanischen Hinterland in der Gegend von Butterford vorkommen mochte, vor allem um die Nasenwurzel herum, – Frau Eberwein forderte nun nochmals und auch ein bißchen schreiend bedingungslosen Gehorsam und eiserne Disziplin, auch und gerade während der Probezeit und also der Flitterwochen, wozu nun freilich Kathi, indem sie Schuhe und Strümpfe wieder überstreifte und ihr Bier vollends austrank, eine kleine Schnute in den geschwächten Lärm der Untergrundbahn hinein zog. Gerade morgen nämlich, klärte die Eberwein auf, stünde ein Einsatz bisher unbekannten Ausmaßes bevor, ein Großeinsatz, der alle, aber auch wirklich alle Kräfte der Wirtschaftsbesetzung zu höchstem Engagement verurteile. Kein geringerer als der Bayerische Ministerpräsident nämlich sei für morgen angekündigt, der auch Landesvorsitzender seiner Partei sei und so mächtig, daß er sogar noch gegenüber dem obersten Lokalbesitzer übergeordnet dastehe, Jahn also, der ihn aber trotzdem seinen besten Freund nennen dürfe und Gnade vor seinen Augen gefunden habe – der Ministerpräsident werde erstmals in der Geschichte hier in diesem Lokal seinen Parteitag abhalten, und deshalb – die Eberwein schraubte den Zeigefinger fast verzagt nach droben – habe es heute abend auch so viele Tänzer und Plattler vor dem Gebäude gehabt, es sei dies nur eine Probe aufs Exempel für morgen gewesen, wo es dann hart auf hart hergebe. Wer morgen vor Jahn und dem Ministerpräsidenten bestehe, den erwarte freilich eine glänzende Laufbahn, der habe sein Glück auch schon gemacht.

Während der letzten ausgedehnten Ansprache der Frau Eberwein hatte sich Karl auf einer der Bierbänke lang ausgestreckt, weniger neu anschwellender Müdigkeit gehorchend und etwas Schlaf zu gewinnen als vielmehr, um dem übergroßen Ernst der Rede und mithin der Lage besser gewachsen zu sein; wozu ihm Kathi, fernhinäugend, etwas an den Schenkeln kraulte. Karl nahm die Münze aus dem Ohr und drückte sie seiner Braut als Morgengabe in den Schoß. Frau Eberwein ihrerseits schien nicht nur ungekränkt alles zu dulden, sondern preßte Kathi daraufhin noch neues und vermehrtes Geld in die Bluse, das Taxi auch zu bezahlen, wenn es darauf ankäme. Kathi nickte stumm und einverstanden, äußerst kregel schaute sie über Karl hinweg und schien nichts weiter mehr zu hoffen. Sekundenweise hielt Karl trotzdem ihre Hand. Frau Eberwein schrie leise auf. Soeben habe ihr Rieser über das Bürokontor Glühspieß ein Klopfzeichen in den Keller gesandt, so zart und verschlüsselt, daß nur langjährige höhere ›Wienerwald‹-Beamte es verstünden. Die Sache, habe Rieser gefunkt, gehe also vollständig in Ordnung, morgen könnten beide neu hier anfangen und loslegen, ja, in seiner übergroßen Güte habe Glühspieß sich sogar dazu bereit gefunden, zusammen mit ihr, Eberwein, telephonisch die Trauzeugenschaft für die beiden neuen Angestellten zu übernehmen.

Der Platz vor dem Lokal war leergeräumt, noch immer freilich schwenkte ›Glücklicher Hans‹ in großer Stetigkeit den Krug zum Mund. Mit einem postkastengelben Taxi brausten Kathi und Karl zur abschließenden Trauung in einen etwas fernen, von Frau Eberwein aber genau bezeichneten Stadtteil. Von draußen strömte starker jugendlicher Duft ins Taxi wie aus einer Gartenlaube. Der Chauffeur hieß, einer Erkennungsplakette über dem Lenkrad nach zu schließen, Fenimore William Bernstein und wirkte sehr reif. Überaus ruhig und freihändig fahrend drehte er sich während der Reise eine Zigarette und biß den überstehenden Tabak mit seinen

Zähnen ab. Ein greller türkischer Mond stand lautlos über allem, ganz kreisrund, ohne zu fackeln. Karl wünschte sich, daß ihn jetzt doch seine lieben alten Eltern sehen könnten, vor allem seine Mutter, die sogar eine geborene Bendelmayer war, wie er die Braut heimführte, eine Gemeindeschwester mit regelrechtem Handelsschulabschluß. Bernstein hielt an einer Ampel an. Ein schwer eingepackter und behelmter Polizist bremste neben ihm auf dem Motorrad. Er sei, sagte er, sich immer länger machend und ins Autoinnere beugend, auf Patrouille und habe leider Grund mitzuteilen, daß schwerste Gefahr im Verzuge sei. Polizeilicherseits gelte es also schärfstes Mißtrauen und unerschütterlichste Kontrolle aller irgendwie Infragekommenden. Der Mann sprach noch gemessen, seelisch schien er aufgewühlt bis zur Betäubung. Karl sah sein Fahndungsplakat vor Augen. Wenn er wenigstens seinen alten Briefbeschwerer als Schlageisen bei sich hätte, dachte er und glaubte abermals an keinen guten Ausgang mehr, fühlte sich aber noch nicht ganz erledigt. Der Polizist wirkte ja selber ratlos, vor lauter Sorge schien er sich schon Eingebungen von Kathis Gesicht zu holen oder doch die Kraft. Seufzer fuhren schwer aus seinem Mund. Karl zuckte mit den Schultern, beinahe hätte er, kurz vor der Ehe, losgelacht. Er klopfte eine kleine Polka auf dem Koffer auf seinem Schoße, gleichsam künstlich versuchte er den Polizeimann gerade auf dessen Kontrolle aufmerksam machen, es war ja nichts darin, und also mußte das Urteil wohl auf Freispruch lauten. Bernstein drückte schnell die Faust wider die Lippen, als wolle er, den Mund verstopfend, mit Allgewalt Verschwiegenheit sich auferlegen. Der Polizist verstärkte die Strahlkraft seiner Blicke, da aber klaubte Kathi schon aus ihrem Brusthemd einen Zettel. »Im Auftrag des Bayerischen

Ministerpräsidenten«, las Karl weiter klopfend, »Freie Fahrt für Karl Roßmann!« Kathi reichte das Papier dem Polizisten hoch. Den Ausweis, flüsterte sie flink Karl zu, habe ihr die Eberwein noch zugesteckt, als letztes Unterpfand für höchsten Notstand. Bernstein knipste Licht im Auto an, damit die Sache möglichst glatt über die Bühne gehen möge. Der Polizist zog den Kopf aus dem Fenster zurück, nahm seinen Sturzhelm ab, legte behutsam eine Brille über die Nase und streckte den Kopf wieder durchs Fenster. Dann machte er sich daran, das Schriftstück geduldig zu lesen und zu begreifen. Alles schien ihn sehr zu interessieren. Das Silberetikett ›Polizei Distrikt New York‹ klebte über amtlich goldenen Knöpfen. Aus dem Dienstjackett ragte eine Zeitung, auf der lediglich in allerdings zwölf Zentimeter hohen Lettern ›Mack!‹ zu lesen war. Karl schaute eisern vorwärts. Wenig unterscheidendes Licht fiel auf die Wangen seiner Braut. Jasminduft flog vermehrt ins Wageninnere.

»Du bist also – Roßmann?« Des Beamten Gesicht neigte neugieriger sich zu Karl hinab. Dann, sich vergewissernd, sah es wieder ins Papier, es noch einmal entziffernd: »Roßmann – bist du Roßmann?«

»Allerdings!« hauchte Karl fest und wich etwas der Wagenlichthelle aus. Im Notfall konnte er den Mann ja mit der Kraft seiner Verzweiflung im Raufen Mann gegen Mann bezwingen, um sein Recht zu wahren. Gebrauchte der Polizist allerdings die Waffe, dann wäre wohl die Hilfe Bernsteins unabdinglich. Der Taxifahrer sog sehr gelassen an einem Kraut, das freilich sträflich süßlich roch, sogar die Süße des Jasmins verdrängte. Zusammen mit dem Polizisten studierte Kathi jetzt bei Streulicht ihres Bräutigams Gesicht, schien auch weiterhin nicht unzufrieden, während der Beamte mit sich selber rang. »Allerdings«, wiederholte Karl und nun wieder freilich maßlos schlafbedürftig, »heiße ich Karl Roßmann!«

»Roßmann, Roßmann«, echote mürb der Polizist, auf dem Zettel mitlesend, und kratzte sich ungläubig und ein wenig klagend an der Stirn, aber eigentlich hatte Karl längst keine Angst mehr, daß noch alles aufkäme und zunichte würde. Der Polizist schien sich nicht ganz zu dem Entschluß durchringen zu können, daß er das Fahndungsplakat heute schon gesehen habe – vielleicht auch wollte er ja die Erinnerung bekämpfen im Sinne der höheren und internationalen Staatsinteressen. »Roßmann«, flüsterte der Polizist, sich selber lauschend, mehrfach zu, und Bernsteins Kraut roch nun schon ganz verheerend, »Roßmann, Roßmann?« – wie vertraulich memorierend. Er schien Gefallen zu finden an dem Namen, ganz sein Amt vergessend, ja es wollte Karl so vorkommen, als ob der Mann an den Sprossen dieses ihm so fremden und doch so kostbaren Namens in die fernsten Schluchten seines eigenen Lebens ohne weitere Furcht sich hinabhangele, »Roßmann, Roßmann ...« Bald schien der Polizist zu schlafen, schon zu träumen. Dann endlich, ruckartig und mit trefflichem Entschluß, riß er die Augen auf und streckte herzhaft seine behandschuhte Hand in den Wagen, Karl fest und ungescheut entgegen. »Viel Glück, Roßmann!« rief er sehr kraftvoll, ohne länger sich zurückzuhalten. Klammfest ergriff er eisern Karls feuchte Hand, dann verabschiedete er sich mit Handschlag auch von Kathi und Bernstein, der dabei sein Kraut im Munde kleben ließ. Schließlich fuhr der Polizist mit seinem Motorrad dem Taxi noch ein paar Kilometer als Begleitschutz und Jubeleskorte voraus, bevor er nach links in den Vorhof des Polizeipräsidiums einkurvte.

»Schauen Sie den Verkehr!« rief Fenimore William

Bernstein ruhig, drückte immer reifer seine Zigarette aus und wälzte den Kopf zur linken Straßenseite. »Das ist Schaugeschäft, ja! Das ist New York!« Karl mühte sich alles zu sehen, ohne einen letzten groben Fehler zu begehen. Quer durch Tränen lächelte er hindurch, beinahe athletisch. Kathi drückte ihm gedankenlos die Hand.

Alles war von Frau Eberwein fernmündlich aufs beste vorbereitet worden. Auch die telephonische Trauzeugenschaft hatte sich nach der Auskunft des Kirchenpförtners längst erledigt. Der zuständige Geistliche der Abyssinischen Baptistenkirche, Powell, stand, so stellte sich heraus, in seiner Eigenschaft als Traupriester nebenbei auch noch als Trauzeuge im besonderen Auftrage gerade. Bunte, etwas faschingshafte Glas- und Porzellankugeln baumelten rund um den Altar. Powell, ein Mann mit sehr pomadisiertem Krümelhaar und edel geschwungenen Lippen, erstattete eine kurze Andacht, hantierte auch etwas mit Brot und allerdings rotem Wein herum, schließlich berührte er Karl ein wenig mit seinem Meßstab und erhob sich endlich so heißblütig von seinem Priesterthron, als wäre dies der sichere Siedepunkt auch seines Lebens. »Ich bin der lieblichste Kerl!« rief er aufgerichtet hoch oben auf seinem Altar den Neuvermählten mit Donnerstimme zu, klopfte sich mit den Knöcheln gegen die nachthemdbekleidete Brust und versetzte, schon sichtbar außer Rand und Band, auch seinem violetten Meßbuch einen leichten Schlag. Dann winkte er die Eheleute zu sich heran und flüsterte ihnen ins Ohr: »Ich möchte euch umkosen und umtosen! Umgurren und umsurren! Umgirren und umflirren! Verflucht sei, wer's nicht glaubt! Aber ehrlich!«

Eins und eins ist ohnehin gleich, dachte Karl etwas belustigt und staunte über seine Verworfenheit. Was ihn ernsthaft lediglich befremdete, war der Fernsehkasten auf der mittleren Altarstufe, in dem gleichfalls und gleichzeitig Powell zu sehen war, wie er halblaut um Frieden und um Gelder warb und dabei mit großem Hallo sein schönes Gebiß entblößte. Schwärze der Nacht füllte das runde Fenster hinter dem Altar. Kathis Haare dufteten nach Heidekraut und Waldmeister. Leise fauchte auswärts Wind.

Nach dem Abschluß seiner Zeremonie lächelte Powell breit und satt und hochzufrieden, zu jeder Zeit hätte dieses Lächeln zum lauten Lachen bersten können, schien es Karl. Er nahm das Lächeln gleichwohl auf. Kathis Schlehenaugen fanden Grund zum hellen Kichern.

Im allgemeinen Teil zeigte nun Adam Clayton Powell den neuen Eheleuten seinen schönen geistlichen Empfangsraum. Zahlreiche Bilder und Photographien hingen an den Wänden, Bilder, die allesamt ihn, Powell, betrafen, wie er kämpferisch die Fäuste ballte, den Körper in Angriffshaltung brachte, tiefernst vor Groll und hingerissen von gewaltiger Erweckungsbereitschaft. Powells Schuhe traten bei der Vorführung so lautlos auf, als seien sie sicherlich nie bezahlt worden, der Kopf machte mit noch verhaltener Glut Honneurs auf Kathi hin. Auf anderen Photographien sah man Powell in geselligem Kreise, ab und zu ein Auge zugezwickt, dann auch wieder beide, dergleichen Karl mehrfach heute schon gesehen hatte. Ein Kinngrübchen gewahrte er an seiner Frau, Powell betätschelte es leicht und kitzelte Kathi schon in der Achsel. Es gab noch andere Bilder, die Powell, welcher auch nebenbei ein Ehrenvoller Kongreßmann war, gemeinsam mit den Präsidenten Kennedy, Johnson und Nixon darstellten, einmal gar allein mit Frau Kennedy, die ihm freilich kaum gewachsen schien und vielleicht auch keine allzu große Lust zum Widerstand mehr hatte. Ein andermal, auf einem besonders kostbaren Stück, war

Powells Antlitz tatsächlich mit Kreide und Öl auf Samt oder Pelz oder dergleichen gemalt, Karls ganz verlorene Momente mehrten sich geschwind. Hier auf diesem Bild erst trat auch die gewaltige Ähnlichkeit des Priesters Powell mit dem Hollywood-Schauspieler William Powell voll zutage, mit Rücksicht auf seine Gattin, die weiterhin sehr andächtig, innig und spöttisch schmunzelte und die obere Zahnreihe leicht vorhakte, wollte Karl aber nichts dagegen vorbringen, auch wenn ihm leis mißfiel, wie unerschütterlich behend der Geistliche jetzt schon andauernd mit der bleichen Hand über Kathis Hintern wischte, lieblich flink in sie verwuschelt. Die Hose schien ihm ja schon fast zu platzen unterm Nachthemd – um jeden Preis doch wollte Karl Unannehmlichkeiten vermeiden, dies um so ungesäumter, als er nun durch ein ovales Wandfenster hindurch ein schmerzhaft sorgenreiches Plakat zu erkennen meinte, auf dem erneut ›GEWÜNSCHT: Karl Roßmann‹ stand. Es war dies aber eine Täuschung. Auch dieses Plakat zeigte nur Powell, diesmal schon fast krachend lachend. Was das für Widersprüche sind, dachte sich Karl und lachte gleichfalls laut in sich hinein.

Zwölf Glockenschläge klangen auf und wider Karls Ohren. Zum Abschluß seiner Führung teilte der Traupriester mit und bestand sehr ernst darauf, daß er, Karl, heute leider zum letzten Mal alleine schlafen müsse, denn gemäß dem Ritus der Abyssinischen Baptistenkirche sei es nämlich Sitte oder immerhin Gewohnheitsrecht, die Braut in der ersten Nacht dem Traupriester zu überlassen, damit auch dieser sein Heu heimbringe, das Bett sei auch schon aufbereitet – dafür könne er, Powell, ihnen beiden, Kathi und Karl, auf die Hand versprechen und hoch und heilig auf den Kopf zusagen, und schon schlüpfte Kathi durch Karls Arm hindurch zu Powell, der Karl zur Erklärung einen leichten Stoß versetzte, daß sie morgen beide einen freien Tag hätten – noch inmitten der Trauungsvorgänge habe ihn, Powell, die Eberwein angerufen, sie habe dies bei Glühspieß zwingend durchgesetzt; Rieser, Jahn und auch der Bayerische Ministerpräsident hätten es schon fernschriftlich bestätigt.

»Sie sind ein Glückspilz!« lachte Powell Karl an, stieß ihn nochmals freundschaftlich wider die Lende und entfachte im Grandioso-Stil eine Havanna.

Kathi kicherte erfreut, zuckte die Schulter, abschiednehmend leicht bedauernd hin zu Karl, und hakte sich bei Powell unter. Die ganz besonders hübschen Frauen, dachte Karl schwach bekümmert, sollten sich nicht auch noch unverächtlich auskleiden müssen, reicht ja ihr Gesicht, ihr Näschen – was man von den Slowenen alles Schweres dulden muß! Mit glühenden Wangen ordnete Kathi an ihrem Rock herum, als wären Powells vorangegangene Kniffe nur zufällige Mißgriffe gewesen, und jetzt erst kämen ja die spannenden. Powell schlug ein Kreuz in die Luft, fand anscheinend für eine Weile daran Gefallen und segnete Karl also ein ums andere Mal, küßte ihm sogar die Stirn und kam ihm auch sonst in jeder Kleinigkeit entgegen. Aber wahllos, so grübelte derweil Karl weiter und sich rascher in den Schlummer, machen sie auch das noch mit, ewiger Entgleisung folgend.

Schon trug Powell eine Schlaflampe knisternd in der Hand. Er und Kathi, das erhitzte Gesicht eng an dem seinen, wünschten Karl eine gute Nacht mit Grußhand, dann schafften sie ihn endlich beiseite in eine finstere Nebenkammer. Durch den Türschlitz sah Karl noch, wie sich beide in einen Raum hinter dem Altar zurückzogen. Ein Baldachin aus himmelblauer Seide lag in sehr lilarosiggrünes Licht getaucht, Weihrauchschwaden stieben aus der angelehnten Tür.

»See you later«, hauchte Karl. Schwach kroch ihm Entzücken hoch. »See you later, Alligator!«

Bald war im Haus großes Gerumpel hörbar. Karl warf sich angekleidet auf sein Bettchen, froh, immerhin den Gefahren der Überlandstraße und ihren Lumpereien entwischt zu sein. Er entsann sich eines Kindes, das er, seiner Meinung nach, mit Johanna Brummer hatte. Powell war dann Großvater des Kindes oder doch sein Schwiegeronkel. Fröstelschauer glitten wieselnd, rieselten ins Himmelsschwarz. Dann schlief Karl ruhig ein.

Im Morgendämmer träumte ihm, jemand riefe ihn sehr sehr sanft zur Ordnung, ja in gewisser Weise zur endgültigen Evangelisation der Welt auf. Er solle dazu erst mal und schnellstens eine ›Zeitschrift für schulentlassene Invaliden und übergeordnete Kavaliere‹ gründen und erstellen. Gehorsam schlug Karl die Augen auf und erkannte gleich den Auftraggeber. Es war ein graugeschecktes Kätzchen, das ihm mahnend mit dem Lederpfötchen kühl gegen die Stirne tippte; zuerst mit dem rechten, dann etwas fester zweimal mit dem linken. Von nebenan aus der Kapelle kam Summen leisester Musik. Nach einer kleinen Pause tippte das Kätzchen wieder mit der Linken, diesmal aber gegen Karls Schläfe. Der Druck wurde noch lederner, mahnender, unwiderruflich. Karl schloß nochmals knapp die Augen, tat sie doch sofort wieder auf. Man muß ja nur den Mechanismus kennen, dachte er ernst, ja freilich, das ist halt der alte Punkt.

Warmes verstohlenes Licht kroch weißlich durch ein quadratisches Loch in der Kammerwand. Das Streifenfell der Katze hob und senkte sacht im Atmen sich, mit Eleganz ringelte der Schwanz über das Hinterbein. Es mußte, sagte sich Karl, sich um die Tochter der beiden Katzen handeln, die gestern an der Bushaltestelle so übelwollend schon begrüßt ihn hatten. So kann man sich täuschen, dachte Karl, schloß die Augen, schlug sie voll Neugier wieder auf.

»Roßmann?« dachte Karl vorsichtig, da tippte das Tier sogleich ein fünftes und letztes Mal und schaute ihm, sich ein wenig kleinmachend und hinabkrümmend, in das rechte Ohr. »Roßmann«, redete Karl murmelnd und nur ganz wenig bedrückt vor sich hin, wie um sich selbst zu prüfen, »Roßmann, Roßmann!« Am Feldbettende stand der treue Koffer. Die Musik aus der Kapelle wurde Karl bald vertraut. Jemand spielte dort Franz Schuberts Trio Notturno für Klavier, Violine und Violoncello, die altvertraut summenden wehen Streichgewebe mit dem hellen Tastenplänkeln. »Roßmann«, murmelte Karl immer lautloser und wiedereinschläfriger, als ob er sich schon selbst nicht recht über den Weg mehr traue, »Roßmann, Roßmann, Roßmann ...«

Da beugte das Tier, das, wie Karl jetzt erst merkte, sogar dem Onkel Senator ein wenig ähnlich sah, wie mäßig, aber doch ausreichend interessiert, seinen Fleckenkopf zu Karl hinab und schaute ihm wie müßig, doch sehr truglos in die halboffenen Augen. Karl wurde dadurch vollends wach, erwiderte höflich scheu den Blick und wußte auch im Nu, das Kätzchen hatte ihn ersehen und erkannt. Auch wenn das Wagnis mit der Gattin schon mißlingen sollte, wenig, dachte Karl, konnte gleichwohl mehr passieren. Gemessen und gezirpt verwehte das Notturno in drei Stimmen. Karl setzte sich aufrecht in sein Bett, das Kätzchen sah ihn stärkend nochmals an mit Nachdruck. Da fühlte Karl es und wußte es, daß dies mitnichten alles Unsinn sei und als ein Unsinn rasch vergänglich, in Nichts und Staub ja schon zerfalle; sondern das Erz der reinen Wahrheit.

FRANZ KAFKA VERFILMT SEINEN ›LANDARZT‹

Das Knittern war kein
Irrtum gewesen

(Schmidt, Zettels Traum, S. 964)

Es war Kafkas eigener Fehler gewesen. Es war Franz Kafkas großer Fehler gewesen, daß er der Expedition nicht nur sein gleichsam seelisches Einverständnis erteilt, sondern sich, wie hingerissen, sei's von taubem Weh, sei's vom blanken Übermut, auch noch praktisch, ja körperlich an ihr beteiligt hatte, zu seiner noch einmal geschürten Pein. Es war vielleicht der Fehler seines Lebens, jenes Lebens, in dem es auch sonst so grausam viele Fehler gab. Kafka hätte es wissen, hätte sie immerhin ahnen müssen, die Tücken jener rosig unheilstarken Wallung, die das schöne Beisammensein mit dem eigenen Alleinsein lösend, Hoffnung auf was immer säuselnd, gaukelnd ins Verderben doch nur schleppte. Doch Kafka ahnte zwar, sah beinahe alle sich anbahnenden Ungenauigkeiten und Schrecknisse scharf voraus – und kühn machte er trotzdem mit. Und seltsam, weit und breit kein Freund Max Brod, der ihn zeitig gewarnt, der ihm in die Flanke gefallen, der ihn noch zurückgehalten hätte.

Und vor allem, allem voran, hätte Kafka auf alle Fälle die Begegnung mit dem Versicherungsagenten vermeiden müssen, dies voran. Sie nämlich war das Allerschlimmste.

Oder waren es doch vielmehr die Schullehrer? Ihr Projekt? Der Plan, die Sache in Italien selber?

Dabei hatte alles so harmlos einerseits, so fast verheißungsvoll, annähernd kitzelnd angefangen! Drei Prager Junglehrer der Grundschule, Winni, Ulli und Diddi, waren eines Tags ins Café Arco gekommen und hatten sich an Franz Kafka herangemacht mit der Anfrage, ob er, Kafka, ihnen dreien »das Recht bzw. die Konzession« erteile, seine, Kafkas, Erzählung ›Ein Landarzt‹ zu verfilmen, jene, so die Lehrer eilig, durchaus schwierige, aber gerade darum ja so attraktive Erzählung also, die zwar im offiziellen Prager Kulturleben kaum durchgeschlagen habe, die aber, so die Lehrer hastend weiter, in aufgeschlossenen Prager und böhmischen Kreisen, wie sie wüßten, schon andererseits besonderes Ansehen genieße, die »Aura des Außergewöhnlichen« versprühe, »das Siegel von Authentizität« trage, ja »praktisch ein Geheimtip« sei.

Sonne schien Franz Kafka mager in die Augen, eifrig redeten die drei Lehrer weiter. Erstaunt, aber freilich, als ob er es erwartet habe, hörte Kafka zu, etwas unscharf, wie von weitem – eine seltene Art von Gutmütigkeit fühlte er durch seine Glieder schweben, aber auch etwas wie innerste Beschwingtheit war im Körperinnern zu vernehmen und vermischte sich mit dem kleinen allgemeinen Kaffeehauslärm – einer gewissen heiteren und unverbindlichen Neugierde gab Kafka Raum, als er den Lehrern gegenüber ein paar behutsame Rückfragen entrichtete, betreffend, für den Fall des Falles, seine rechtliche Position oder, genauer, seine Verantwortlichkeit für die absehbaren und unabsehbaren Folgen des Projekts – die Frage nach der Gage, die ihn leicht beben machte, unterdrückte Kafka, indessen sein Geist zum Doppelspiel Passagen der Erzählung ihm vorplauderte – und dann, weil die Lehrer plötzlich dringend wegmußten, stimmte Kafka dem Plan wie von ungefähr im Grundsatz zu – sollten die drei damit doch machen, was sie wollten, so schalt und beschwichtigte Kafka sich gleichzeitig zwei Stunden später, die Karlsbrücke überquerend, auf dem Heimweg spottend, fast ohne Bedenken schon – und er mußte ganz schnell lachen. Lautlos hallend lachte der Versucher mit, war er sich doch Kafkas fast schon sicher, erraffend Hand und Herz rasch dessen, der ihm den kleinen Finger bot, im wütend rohen Würgegriff.

Denn kaum hatten die drei Schullehrer Kafkas grundsätzliches und mündliches Einverständnis, schon ließen sie es sich in einem Vorvertrag schriftlich bestätigen. Die Lehrer äußerten in dem zweiseitigen getippten Brief, sie würden sich weitgehend an Kafkas Textvorlage halten, diese freilich im Sinne der spezifischen Struktur des Films andererseits zu ändern sich gezwungen sehen, dies sei auch schon im Rahmen eines Rohdrehbuchs geschehen, das Kafka jederzeit einsehen könne – umgekehrt, so hieß es auf dem Durchschlagspapier, »verzichtet der Unterzeichnete auf alle Vetorechte hinsichtlich der subjektiven und innovatorischen Gestaltung des Stoffes und seiner mythischen Implikationen. Einkünfte aus Nebenrechten werden im Verhältnis 50 : 50 aufgeteilt«.

Kafka, weil er gerade viel zu überdenken hatte, unterschrieb recht eilends und nicht ganz anwesend, im Schriftzug auch ein wenig verstellt, sich im Fall des Falles vielleicht sogar herausreden zu können, wenigstens zur Hälfte – und er legte den Brief seiner Hauswirtin fast leichten Sinns zur Post bereit. Am anderen Tag bereute Kafka, dann, als er aber sechs Wochen lang nichts weiter hörte, hoffte er insgeheim auf ein für alle Seiten schmerzloses Entschwinden der Angelegenheit, auf ein geräuschfreies Verglühen der Affaire vielleicht durch gewisse neue Gedankengänge seitens der Lehrer, durch die Preisgabe ihrer ersten Stoffwahl, ja durch bloße Vergeßlichkeit, die alle bereits der Sache einverleibten seelischen Energien zuschanden werden ließ und der Unschädlichkeit zurückbescherte …

… indessen, drei Tage vor Pfingsten zwangen die Junglehrer Kafka telefonisch, ihn sofort in seiner Wohnung besuchen kommen zu dürfen – die Filmsache habe sich inzwischen weitgehend konkretisiert.

Kafka empfing die Lehrer sorgenvoll und überwach. Winni, Ulli und Diddi, die beiden ersteren backenbärtig, der dritte zudem mit einem kecken Schnauzer geziert, rauchten starke, französische Arbeiterzigaretten und wirkten dann sogleich auf den Dichter ein, natürlich solle er auch noch am Drehbuch mitarbeiten, das Treatment von 22 Seiten stehe zwar schon, sei praktisch identisch mit dem Rohdrehbuch, aber das Ganze, vor allem die »Übersetzung« sei ja noch keineswegs »perfekt« – an diesem Buch, deutete Ulli an und schnappte zwei Finger gegeneinander, fehle noch das gewisse Etwas, man komme nur noch nicht drauf, was – jenes Etwas, das wahrscheinlich nur er, Kafka, selber zu leisten vermöge – das Ding, der Film, solle übrigens schätzungsweise 45 Minuten lang werden, eine Länge also, die derzeit beim Prager Fernsehen am besten ankomme und also am ehesten zu verkaufen sei. Man habe, fuhr Diddi fort, auch schon »sehr gute Connections zum Ersten oder zumindest zum Dritten Programm« knüpfen können, besonders Klammroth, der Redakteur des ›Kleinen Fernsehspiels‹ von Radio Preßburg, habe sich neulich in Pilsen beim dortigen Masaryk-Film-Festival ›Der besondere Film‹ außerordentlich interessiert gezeigt, Klammroth also, erläuterte Winni, ein ebenso »cleverer wie absolut integrer Mann« – und »naja also«, rief Winni, schon von daher sei es natürlich viel besser, wenn er, Kafka, noch »ein wenig am Drehbuch mit herumfeile«, »taktisch besser«, ergänzte Ulli flink, während er sich, die Augen wie in unterrichtsgeplagter Benommenheit zusammenkneifend, unter Kafkas schon wieder etwas ermüdetem Blick vom braunen Flaschenbier nachgoß.

Kafka stand auf und trat ans Fenster. Warf einen langen Blick aufs seltsam schimmernd frühlingsleicht erregte Prag, aufs schiefe Alchimistengäßchen, indessen sich in der Scheibe zur gleichen Zeit Augenbrauen von großer moralischer Zartheit spiegelten. Natürlich, sagte sich Kafka, sollte man jetzt sofort alles kurz und klein schlagen, allein, auch dies wäre ja nur Schwäche. Mildes Kopfweh rüttelte an Kafka. Während er die Wange kühlend an das Glas nun schmiegte, beobachtete er im Licht der schon gar zu früh sinkenden Sonne, wie ein alter krummer Mann ein sehr kindliches Mädchen überholte, das deshalb vor Erstaunen stehenblieb. Eindringlich beschworen die Lehrer den Dichter, es sei übrigens keineswegs zufällig, daß man gerade auf den ›Landarzt‹ verfallen sei und in ihn so große Erwartungen setze. Aufgewühlt drehte der alte Mann sich nun nach dem Mädchen um, und dann war es Kafka nicht ganz deutlich, ob er nach ihm oder dem Mädchen drohend seine Faust schwang, bevor sein Schatten um die Ecke bog – das Mädchen aber hüpfte frisch ins Nachbarhaus.

Tatsächlich, fuhr Winni ohne Scheuklappen fort, sei sein, Kafkas, Gesamtwerk, wie neulich auch der amerikanische Avantgarde-Kritiker Ronald S. Busch geschrieben habe, »praktisch unverfilmbar«, nämlich, sprang Ulli wie abgesprochen in die Bresche, »zu symbolisch bzw. andersherum zu sophisticated«. Der ›Landarzt‹ aber bilde, so Diddi, »eine echte Ausnahme, einen Glücksfall«, er dränge, ja schreie geradezu nach Verfilmung, nach dem, so Ulli, »Element Visualisierung und das heißt echte Kommunikation«. Für einige Sekunden begann sich Kafka vorsichtig zu wundern, denn er seinerseits hielt nun gerade den ›Landarzt‹ für eins seiner »absolut unverfilmbarsten Prosawerke« (und bei diesen drei letzten Worten schauerte Kafka rasch wohlig erschreckt zusammen) – indessen, die Schullehrer hatten sich anscheinend jetzt erst richtig warmgeredet.

So wie sein, Kafkas, Text momentan dastehe, sagte Ulli, sei er »natürlich noch nichts für den Film«. Aber kraft gewisser und allerdings keineswegs unriskanter Überarbeitungen der Handlung, des Personals und der Szenerie, die eben das Treatment bzw. Rohdrehbuch schon teils erfaßt habe, sei die Story durchaus filmfähig zu machen, »filmreif umzusetzen«. Sie, die Lehrer, hätten also schon mal, erklärte Diddi schneller rauchend, sein, Kafkas, Erzählungskonzept, also »das Realistische« ins »mehr Symbolische d. h. Verfremdete« transponiert und projiziert, so Winni – bzw. so übernehmend Ulli, »praktisch filmisch potenziert« – und dies bedeute also: Mit diesem Konzept bzw. Rohdrehbuch in der Tasche fahre man also in acht Wochen nach Italien, nämlich nach Apulien, auf den Gargano – »wird prima«, versicherte sehr freundlich Diddi – um dort, erläuterte, Franz Kafka noch nicht ganz einsichtig, Ulli, »die Schneesymbolik von Ihrem ›Landarzt‹ adäquat durch unheimliche Hitze, also praktisch Tropen, zu transportieren bzw. also zu transponieren jedenfalls«. Dort, auf dem Stiefelsporn Gargano also, auf einem Winni schon bekannten Zeltplatz direkt am Meer, werde dann das endgültige Drehbuch verabschiedet und anschließend heruntergefilmt, zugleich könne man da natürlich »erstklassig Urlaub machen«, ergänzte Ulli – ungefähr zwanzig junge Leute aus Prag und Umgebung hätten ihre Beteiligung auch schon hundertprozentig zugesagt …

… und, kurz, wie es denn sei: Wenn er, Kafka, da gleich auch mitfahre, er könne auch umsonst beim Schmer mitfahren, beim Schmer, in dessen Kombi sei noch genügend Platz, – wie gesagt, das Prager Dritte Fernsehprogramm habe sich bereits sehr neugierig gezeigt, sogar schriftlich, vorerst könne man natürlich »konkret-finanziell« (Diddi) noch nichts garantieren, also z. B. keine Ausfall-Garantie, auch könne ja noch das Wetter einen Streich spielen – aber wahrscheinlich, höchstwahrscheinlich, Ulli wölbte heikel versprechend die dunklen Brauenbuschen nach oben und zupfte ausdauernd am Rundumbart, wenn alles gut ginge, sprängen mindestens 18 000 Kronen dabei heraus, die könne man ja dann später nach einem bestimmten Schlüssel aufteilen, fuhr Ulli leicht verdrossen fort, als ob dies etwas zugleich Logisches und gleichzeitig peinvoll Überflüssiges wäre, eine nicht weiter beachtenswerte Quantität. Bzw. man könne das Geld, deutete der Lehrer an, natürlich auch in neue Projekte stecken.

Winni trank verhängnisvoll sein Bier aus, Kafka trat vom Fenster an den Wohnzimmertisch zurück und setzte sich so kräftig, als ließe er sich fallen. Jedenfalls, spann Ulli den Faden postwendend weiter, sei es natürlich am gescheitesten, wenn er, Kafka, gleich mit zum Gargano fahre und mit hinunter brumme, »sind zwölf Stunden reine Fahrzeit«, erklärte Diddi fröhlich. Sie, die Lehrer, seien zwar, wie Kafka Ulli jetzt verstand, filmisch und filmtechnisch geschult, praktisch durch einige Vorstudien, theoretisch vor allem über die Arbeiten von Fellini, Visconti, Pasolini und Werner Herzog, man komme vor allem von Viscontis ›Tod in Venedig‹ her – auch sei die Mannschaft wie gesagt so weit perfekt: bisher führen 19 Mann unter Garantie mit, nämlich die drei bzw. vier Hauptdarsteller, der Rest mache die Nebendarsteller – auch von Orson Welles und Louis Malle werde man einiges übernehmen, die neue Sinnlichkeit vor allem – aber natürlich, dem Gewicht der ›Landarzt‹-Story, die übrigens vor allem sprachlich sehr gelungen sei, komme, ächzte Ulli fast geheimnisvoll und kratzte sich über die lastend gefurchte Stirn, seine, Kafkas, Präsenz, d. h. seine jederzeitige Möglichkeit, letzte Eingriffe und Änderungen und Gags vorzuschlagen, äußerst entgegen – wie gesagt, auch der zweite Dramaturg von Radio Preßburg, Jürgen Meister, habe über den hiesigen Juso-Chef, Silbereisen, sein Interesse angemeldet, ziemlich dringend sogar, im Spätherbst könne der Film schon über den Bildschirm gehen, wenn die Cutterin mitziehe, Vorschuß könne er, Meister, freilich noch keinen zahlen, weil für dieses Jahr der Etat bereits erschöpft sei – außerdem und im übrigen operiere man zwar grundsätzlich – »und bewußt, bewußt!« ergänzte heftig die rechte Hand schwingend Diddi – mit Laiendarstellern, Kafka seufzte, aber für die Titelrolle des Landarztes habe man »das Glück, das unwahrscheinliche Glück« (Winni) gehabt, einen ehemaligen K. u. K.-Schauspieler vom Stadttheater Brünn zu gewinnen und zu verpflichten, einen echten Profi, ein Paradepferd: Ferenc Knitter, einen Ungarböhmen, der sieben Jahre professionell Theater gespielt und inszeniert habe, der jetzt seit zehn Jahren freiberuflich als Lebensversicherungsagent vor allem im Mährischen tätig sei und der für seine ›Landarzt‹-Arbeit extra Urlaub nehme.

Leicht bewegt besah Franz Kafka die feinfingrig huschenden Sonnlichtspiele mit der schon dunklen Schreibtischecke, aus dem Hinterhof sang der Kastanie zögerliches Rauschen. Jawohl, Ferenc Knitter also werde den ›Landarzt‹ übernehmen, fuhr Winni nun gewinnend fort, fast als rechne er schon nicht mehr mit letzten Anmahnungen Kafkas – Ferenc Knitter, ein Charakterdarsteller, der damals in Brünn und noch früher am Militärschauspielhaus von Kattowitz überaus erfolgreich gewirkt habe – sie, die Lehrer, hätten, sich zu vergewissern, sogar alte Presseurteile aus dem Prager Staatsarchiv hervorgesucht, exzellente Kritiken durch die Bank, vor allem als Charakterheld habe Knitter danach brilliert, als Othello vorzüglich, Nathan der Weise, bei Hebbel, Grillparzers ›Des Meeres und der Liebe Wellen‹, als Oheim, Jago, in der damaligen Studiobühne auch, also Hauptmanns ›Ratten‹, Hofmannsthals ›Der Unbestechliche‹, ›Ehe in Dosen‹ usw. – also, eines sei gewiß: Er, Kafka, Ulli schrie fast, werde sich mit Knitter »kreativ ergänzen und menschlich hundertprozentig gut« mit ihm auskommen, Kafka seufzte abermals – zwei Profis, deuteten, Kafka den Mund wässrig zu machen, die Lehrer noch mehrfach und hartnäckig an, würden hier gerade wegen ihrer schon generationsmäßig bedingten Unterschiede sich »unheimlich fruchtbar hochschaukeln«. Der eine, so zum wiederholten Male Bier nachschenkend Ulli, käme mehr von der Bühnenpraxis her – der andere, er, Kafka, mehr vom gedruckten Text und von der experimentellen Prosa – sie, die Schullehrer, welche sich um die Gesamtproduktion und die Regie kümmerten, versicherte Ulli und trank, leicht nachrülpsend, geschlossenen Auges vom goldbraunen Bier und entfachte schon wieder eine dicke gelbe Zigarette, eben vom Filmologischen. So daß, faßte Diddi schon triumphierend zusammen, alle drei Sektoren der Arbeit praktisch abgedeckt seien.

Kafka versuchte sich weniger Knitter als vielmehr die Fernsehredakteure Jürgen Meister und Klammroth sowie den Juso-Chef Silbereisen vorzustellen, es gelang ihm so gut, daß ihm in der Magengegend siedendheiß davon wurde. Im Arbeitszimmer fraß sich Dunkel vorwärts, Schreibtisch und die Statuette des Erzengels Gabriel waren kaum mehr auszumachen. In dieser Dreiheit der Fähigkeiten, fuhr jetzt Winni siegessicher fort, liege die Stärke des Filmprojekts, so wie ja auch in seiner, Kafkas, Prosa, wie Ronald S. Busch richtig schreibe, Mythos und moderner Alltag zur Eintracht fänden kurz, er, Kafka, sofern er in drei Wochen mit nach Italien führe, habe natürlich »prinzipiell« die Möglichkeit und Erlaubnis, regielich mit einzugreifen, wie gesagt, es führen da ungefähr zwanzig Mann nach Italien hinunter, meist Lehrer mit ihren Frauen oder Girls, erklärte Winni und zeigte kurz, im Übermaße froh, die hellen Zähne – diesen Darstellern und Statisten am ersten Abend auf dem Gargano sein, Kafkas, künstlerisches Konzept kurz darzulegen, wäre »natürlich prima« – bzw. er, Kafka, so ergänzend Ulli, solle gleichsam alle Dreharbeiten »von außen überwachen, sozusagen im Koordinatensystem, wir sind die Horizontale, Sie sind die Vertikale!« Sofern er, Kafka, wolle, könne er »natürlich auch à la Hitchcock eine kleine Rolle übernehmen, wie die Maler in den Barockkirchen« (Ulli) – und am allerbesten, schlug nun Winni zwingend, durch eine weitausfahrende Armkreisbewegung sogar überwältigend, vor, fahre er, Kafka, mit Schmer in dessen Auto zum Gargano hinunter, mit Schmer, einem Elektriker, der einen Teil der Filmtechnik betreue, Schmer habe auch schon mal das Technische bei der Verfilmung einer Auto-Rallye gemacht – am besten sei es, die Fahrtkosten zu dritteln, er, Ulli, versicherte nun dieser mit gleichsam hochherzig verzichtendem Augenzwinkern, komme vorerst für Knitters Drittel-Anteil auf, bis dann das

Fernsehen neben der Honorarzahlung auch die Fahrtauslagen zurückerstattete, selbstverständlich.

Und übrigens würden die 18 000 Kr. aus technischen Gründen in Ös. avisiert und wahrscheinlich im ›Graben-Hotel‹ in Wien ausbezahlt.

Kafka, wieder kühler, seufzte ein drittes Mal, aber, zu seiner eigenen Verblüffung, fast schon lustvoll. Nicht daß er bei all den zum Teil leidenschaftlichen Ausführungen und Visionen der Schullehrer einen gar zu vorteilhaften Eindruck gewonnen hätte, im Gegenteil, ihn bestrich vom Eintritt der drei an eine sanfte, ferne und noch in ihrer Undeutlichkeit und Undeutbarkeit wildwehe Empfindung von Mutlosigkeit und Magenrascheln, der Wille, hier und heute die Waffen ein für allemal und endgültig zu strecken. Auch entging Franz Kafka ja keineswegs, daß abwechselnd von einem fertigen Drehbuch die Rede war und dann wieder vom notwendigen, ihn, Kafka, erheischenden Feilen an diesem. Für eine Minute überfiel Kafka ein Gefühl wie bleistrotzende Müdigkeit, Last und Lasterhaftigkeit. Scham trieb ihn erneut ans Fenster, sie zu bergen vor den Lehrern. Jenseits des Horizonts lag blaßrot sein Glück. Das Glück war die Ermattung selber, vor all dem Ungezogenen. Glück lag jenseits des Verantwortlichen. Die Hügel rund um Prag sehr drohend schienen. Glückspilze übersteigen sie im Halbschlaf. Ein naher Frischblitz fuhr durch Kafka. Die Zähne ineinander krallend, die Faust wie prüfend wider Hals und Kinn gepreßt, so dachte Kafka ›Silbereisen‹. Ein Name, ein Programm. In der Luftröhre hing pfeifend kleiner Schmerz, plötzlich gab er lächelnd nach. Kafka seufzte ein viertes Mal und sehr steil auf, wandte sich zu seinen Gästen um und sagte seine Fahrtbeteiligung zu.

»Na also!« riefen stürmisch und aus einem Mund die

Lehrer und Winni schwenkte bereits erleichtert seinen Rotweinpokal – in diesem Augenblick schellte es an der Tür. Kafka ging etwas stolpernd öffnen. »Dann geht ja alles klar!« hörte er entfernt noch Diddi rufen. An die Haustür gelehnt stand ein 14jähriges Bürschchen und überreichte Kafka ein Billett. Es stammte von Max Brod: »Es bleibt dabei, Dein Max!« Kafka ballte die Hand und zerknüllte in ihr ein Taschentuch. Übermut packte da Kafka – er gab dem jungen 5 Kronen Trägerlohn. Einmal dem Läuten der Nachtglocke nicht gefolgt, dachte Kafka sehr lebendig, es ist nicht gutzumachen, klar! Von Wonne sogar ein bißchen geschaukelt, eilte er zu den Lehrern zurück. »Die Bürstl Karin«, rief Winni soeben Ulli zu, »fährt übrigens auch mit, und der Schriml Werner!« Kafka rieb sich die schmalen Hände. »Also, mit uns geht alles klar?« wiederholte Diddi laut und drohte für einen Augenblick vor Begeisterung Kafka auf den Buckel zu patschen. Kafka nickte mehrfach wie von Sinnen. ›Bürstl Karin‹ – der Name gefiel ihm rasch über die Maßen, leuchtete ihm ungeheuer ein. Dann wollte er es doch genauer wissen. Warum sie, die Lehrer, eigentlich, fragte er, ihnen sorglich Bier und Wein nachschenkend, – warum sie, ohne daß er sich im mindesten einzumischen gedächte, seine, Kafkas, ›Landarzt‹-Geschichte, die doch, wenn ihm recht sei, murmelte Kafka schleppend und ganz verschmitzt, eher im nordisch winterlichen Schneegestöber spiele, warum sie, die Filmer, diese Geschichte ausgerechnet ins hochsommerliche Süditalien, gar ans Meer zu placieren gedächten?

»Das ist eben der Verfremdungseffekt!« riefen, während in der Alchimistengasse alle Straßenlaternen aufzüngelten, wieder fast aus einem Mund die Lehrer. Und Ulli fuhr sogleich gerieben, ja getrieben fort: Der Verfremdungseffekt sei praktisch die filmische Ableitung dessen, was beim Marx stehe – man denke sogar daran, statt der Pferde in der Prosageschichte etwas Moderneres einzusetzen, also zum Beispiel ein Motorrad – derlei verleihe der Story erst die richtige Aktualisierung und Brisanz, wie bei Zadek, »Aktualisierung, also praktisch moderner Mythos« – bzw. es illuminiere, Kafka zuckte rasch zusammen in aber müheloser Bedrängnis, »den Übergang darf man sagen von der agrarischen zur Industriekultur, wie's beim Gehlen und Max Weber steht, also praktisch idealtypisch«. Darüber hinaus habe der Landarzt-Darsteller Knitter – »ein Profi, absolut cooler Profi!« rief Diddi rauchig hell dazwischen, »ein absoluter First-Class-Man« – habe Knitter zugesagt, noch vor Reiseantritt das Original, Kafkas Text also, sowohl als das fertige Drehbuch vergleichend zu lesen – so daß auch von daher gewährleistet sei, daß er »also über die Rolle bzw. seine werktreu authentisch umgesetzte Interpretation von diesem synoptischen Vergleich die Rolle dann optisch optimal hinkriegt«.

Und übrigens könne er, Kafka, hakte Diddi letztmals ein, wie gesagt jederzeit auch eine kleine Rolle übernehmen, er, Kafka, solle sich deshalb am besten alte Klamotten und so etwas wie einen Skipullover für die Reise einpacken. Das ergebe dann eine Art Variante des Brecht'schen Verfremdungseffekts. Jedenfalls habe man mit Knitter, so rief jetzt sichtlich schon erschöpft Ulli, er hämmerte sich aber trotzdem hemmungslos, ja schwer erlöst in seine Achselhöhle, »in jedem Fall die optimale Besetzung drauf! Das haut schon hin!«

Spätestens an dieser Stelle hätte Kafka seinen Entschluß noch einmal überdenken – und absagen, wenn schon nicht sein allgemeines Verfilmungsplacet zurückfordern, so doch die sich anbahnende Italienreise korrigieren müssen. Oder eben Max Brod oder Oskar Baum hätten sich ihm energisch in die Quere stellen, ihm den Gedanken ausreden müssen, der puren Gutmütigkeit gehorchen und also mit allem und jedem, auch mit dem weithin absehbaren Unflat neuer Befleckungen einverstanden sein zu wollen. Denn was sonst hätte Kafka nach Italien getrieben und gelockt? Der zuversichtlich unverwüstliche Gedanke an das Heil, das ja nur im Tempo des Verfalls sich, im trotzig schinderischen Allverkehr mit den Gespenstern aufbaut, deren Wahn allein der veilchenschimmernd unschuldsanfte Starrblick dennoch standhält? Schieres Vertrauen in ein noch im dunkelsten Wald und gerade in diesem schwerlich nur Zerstörbares? Dem Schutzgeist zu gehorchen, der da predigte, das Schlechte solle schlecht auch bleiben, sonst würde es noch schlechter? Oder war es doch, dem Schein zum Hohn, die hellverschwiegene Abenteuerlust, der Scheußlichkeit Gefolgschaft zu verweigern, indem sie deren Eingedächtnis nimmersatt die Süße wahren möchte?

Mag sein, Kafka beschwingte auch nur die Empfindung der Tunlichkeit, die besten Jahre seines Lebens zäher noch zu nutzen – werweiß, lag in den Lehrern Lösung allen Muskelkrampfs, Exekution der Nerventeufel all der Tage und der Nächte. Welch ein Schachzug, welche Verblendung! Der Freundschaft Eckartsdienst hätte hier füglich schnellst Entgiftung stiften müssen. Doch wo waren sie, die Brod und Baum, den Bruder wegzureißen vor dem Dunkel! Als es damals hart auf hart ging ohne Dauern!

Vom Hradschin schlug die Glocke acht. Zwanzig Minuten später hatte Kafka die Lehrer aus dem Hause. Er warf sich auf sein Kanapee. ›Bürstl Karin‹, dachte Kafka, suchte sie sich vorzustellen, Augen weit voll winziger Tränen.

Die Anfahrt zum Gargano, drei Wochen später, erwies sich für Franz Kafka nur als kleines Unglück. Begeisternd blauer Himmel spannte sich übers Eisacktal, Bachgetöse, streunende gescheckte Rinder. Leidlich hinging die Gestalt des Elektrikers Jack Schmer. Es war dies ein gelangweilt hinter seinem Steuer sitzender, die Kilometer achtlos herunterrasselnder Fettwanst Mitte dreißig, der, während breite Sommersprossen ehern in der ovalenen Hülle graublondbrauner Koteletten prangten, gemächlich Pfeife rauchend ab und zu wortlos auf die Bergriesen links und rechts der Autobahn wies und zufrieden immer wieder seinen sparsamen Benzinverbrauch lobte. Rascheren Kummer versprach im Hinterabteil des Kombiwagens der Versicherungsagent und vorgesehene Landarzt-Interpret Ferenc Knitter, obgleich auch er sich bis zur italienischen Grenze fast völlig ausschwieg, ganz als sei ihm der Boden noch etwas zu heiß unter dem Sitz, vielleicht auch schon versenkt in die gedankliche Vorbereitung der Landarzt-Rolle. Spätestens aber, als Knitter am Brenner keinen Paß, sondern einen Behelfspaß zum Fenster hinausstreckte, einen Paß, der eigens für diese zweiwöchige Reise ausgestellt worden war, weil der reguläre bei einem Umzug verlorengegangen sei, spätestens von da an schwante Kafka wenig Gutes, obgleich die Behörden nach einer telefonischen Rückfrage beim Landratsamt von Pilsen und zugleich Eger der Weiterreise nichts mehr in den Weg legten. Und erstmals auf der Höhe von Waidbruck in Südtirol, Sonne wölbte sich entspannt dem Abend schon entgegen, zeigte Knitter seine Eigenarten. Er, Knitter, raunte er, leicht jammernd, hinter Kafkas Rücken auf Fahrer und Beifahrer hervor, sei schließlich ein alter Mann, der seine »Päuschen« brauche – er wolle sich ja schließlich nicht fertigmachen und umbringen auf dieser Fahrt mit ihren für ihn, Knitter, unerwarteten Strapazen – man habe ihn auch vor dem Start betrogen, er habe nämlich keine Ahnung gehabt, daß es da durchs Gebirge gehe, nach Italien hinunter in den Gebirgen, auch früher schon während des Kriegs im Kaukasus, kriege er aber immer keine Luft, das drücke so furchtbar auf die Brust, jammerte Knitter etwas rauniger und atemloser – von den vielen Straßenkurven werde ihm auch zunehmend schwindeliger und schlecht und sogar ängstlich, kurz, dagegen sei ein Bier sehr gut, ein großes Bier, dann sei er, Knitter, sofort wieder der Alte. »Jimmy, wie heißt«, fuhr Knitter Jack Schmer rauher in den Rücken, »wie heißt das Gebirge?«

Ruhevoll bestätigte Schmer dem ehemaligen Schauspieler, daß dies die Alpen seien. Und in Bozen mache man Station.

»Alpen! Ah!« rief Knitter dankbar.

Erstmals musterte Kafka seinen Landarzt-Darsteller eingehender, nämlich durch seinen kleinen Toiletten-Taschenspiegel, denn es konnte dem Vertrauen ja nur dienen, jemand leicht zu überwachen. Kafka musterte sorgfältig und nicht ohne Wohlwollen. Etwas ebenso Sizilianisches wie vielleicht Armenisches war in Knitters Profil, von vorne hatte das Haupt etwas Eulenmieniges und Schiffbruchnahes, man mochte freilich auch an einen etwas wölfisch geratenen Fuchskopf denken. Schwungvoll nahm Schmer einen Tunnel, in hörbarer Vorfreude durch die Zähne pfiff leise Knitter. Es war dies insgesamt ein knapp mittelgroßer, recht muskulös und vor allem überaus widerständig wirkender Sechziger, ausdrucksvolle Adlernase, der Schnauzbart war gleichsam vereist. Die Mundwinkel machten einen etwas feucht-pappigen Eindruck – die Augen flackerten ein wenig unruhig, schienen allerlei Unbestimmtes zu suchen. Hastig fuhr auch das Kinn zuweilen nach rechts und links aus, bis meist die linke Hand nach ihm griff und es wieder in die Mitte rückte. Dann wieder strich die gleiche Hand über die Augen, als würde sie diese gern vor weiteren Ungerechtigkeiten und Zumutungen verschonen – der Daumen strich das linke, der Zeigefinger das rechte Auge zu. Über diesem klebte ein Pflaster vom Umfang einer Streichholzschachtel. Aus dem Munde waberten kaum merklich säuerliche Schwaden.

Stand Knitters Fuchs- oder auch Adlernase, so dünkte Kafka, für ein gewisses Überlebenwollen, so seine sich gelegentlich lichtende und um die Ohren ringelnde Löwenmähne hinter ewig hoher Stirn für die Überlegenheit des Alters ein, ja fast für Weisheit. Beides wurde aber nochmals korrigiert durch einen äußerst hellbeigen, weinvenezianischrot und schwärzlich groß karierten Kombisakko mit dem Blickfang eines verknoteten saharagelben Halstuchs über einem lindgrün und kadmiumorange punktierten Hemd – Ausrufzeichen wohl nicht so sehr der trotz allem ewigen und zumindest im Prinzip feurigen Jugend als vor allem fesselloser Lebenssucht, wie es Kafka sofort schien. Schon nahm Schmer die Bozener Ausfahrt.

Kafka selbst hatte die Fahrt im bleigrauen Ausreiseanzug angetreten, mit locker sitzender, faltenreich bauschender Hose, die Weste bestand aus gleichem Material und war mit Knöpfen so hoch geschlossen, daß sie nur noch sehr knapp den Krawattenknoten und den äußerst weißen Kragen freiließ. Die Jacke war überaus lang und etwas zu tailliert geraten – sobald Kafka die Arme verschränkte, leuchteten am Ärmelsaum Hemdweiß und Manschettenknöpfe um die Wette. Auf dem schmalen Kopf mit den riesigen dunklen Brauen saß auch während der Reise stets ein schwarzer Homburg, der Kafka einen fast allzu großkaufmännischen Anstrich verlieh. Die Schuhe waren riesig schwer und stützten sich gleichfalls auf die dunkelste der Farben.

Die Brotzeitecke im Bozener ›Andreas Hofer Stüberl‹ versank im Halbdämmer, ein rautenförmiger Flecken Licht nur tanzte auf Knitters Nase, als der Schauspieler, zur Verwunderung Kafkas, Bier und Obstschnaps erst einmal sehr kurz und prüfend beschnüffelte, bevor er beides mit gutem Genuß in sich warf. Jetzt, bestätigte der Versicherungsmann mehrfach und atmete heftig saugend auf, sei er den Anstrengungen der Reise wieder voll gewachsen, seinetwegen könne es heute noch nach Gibraltar und zum Kap der Guten Hoffnung gehen. Vor lauter Wohlgefühl fiel Knitter jetzt – aber vermutlich mehr pro forma – auch der Hunger ein, zusammen mit einem zweiten Bier und Schnaps orderte er, indem er sogar ohne Federles zur Theke jagte, eine Platte mit Weißbrot und Käse – ja, wie um seinen Durst etwas verzeihlicher oder jedenfalls plausibler erscheinen zu lassen, versicherte er nun in der Wartezeit Schmer und Kafka, die sich beide mit einem Kaffee beschieden hatten, wiederholt der Tatsache, er, Knitter, verzehre zwar aus Magengründen nicht gar zu viel, aber er schätze das Essen sehr hoch ein, als Grundlage zum Leben, wenn auch sicherlich nicht als dessen letzten Zweck – ja, Knitter versuchte seine Reisebegleiter nachgerade zu beschwören, daß er recht geschmäcklerisch sei, daß er vom Essen sogar etwas verstehe. Die Nase tanzte fort im Abendlicht. Knitter fuhr mehrfach nach ihr, das Licht als ein Insekt vertreibend.

Knitters Mahlzeit, soweit sie Vorführung und Demonstration seiner Eßlust bzw. seiner Eßkunst sein sollte, geriet dann allerdings nicht ganz überzeugend, ja ziemlich nervenreibend. Dergestalt nämlich, daß der

Versicherungsmann, der Kafka nun auch, vor allem im Halbprofil, etwas an den Schauspieler O. E. Hasse gemahnte, auch wenn die Schädelform ungleich caesarischer drohte, zu schweigen von den entschieden drahtigeren Wangenrunen und einem markanten sehr hohlen Grübchen in der Kinnspitze – dergestalt, daß Knitter mit der Ankunft der Käseplatte halblaut und recht verbissen zu murren begann, leider habe er das Falsche bestellt, er tue sich nämlich mit dem Beißen hart, indem sein neues Gebiß nicht mehr rechtzeitig eingetroffen, das alte aber praktisch untauglich geworden sei, obwohl dies nun wiederum nichts mit dem Pflaster auf seiner Stirn zu tun habe, da sei er zuhause auf der Stiege hingestürzt, das alte Gebiß dagegen habe er sich vor allem während der Arbeit beschädigt, und das Zahnfleisch sei sowieso nicht mehr das beste. Das Ergebnis war, daß Knitter nun jeweils unnachgiebig die Rinden vom Brot und vom Käse wegzauste und abschälte und beiseitelegte, aber trotzdem auch von den weicheren Eßteilen nicht alles ordentlich in den Mund brachte; so daß an seinem Eßplatz, ja über den ganzen Tisch hinweg eine fast verheerende Bröselei von Käsekrümeln und zum Teil in der Erregung gekneteten Weißbrotstückchen entstand. Kafka fröstelte. Es war dies, so ahnte der Dichter, längst kein übersehbarer Unfall mehr, sondern wie schwelende Besessenheit vor Knitters jetzt zudem eher kanariengelb schimmerndem Halstuch, wie der krumengewordene Tanz sehr böser Derwische auf der rotweiß karierten Tischdecke, eine vorzeitige und vorgezogene Bankrotterklärung, ein knusprig duftend schwerer Vorgeschmack von Höllenstrafe. Während Schmer gelassen seine Pfeife stopfte und Kafka sich nur mühsam wieder beschwichtigte, berichtete Knitter mampfend, zuerst etwas verhärmt, dann rasch äußerst bewegt, natürlich habe er als berufsmäßiger Schauspieler, wenn auch als ehemaliger, noch immer seinen guten Ruf innerhalb der Branche zu verlieren, er, Knitter, habe »den Scheiß aber trotzdem mitgemacht, weil mir der Ulli damit komplettement meinen Urlaub spendiert und finanziert, und sonst aus keinem Grund!« Er, Knitter, habe nämlich in seinem Leben noch nie richtigen Urlaub gemacht, von dem Film verspreche er sich selbstverständlich nicht gar zu viel – »pardon, Doktor Kafka!« wandte er sich mit einem geruckelten Körperschwung machtvoll an diesen und musterte unverhohlen Kafkas Bürstenhaarschnitt mit dem nicht ganz einleuchtenden Mittelscheitel, »das geht natürlich nicht gegen Ihr Buch, ich kenne es nicht, ich kann ohne Brille nicht lesen, ich habe es erst im letzten Moment gekriegt, ich les es dann im Zelt. Oder heute nacht«.

Sondern sein Mißtrauen, fuhr Knitter nun mit recht geheimnisschwerer Miene fort, richte sich vielmehr gegen die Laiendarsteller oder, genauer, gegen die Liaison von lauter Laien mit einem Profi. »Den Film, Doktor, passen Sie auf, das sagt Ihnen Ferenc Knitter unter Garantie, kriegen die nie im Fernsehen unter, sie haben auch gar keinen Auftrag, sie haben nämlich keinen Vorschuß gekriegt, ich weiß es doch, Winni hat es mir eiskalt gesagt. Aber ist ja gleich, völlig schnurzegal – für mich ist das, Doktor, der erste Film pardon: der erste Urlaub seit 23 Jahren. Und wir verstehen uns. Bleiben wir drei gute Freunde? Alpen! Herrlich, ah! Prost, Doktor!«

Ferenc Knitter krähte etwas drangvoll nach der Kellnerin, noch ein »lecker Schoppen, ein lecker Schöppele Roten« zu bestellen. »Schön haben Sie's hier, sind Sie auch von hier?« erkundigte Knitter sich herzhaft bei der

Frau und knetete etwas seinen eigenen Unterarm, meinte aber wohl, nach Kafkas Deutung, den weißgestärkten Spitzenärmel der Bedienung. Dämmerung breitete sich über die bäuerlich einladende, freilich auch, wie es Kafka anmutete, bis hin zu einem stillen Schmerz vergreiste Brotzeitecke. »Ist doch Klasse hier!« raunte Knitter feuriger, »in der Steiermark oder Brixen oder wo wir sind. Oder nit? Jajaja, Doktor, alles klar!« beruhigte Knitter den wohl wider Willen etwas besorgt zum Herrgottswinkel hin blinzelnden Kafka, »der alte Knitter – ich bin ein alter Mann, Doktor, und Sie wissen, was das heißt. Ich fühle mich noch stark, aber ich mache mir nichts vor. Apropos, kennen wir uns nicht aus Zuckmantel? Nein? War ich jetzt beinahe überzeugt. Ich hatte mal in Zuckmantel zu tun, wegen einer Strafsache, ich hab dort später Hosen verkauft – hätte ja sein können, daß wir uns dort schon über den Weg, daß wir uns dort schon kennengelernt haben. Hätte ja sein können, oder? Wäre doch ein netter Zufall gewesen, hätten wir gleich feiern können. Dochdoch, der alte Knitter macht das schon. Ich freue mich. Ich freue mich auch so. Seit dreißig Jahren keinen Urlaub oder dreiunddreißig. Schmer, alles klar? Was macht dein Elektrohandel? Okayokay, in zehn Minuten fahren wir. Weiter in den Süden. Wir fahren doch in den Süden, oder? Doktor, Prost! Ich freue mich. Freut mich, freut mich echt, Sie kennengelernt zu haben. Ehrlich, Doktor! Ich freu mich echt! Süden! Klasse, hah!«

Wie verzichtend beließ Knitter einen Rest Neige im Rotweinglas, gleichsam sich zur Ordnung rufend – er mußte sich auch Lire von Schmer leihen, – doch seine gute Laune hielt sich noch lange auf der Autobahn. Zwar wunderte der Schauspieler sich erneut, daß es nach Italien durch die Alpen gehe, das habe er nicht ahnen können, sei aber durchaus eine Bereicherung der Fahrt. »Ah, guck mal, Jimmy, den niedlichen Zug!« rief er und deutete auf die linkerhand sogar ein wenig traurig sich schlängelnde Brennerbahn, »könnten wir auch drin sitzen! Oder?« Dann versank Knitter scheinbar nachdenklich wehmütig für eine Weile tiefer in seinem weichen Gummi-Rücksitz, fahle Blicke um sich werfend. Aber schon wieder das Autobahn-Ausfahrtsschild der oberitalienischen Kleinstadt Ora glossierte der Schauspieler mit einem kecken, lachend aus dem Wagenheck hervorgeschleuderten Ausruf »Guck! Ora et labora! Oder nit?«

Hinter Knitters Rücken lagerten eng ineinandergeschachelt allerlei Holz- und Eisenkisten. Ein dickes Kabel rutschte manchmal rebellisch hin und her. Einmal hörte man ein kurzes Krachen. »Scheiß-Stativ, hält wieder nicht«, knurrte Schmer und lachte sehr respektlos.

Riva, am Nordufer des Gardasees, Franz Kafka kannte die kleine, etwas allzu prunkend verspielte Stadt schon von einem früheren Kuraufenthalt her – Riva sollte die drei Reisenden die Nacht beherbergen. Nicht ohne Zögern schied die Sonne hinterm Monte Baldo, indessen die schroffen Felsenwände den See von beiden Seiten klammernd nach und nach einschalteten. Schwierigkeiten setzte es erneut mit dem ersten Abendessen. Das winzige Lokal war schön mit allerlei Fischernetzwerk und Segelartigem ausstaffiert, bald aber stellte sich heraus, daß Knitter zwar Spaghetti bestellt, in seinem ganzen Leben aber noch keine Spaghetti verzehrt hatte, hinzu mochten sich die schon geläufigen Mühen mit dem kaum tauglichen Gebiß gesellen – jedenfalls gelang es Knitter einfach nicht, die Teigsträhnen ordentlich über die Gabel zu rollen – folglich, nach zahllosen Versuchen und in der äußersten Not, reckte der Schauspieler den, jetzt erst fiel er Kafka auf, fast kalkgrauen und buttähnlich gespitzten Mund möglichst nahe an den Teller heran, ja er schob ihn geradewegs in den Teller hinein, an die tomatenroten Nudeln heran, auf diese Weise sog er dann jeweils fünf oder acht Fäden hoch, mit der Gabel ohne rechtes Zutrauen nachhelfend – erstmals auf dieser, wie ihm vorkam, schon so ewig langen Reise betäubte Kafka der Wunsch nach besinnungsloser marmorkalter Einsamkeit, sei's in den böhmischen Wäldern, sei's auch nur in der blaffenden Nähe eines großen Hundezwingers – zumal Knitter nun auch noch daran ging, den inzwischen eingetroffenen gemischten Salat, wahrscheinlich seiner Verzweiflung über alles Mißlingen gehorchend, klumpenförmig über die Spaghetti auszubreiten und ihn mit diesen zu vermengen und verwursteln, um endlich den jetzt vielfarbigen Brei seinerseits hoch in den Mund zu ziehen, nicht ohne vieles auf die Hose zu verkleckern. Kafka sah ermattet quer durchs Fenster aufs Geräuschgetrappel in der Gasse, ›Doktor, laß mich sterben‹, dachte Kafka wohlig, nickte für Minuten weg – und auch Schmer, fast wortlos, sehr verdrückt, schien zufrieden mit dem Ganzen, rauchte wieder seine Pfeife.

Noch eine schwere Viertelstunde, dann hatte Knitter sein Nudel-Salat-Gemisch in Schlund und Magen, satt erwärmt behaglich wischte er sich Mund und Schnauzer, an welchem aber immerhin ein Spaghettifaden von der Länge eines Zentimeters haften blieb. Geschickt goß Knitter vom Weißwein nach, und nach einigen brockenhaft verrollenden Anläufen berichtete er Schmer und vor allem Kafka, letzten Endes sei er, Knitter, natürlich froh, daß seine Karriere am Kur- und Stadttheater Brünn schließlich wegen der Nachkriegs-Neuordnungen und der damit verbundenen Unruhen und Wirren gerade im Theaterbereich gescheitert sei, auch habe da schon das Fernsehen seinen Siegeszug angetreten, da sei die Lage ohnedies gar zu unübersichtlich geworden, Knitter rülpste nachdenklich – in seinem jetzigen Beruf als Versicherungsbezirksinspekteur der Sektion Sudetengau fühle er sich fraglos ungleich wohler, besser aufgehoben und das halte fit – Knitter, den Arm knickend, spannte kurz die Muskeln – und er komme letztlich viel herum, rief Knitter sehr erquickt.

Einem sanften inneren Befehl gehorchend, die zarte Freundschaft mit seinem Interpreten rascher und halbwegs geistiger zu festigen, berichtete Kafka Knitter mit halblauten Worten nun seinerseits, auch er diene übrigens der Muse eigentlich nur mußehalber, und schon schämte sich Kafka seines unverantwortlichen Wortspiels – jawohl, vollendete Kafka aber tapfer, auch er, Kafka, sei ja hauptberuflich Versicherungsmann.

»Ach was!« erstaunte Knitter sich hellhörig und fegte mit seiner Serviette kleine Hackfleischreste zur Seite, »freut mich! Wieso denn das?« Jawohl, bestätigte Kafka sehr leise, debutiert habe er nämlich einst bei der Prager ›Assicurazioni Generali‹. »Kenn ich!« rief Knitter, »die italienische Dependance! Toller Schuppen! Klar doch! Hat mein Kumpel, der Müller Molly, auch dort gearbeitet. Müßten Sie kennen! Oder? Fährt immer mit dem Fahrrad rum!« Kafka mußte zugeben, daß er, vielleicht wegen gewisser zeitlicher Verschiebungen, Müller nicht gekannt habe – und fuhr fort, jetzt aber sei er, Kafka, für die ›Arbeiter-Unfall-Versicherungs-Anstalt‹ tätig – und mit sehr plötzlich emporschimmernder und großer Wärme deutete Kafka Knitter an, spülte ihm den Gedanken brühwarm ums scheinbar mit dem Abend immer mächtiger ausladende Hirn: Insofern habe man ja ineinander nicht nur gewissermaßen Kollegen zu sehen, über die Beschäftigung mit den schönen Künsten sei man, jetzt glaubte Kafka geradewegs einen Pfropfen aus sich knallen zu spüren, darüberhinaus ja noch geradezu seelenverwandt – artverwandt!

»Doktor!« rief Knitter und rückte Kafka durch Anschieben des Oberkörpers einen halben Meter näher auf den Pelz, »ich weiß, was Sie sagen wollen. Okay. Irgendwo haben Sie natürlich recht. Aber trotzdem reden Sie jetzt Scheiße, pardon, echte Scheiße!« Knitter stemmte nun auch seinen Kiefer näher gegen Kafka hin. »Schauen Sie, Sie machen Innendienst. Nichts dagegen. Okay. Aber Sie sitzen in der Zentrale rum. Bon. Und ich? Ich bin draußen bei den Bauernpfeifen. Ich stehe täglich an der Front. Natürlich, Sie haben vollkommen recht, Doktor!« Abwehrend hob Knitter beide Arme zu einem verdrießlichen pfauenähnlichen Flügelschlag: »Außendienst ist Scheiße, echte Scheiße, für einen alten Mann wie mich. Sie sind jung und hocken auf dem Büro rum. Können Sie nicht von Ihren Büchern leben? Trotzdem, Doktor, möchte ich nicht tauschen. Als freier Mitarbeiter auf Abschlußbasis bin ich wenigstens insofern aus dem Schneider. Okay, ich muß jeden Tag malochen, malochen! Bei unserer Scheiß-Klientel den Blödmann machen. Aber wissen Sie, was ich nicht muß? Mein großer Vorteil?« Knitter sah Kafka fesselnd und vemehmerischer an, ließ ihm aber keine Zeit zu einer Antwort: »Ich bin ein freier Mann! Meine unheimliche Stellung besteht darin, daß ich wenigstens nicht jeden Tag – verstehen Sie mich bitte! – die fiesen Arschgesichter im Büro sehen muß. Das geht nicht gegen Sie, Doktor – aber Sie wissen es so gut wie ich. Hab ich recht oder nit? Schmer! Prost, Doktor, Prost, Jimmy! Was macht eigentlich deine Firma? Der alte Diel? Du bist jetzt selbständig oder nit? Alles klar!«

Es ging auf zehn Uhr, als Schmer, Knitter und Kafka aufbrachen, noch ein wenig durch die putzigen Gassen Rivas, die Seepromenade entlang zu bummeln. Knitters rasches Auftreten gefiel Kafka nicht wenig. Dabei geriet der Schauspieler zunehmend ins Schwärmen, es sei dies ja eine ganz wunderbare Stadt mit hervorragender unbezahlbarer Luft – er, Knitter, sei eigentlich ein Esel, daß er nicht längst hierhergekommen sei, auszuspannen, verdammt! – eine unglaublich, »echt unglaublich schöne« Stadt sei dies, »echt italienisch!« In diesem Augenblick erkannte Kafka auf einmal sehr deutlich und klar, erleichtert, aber auch ein wenig bedauernd, daß dieser Ferenc Knitter keine, auch nicht die mindeste Ähnlichkeit mit jenem lastenden Landarzt teilte, der ihm, Kafka, bei der Abfassung seiner Geschichte vorgeschwebt hatte – dieser war ein auch körperlich recht weicher und haltloser Mann und Mensch gewesen, ein sehr Müder und Verhaltener – indessen Knitter, nun ja, Kafka lächelte spitz, zweifellos etwas äußerst Haltbares war, wenn auch, hier verloren sich Kafkas Gedanken im süßen Abendnebelhaften, vielleicht gleichzeitig etwas sehr Irrtümliches ... derweil ließ sich linkerhand Knitter, die Beine schnellend wie in unbezähmbarem und endlich sieghaftem Vorwärtsdrang, von Schmer dahingehend unterrichten, daß dies kein Meer, sondern ein See, der Gardasee sei, ein Binnengewässer, zum Meer komme man erst morgen.

»Ah! Gardasee! Oft gehört!« rief Knitter mit Feueratem, »kommen Sie, Doktor! Komm, Jimmy! Ich wollte schon mal vor ewiger Zeit hierher mit dem Bus, aber dann ist der Bus ohne mich weggefahren mit der alten Krautwurst drin, das war damals meine Alte. Jimmy! Doktor! Darf ich euch beide auf einen Drink einladen? Ehrlich!« rief der Greis etwas arg gleisnerisch und sein

Halstuch schien nun endlich Kafka eitergelb. »Gardasee! Ah! Das tut dem alten Knitter gut! Ah! Italien! Echte Klasse!«

Kafkas hohe, schlanke, dennoch kräftige Gestalt schritt links von Schmer und Knitter. Plötzlich erscholl in einer Entfernung von vielleicht zweihundert Metern vom Seeufer her ein rücksichtsloser, unbeschreiblicher, ja kompromittierender Lärm von Musik. Nach einigen Sekunden wurde klar, es mußte sich hier ausschließlich um Blasinstrumente handeln. Es mußten mindestens hundert Mann sein, die da gleichzeitig und schlagartig ihr Werk begannen, nämlich eindeutig die Fanfare von Tschaikowskis ›Capriccio Italien‹, die Fanfare nun aber eigenwilliger Weise chorsatzmäßig auf mehrere, vielleicht sechs Stimmen verteilt, dazu hatte ein Unbefugter wohl auch noch neue, bei Tschaikowski noch nicht vorkommende Bereicherungsstimmen und Melodien erfunden – und auf einmal und mit nicht nachlassender Schnellkraft walzte die Musik hinüber zu einem zärtlich wiegenden Walzer oder vielmehr einer Siciliana, die aber trotzdem an das Lied ›Donau, so blau, so blau‹ erinnerte.

»Da laß uns hin!« rief Knitter entschlossen, »was, Mensch! Jimmy! Doktor! Eine Serenade! Hab ich mir in Italien immer schon gewünscht!«

Gleich darauf stellte sich heraus, daß es nicht nur hundert, sondern wahrscheinlich sogar hundertfünfzig Musiker waren, die da am Seeufer, aufgestellt und dicht aneinandergereiht auf einem provisorischen Pavillon oder einer Tribüne, schon wieder laut und lauter vor sich hin musizierten, aus größerer Nähe klang das nun schon fast schmutzig, entlarvend und kaum wiedergutzumachen – auf einem Transparent über dem Gesamtorchester aber stand, es handele sich um die ›Sozialistische Kompanie von Verona‹ und auch, daß hiermit der Wahlkampf der Provinz Südtirol-Trentino eröffnet sei. Soeben endete tosend die Tschaikowski-Musik, nach wenigen Sekunden setzte man sogleich fort mit einer machtvollen Fantasie über das Lied ›Marina, Marina, Marina‹. Es handelte sich bei all dem, schon leicht betäubt wagte Kafka einen deutlicheren Rundblick, um ein Orchester zusammengesetzt ausschließlich aus Bläsern, von der Pikoloflöte und der Klarinette bis hin zur Posaune und Tuba waren alle bekannten Instrumente vertreten, meist fünfzehn- oder zwanzigmal, selbst die Tuba achtmal. Als einzige Nicht-Blasinstrumente gab es in der vordersten Parterresektion drei Kesselpauken sowie zwei kleinere und wohl etwas unregelmäßige Militärtrommeln, die für einen dumpfen und rhythmischen Orgelpunkt zu sorgen hatten, ferner zwei Schellenrasseln, zwei Tschinellen, zwei Kuhglocken, eine Celesta, einen Gong und endlich zwei merkwürdiger Weise von älteren Damen betriebene Harfen, die sich aber natürlich nicht im mindesten durchzusetzen vermochten gegen den ständigen und unglaublichen Lärm der Bläser- und Männerkompanie und die sicher nur zur optischen Abrundung des Ganzen hinzubestellt und gesellt waren.

»Wer hätte das gedacht!« rief Knitter sofort und stellte zum unbeschwerten Zuhören die Beine breiter. Kafka mußte heimlich lächeln, ihm schwebte unverhofft ein Szenarium für einen älteren, noch immer in Arbeit befindlichen Roman vor, welches die Beteiligung dieser Musikgruppe sehr gut vertrüge, und Kafka lächelte auch deshalb, weil er es nie für vorstellbar gehalten hätte, daß auf der ganzen Welt ein musikalischer Lärm und Krach dieses Ausmaßes und Gewichts tatsächlich möglich wäre, der böse Zauber mußte beim jetzt einsetzenden bayerischen Defiliermarsch mindestens bis zum Brennerpaß, ja vielleicht tatsächlich bis zur böhmischen Landesgrenze zu hören sein – und da plötzlich überfiel Franz Kafka eine ganz unmäßige Freude und Genugtuung darüber, daß er, kühn, die heikle Reise mit angetreten hatte. »Ist doch Klasse!« schrie nochmals seitwärts Ferenc Knitter, von dem nun plötzlich auch ein starker Schimmer gewissermaßen von Demokratie ausging, und boxte Schmer mit unverfälschter Lebenslust sogar gegen die Brust, »ehrlich die schönste Stadt Italiens, oder? Diese zauberhaften Nächte! Diese hübschen Häuschen! Zypressen und Musik! Wunderhübsch! Echt – oder nit! Die schönste Stadt der Welt! Warum bleiben wir eigentlich nicht hier, wir drei, hör mal! Jimmy! Doktor! Kohlen haben wir doch erst mal – und was soll die Quatschfilmerei in Süditalien da drunten auf dem Gaga, hier ist doch viel schöner!« – seltsam mühelos setzte sich Knitters Bariton sogar gegen die durch und durch klirrende Blaserei durch – »bleiben wir doch hier, gehn wir in den Gassen rum und fahren Boot, wir hauen unser Geld hier auf den Kopf, am Arsch, und dann fahren wir wieder zurück! Doktor!«

Urlaubselig schüttelte Knitter Schmer und Kafka jetzt sogar die Hand, strich mit der anderen das Silbersträhnenhaar fast schroff nach hinten. »Hier laß uns bleiben, ehrlich!«

Nacht und See waren nicht mehr unterscheidbar, bleiche Segel lagen sehr verhohlen schief. Die Musik machte eine kurze Pause. Eine Weile kämpfte Kafka mit sich selber, dann vermochte er der Versuchung nicht länger zu widerstehen. In der Tat sei es schön hier, bestätigte er Knitter im jovialen Plauderton und wies mit dem gestreckten Arm in Richtung auf die Kirche der Unverletzten, während die Musik jetzt nach dem etwas schmalen Beifall der Zuhörer schon wieder zu einer Tarantella überwechselte – im übrigen sei er, Kafka, auch schon einmal hiergewesen – »ach was?« schrie Knitter freudig in den bereits wieder perfekten Bläserlärm, zu dem sich Schmer jetzt auch noch schneuzte – jawohl, rief Kafka Knitter jetzt fast fröhlich zu und ließ sich endgültig fortreißen, und da sei es sogar zu einer kleinen Amoure, einem Bund, gekommen, mit einer Schweizerin – »Schweiz ist immer gut!« lachte Knitter wohlverstaut – einer Achtzehnjährigen, stammelte Kafka und schon reute ihn seine fluchwürdige Geschwätzigkeit – »achtzehn!« hallte Knitter leicht zerstreut – und schon ein wenig tränenblind versuchte Kafka, indem ihn die alte Süße des Verhältnisses nochmals behauchte, seine Petzsucht mit einer gerade noch erträglichen Pointe abzurunden: möglicherweise, fuhr der Prager Dichter tapfer fort, habe er als lebendigen Beweis ein Unterpfand, Kafka verstrickte sich immer reißender, das jetzt auch schon zur Schule gehen müsse, Kafka fühlte, daß jetzt schon gar nichts mehr zu retten war, hinterlassen, um zum wenigstens derart Hinterlassenschaft zu stiften …

»Und wo ist die Büchs jetzt?« Knitter fragte wach, rauh und streng und sah Franz Kafka strafend in die Augen. Kafka hob mehrfach linkisch schuldverdammt die Schultern und murmelte verzagt etwas vom Lauf der Welt und vom Gericht. »Aber Sie haben in Prag was?« erkundigte Knitter sich wie düster sorgend, »ich meine, etwas Festes, jederzeit zum Mausen?« Kafka nickte eilig und entkräftet und dachte an ›Bürstl Karin‹. »Das ist wichtig«, bestätigte der ehemalige Schauspieler äußerst atemlos, »das ist eine gute Grundlage. Nicht alles, aber eine Grundlage. Eine Basis, die man braucht. Ich war auch schon mal liiert, lange, ewig lange her.

Aber hör mal«, er wandte sich etwas verhangen klagend an Schmer und Kafka zugleich, »ich find's Scheiße, ich find's echte Scheiße, daß ihr beide eure Mädchen nicht mitgebracht habt, Doktor! Daß ihr sie nie mitbringt! Ich kenne euch – dochdoch! Wär doch echt Klasse, wenn wir sie jetzt dahätten!« Weit stemmte Knitter den Oberkörper heraus. »Hätten wir jetzt unseren Spaß alle drei, könnten wir jetzt einen trinken und dann in eine Disco tanzen gehen, gibt es sicher eine Disco hier in Reva – oder wie die Stadt heißt« ...

»Riva«, säuselte Kafka sehr verträumt verwirrt. »Rival, klar!« rief Ferenc Knitter hell strahläugig und zerrte Schmer und Kafka nun fast heftig in ein Straßencafé unmittelbar vor dem Bläserpavillon mit Blick auf diesen. »Garçon! Drei Fläschchen Rotwein oder Franken, was Sie haben, was Sie wollen!« Der Kellner zog die Stirne sorgend kraus. »Den Wein, den Sie – ich frage Sie bitte – selber am liebsten trinken, bringen Sie, ich bitte Sie, und bringen Sie dann noch drei Grappa mit – was heißt ›Grappa‹ auf italienisch? Schmer? Klaro, ›Grappa‹ auch, ich Arsch! Ich zahle es aus meiner Kasse!« Ohne zu zögern knallte Knitter einen Posten frisch eingewechselter Scheine und Münzen, hervorgeklaubt aus seiner Hosentasche, auf den Tisch. »Italien! Echt Klasse-Stadt! Geld ist von Frau Fürntratt vorgeschossen, einer Kollegin, Klassetyp. Wie hieß die Stadt noch? ›Riviera?‹ Heißt doch auch der Fußballer von Inter!«

Jetzt aber schwoll die Blasmusik derart stark und fast zerberstend an, daß Kafka, um nicht umzufallen, zum Halt sogar sich an der schönen Nase fassen mußte. Es handelte sich um ein Bellini-Potpourri. »Aber Sie haben ein Mädchen?« Knitter drehte den Oberkörper erneut und schon unausweichlich zu Kafka herum, indessen der Kellner das Weintablett darniederstellte. »Prost, Doktor, Schmer!« Knitters Auge suchte stürmisch das des Kellners, ihm jeden denkbaren Dank abzustatten, dann wurde die Stimme weicher, samten fast. »Schaut mal, Leute, ihr seid junge Leute – ich bin ein alter Mann, Doktor. Ich weiß, was Sie sagen wollen, Doktor, lassen Sie mich bitte ausreden, Sie brauchen keine Angst zu haben. Sie sind Akademiker und schaun gut aus – oder, Schmer? Sieht doch gut aus?« Knitter stieß mit der Stirne kopfballartig in Richtung Kafka vor, im Pavillon stand jetzt ein einzelner Trompeter auf und begann ein zackiges Solo zu schmettern. Der Schauspieler aber schien nun sehr anwesend, ja teilnehmend. »Ich frage Sie, Doktor – ich bin nicht indiskret – warum nehmen Sie Ihre Freundin nicht mit zur Verfilmung? Kommt doch sonst auch nie aus Prag raus, oder? Sie sind Schriftsteller. Oder Dichter, wie Sie wollen. Ist doch beschissen, wenn Sie ihr Mädel immer zu Hause lassen. Oder in Berlin oder wo. Sie kommen rum in der Welt – die Frauen bleiben zu Hause eingesperrt wie zu Großvaters Zeiten!« ›Ohne sie kann ich nicht leben‹, dachte Kafka ohne sich noch viel zu wundern, aber mit ihr leider auch nicht. »Pardon, Doktor, ich nehme an, Sie lieben sie, ja?« fuhr Knitter schon beherrschend fort und trank ein bißchen knurrig Wein. »Ich meine ja nur, Schriftsteller, schön und gut, Sie haben den ›Landarzt‹ geschrieben und noch andere Bücher, oder? – aber, Schreiber, also Journalisten, Dichter, sind ja nie besonders gute Weiberkenner, hab ich recht?« Mühelos übertönte Knitter Adalgisas gerade noch erkennbare Arie, die für Horn und Posaune umgesetzt war, »der alte Knitter weiß es, seit die Welt besteht – ich bitte Sie: laß uns für heute den Film und Ihren Roman vergessen – und wir bleiben noch hier, wenigstens zwei Tage! Wenn ich zu spät da unten ankomme, können die, der Winni und der Ulli und die alle, das ja trotzdem noch alles ruckzuck runterfilmen. Die können ja die ersten Szenen machen, wo ich nicht dran bin. Wir sagen einfach, wir hätten den Campingplatz nicht gleich gefunden. Und wir kaufen uns morgen ein Dreimannzelt – Quatsch, wir quartieren uns hier privat ein, am See oder, damit es billiger wird, auf den Bergen«, Knitter schleuderte beide Zeigefinger mitsamt der Nase hoch ins Nachtblaue, »da kommen wir mit 7 Kronen die Nacht hin, und dann entspannen wir mal ordentlich. Machen wir ordentlich Relaxing. Ich bin gesund, aber mein Magen ist am Arsch, ich brauche viel, viel frische Luft. Jede Menge frische Luft. Echt! Ist doch die schönste Stadt der Welt hier! Aber ehrlich! Jimmy, oder? Doktor! Collega!«

Zum Beweis legten sich jetzt vor allem die Posaunen und Tuben nochmals ganz stark ins Zeug, ja sie schienen sich insgeheim zu vermehren oder aber letzte ungeahnte Reserven mobil zu machen. Gleichzeitig verlagerte die Musik ihre Gewichtsmassen fast schaukelartig mal von links nach rechts, mal von rechts nach links, im Untergrund aber bebte, dröhnte, brodelte etwas wie Erdbeben mit, saugendes Gerumple. »Klasse!« schrie der Schauspieler nochmals bestätigend zwischen zwei Akkordhiebe hinein, »ehrlich echte Klasse!«

Als die Musik Minuten später, kurz nach Mitternacht, mit dem Triumphmarsch aus ›Aida‹ endete, jubelnd und auch noch den letzten Zögernden mitreißend, drängte Knitter entschiedener in ein Nachtlokal oder aber in eine Disco. ›Dieser Flaschenzug im Innern‹, sann Kafka rechtschaffen müde, und auch Schmer hatte schon sehr kleine Augen. Widerstrebend immer wieder ließ Knitter sich endlich zur Herberge ziehen. Ihre Tür war verschlossen, und man hatte vergessen, sich Schlüssel geben zu lassen. Sogleich witterte Knitter eine letzte Gelegenheit, seine Pläne doch noch durchzusetzen, ja er unterbreitete den Reisekameraden sogar die verbissene Hoffnung, wenn man in zwei Stunden wiederkommen sei die Pforte vielleicht schon geöffnet, Italiener stünden nämlich zeitig auf. Schmer zog derweil am Griff einer Hausklingel. Ein später Mann zwang einen Schubkarren die Gasse hoch. ›Hört beide auf‹, flüsterte Kafka für sich, doch im gleichen Augenblick öffnete sich mit einem Summton leicht die Tür, ohne daß vom Hotelpersonal etwas erkenntlich geworden wäre. »Null Ahnung von Urlaub«, jammerte Knitter, als er, ziemlich eingezwängt zwischen Schmer und Kafka, bitter die Stiege höher klomm. Schmer verabschiedete sich schnell. An seiner Zimmertür bat Knitter Kafka dringlich, ihm noch einmal Gehör zu schenken. »Ich weiß«, flüsterte der Alte rauh und bedrückt, und Kafkas Sorgen wuchsen nochmals an, »ich weiß, daß ich bald sterben werde.« Die Stimme sackte durch wie gar zu schneller Sand in einer Eieruhr. »Ich habe Todesahnungen, Todesahnungen noch und nöcher. Jeden zweiten, dritten Tag. Nächstes Jahr wahrscheinlich schon ist der alte Knitter ein toter Mann und weg vom Fenster, Jimmy. Und da, Doktor, verstehen Sie mich bitte, möchte ich – klar! noch einmal rausholen, rausholen, was geht, was rauszuholen ist! Sperren Sie mir bitte die Zimmertüre auf!«

Kafka gehorchte und versuchte dann den endlichen Abschied, etwas von den Reisestrapazen des morgigen Tages murmelnd.

»Was soll das heißen?« fragte Knitter sehr hellhörig. Kafka wiederholte, daß morgen ein harter Tag bevorstehe. »Also fahren wir doch?« klagte Knitter weh enttäuscht. »Klar«, unkte lässig Schmer, der nochmals auf den Gang gekommen war, »was denn sonst!« Knitter sah ihn und Kafka einen Augenblick zugleich belästigt und ungläubig an. »Blöde Hunde«, schmollte er noch nuschelnd nach und schloß die Türe hinter sich. Gleich drauf hörte Kafka etwas Schweres krachend fallen, eine Kochplatte vielleicht, dann ein kleines Echokeifen.

Fast gleichzeitig mit Jack Schmer traf Franz Kafka am anderen Morgen im Frühstückszimmer ein. Knitter saß bereits über den Resten einer Liter-Rotweinflasche. »Madame!« rief der Versicherungsmann der Besitzerin zu, »war exzellent! Ehrlich in veritas exzellent, Madame!« Während Schmer und Kafka ihren Milchkaffee tranken, berichtete Knitter gutgelaunt, ja unüberhörbar vom jungen, morgenschönen Tag begeistert, er habe schon alles gesehen, den See, die Berge, er habe nämlich schon ab halb fünf nicht mehr schlafen können und also einen kleinen Auslauf rund um den See unternommen. »Blumen, Blumen, nichts als Blumen«, schwärmte Knitter laut und auch fast weinerlich, »und dieses weiße Morgengrau im silbernen See im Morgentau – dann das Rot und Gelb der Blumen, ach, wie schön, ganz unheimlich! Und dann der Sonnenaufgang erst! Wird der See dann immer blauer, immer blauer, ganz unheimlich!«

Jack Schmer feixte nun, in deutlicher Anspielung, aber sehr gutmütig, dieses unheimlich Blaue hänge ja wohl mit seinen, Knitters, frühen Rotweinschlücken zusammen. Schmer mußte seinen Witz wiederholen, dann hatte der Schauspieler verstanden. Er starrte einen Augenblick beklemmend vor sich hin, schnaufte ächzend auf und durch, dann bat er Kafka murmelnd leise, aber um so inständiger darum, nach diesem unerhörten Vorwurf bitte sofort nach Hause chauffiert zu werden oder, nachdem dies ja wohl nicht gehe, wenigstens zum Bahnhof vom Gardasee. Er werde sich dort ein Ticket kaufen.

Schmer suchte Knitter, seine Schulter berührend, zu besänftigen. Knitter wich blitzartig aus, gewährte jenem keinen Blick, sah nur bittend Kafka an. »Unter diesen Umständen«, hauchte Knitter fast tonlos und wurde nur vorübergehend wieder lauter, »ist das Vertrauensverhältnis im Arsch, ist das Vertrauen echt passé. Eine Ungeheuerlichkeit ist passiert. Ich hätte es wissen müssen, und ich wußte es ja auch. Aber ich wollte die Reise nicht platzen lassen. Aber jetzt«, Knitters Stimme erstarb in Qual und maßloser Geschundenheit, »möchte ich zurück. Ich bitte darum, zurückgebracht zu werden oder wenigstens zum Bahnhof rüber. Oder Bus, egal. Ich bitte darum. Ich kann«, Knitter sah immer folgerichtig nur Kafka in die Augen, »die Fahrt nicht aufrechterhalten. Am Arsch. Sorry, Kafka, tut mir leid.«

Schmer, hinter Knitters Rücken, feixte mit hochgezogenen Brauen wiederholt zu Kafka hinüber, auch durch ein schnelles Zuckeln des Kinns versichernd, daß der Schauspieler im Augenblick nicht so ganz ernst zu nehmen sei. »Ich bitte noch einmal darum!« vollendete Knitter wieder rauher und trank vollends den Wein aus. »Es hat mich gefreut, Sie kennenzulernen, Doktor, Sie und Italien und den schönen See – für mich eine schöne Erinnerung. Aber es geht nicht. Ich fahre zurück!«

»Ist ja schon gut, Ferenc«, ließ sich einrenkend Jack Schmer über Knitters Kopf hinweg vernehmen.

»Ich rede mit dem Doktor«, hauchte Knitter welk, »du bist für mich gestorben.«

Kafka erkannte sehr klar, daß hier Erpressung vorlag, daß der Alte am langen Hebel der Macht saß – und es natürlich wußte. Denn ohne ihn, Knitter, wäre ja selbstverständlich das Gesamtverfilmungsunternehmen auch ›im Arsch‹, dachte Kafka flüsternd, bewegt sich selber lauschend planvoll. Eine bernsteingelbe Ameise zog über den Frühstückstisch, vor dem Fenster hupten Mopeds. Mit einem Mal erspürte Kafka, wie sehr, wie unumstößlich, wie lebensnotwendig ihm an einer Verfilmung seines ›Landarzts‹ gelegen war. Angst bekroch ihn, alles möchte wirklich scheitern, Angst und Lähmung, wie ein Schwelbrand, krabbelnd. Würde man jetzt Knitter verlieren, würde man gar gemeinsam zurückfahren, die Welt wäre am Ende. Kafka raufte täppisch sich zusammen. Mit dem bezwingendsten seiner Augenspiele galt es Knitter Abbitte zu leisten. Der Scherz, flüsterte Kafka und wiegte gegen den Schauspieler hin tröstend den Kopf, sei ja nicht böse gemeint gewesen, sondern, raunte Kafka unhörbarer, eine Ehrung.

»Für mich war es ein Tiefschlag!« heulte Knitter sehr belebt, »ein Tiefschlag mit k. o. Ich bin jetzt 62 Jahre. Es war der Tiefschlag meines Lebens!«

Kafka spürte, daß er schon halb gewonnen hatte, vorsorglich wollte er noch ein Weilchen weiterfaseln, da kam ihm ein Einfall. Sein mißlungener Scherz tue ihm leid, säuselte er höchst prekär, und er entschuldige sich dafür, wiederholte er zweimal etwas ängstig und kniff sich durchs Hemd ans Herz.

»Verstehe«, ächzte Knitter dankbar und gab sich mit letzter Kraft schon spröde, »aber wahrscheinlich ist es zu spät. Zu spät. Ich bin heute sehr früh aufgestanden und vor das Haus getreten«, die Stimme gedieh rauchiger und feierlicher, »ich habe den See gesehen und die Berge. Und Pappeln und Zypressen und all die anderen Häuschen. Ich schwöre Ihnen, Doktor, ich werde hier jedes Jahr wiederkommen, jedes Jahr! Vierzehn Tage Urlaub, zack – bin ich da. Aber ich habe es nicht nötig, mich anschnauzen zu lassen. Ich fahre auch allein her mit der Eisenbahn, dem Zug. Jedes Jahr – zack, schon ist

Knitter da! Ich lege jeden Monat 50 Mäuse zur Seite, das schaffe ich, dann ist Ferenc Knitter King! Aber ehrlich! Echt!« Plötzlich wurden auch Knitters Augen ängstlich, schienen sie nach Halt zu rudern. »Wo – wo sind wir eigentlich, Doktor?« Stimme und Atem jagten schneller. »In Brixen? Bozen? Oder was? Am Plattensee? Oder wo! Sagen Sie's mir, Doktor, ich bitte, ich beschwöre Sie!« Knitter schwamm wirklich in höchster Not, der Mund stand zwischen den Sätzen offen. »Ich weiß es nicht, ich weiß es ehrlich nicht! Ich kann mir all den Scheiß nicht merken! Seen und all den andern Scheiß! Sie belügen mich nicht, Kafka! Wir sind doch in Italien?«

Die Sehnsucht, seinen ›Landarzt‹ verfilmt zu sehen, berührte Kafka wie mit Zauberstab. Knitters heute grenzschutzgrünes Hemd trug sein Teil bei. Italien, nickte Kafka. Gleisnerischer schlug sein Herz.

»Okay!« rief Knitter freudig knarzend, sprang auf, schwankte ein bißchen hin und her. Dann stützte er sich, während Schmer kalt der Bedienung winkte, seine und Knitters Rechnung zu begleichen, im Stile eines Volksredners auf der Tischplatte auf: »Okay! Unter Protest fahre ich weiter, unter Protest! Unter Protest! Ich bin kein Arsch. Aber nur aus Solidarität. Aus Solidarität wegen dem Film und wegen Ulli! Unter Protest fahre ich mit. Okay. Private Schritte behalte ich mir vor. Ist das eine Basis, Doktor?« Jetzt griff Knitter nacheinander in seine beiden Hosentaschen, suchte etwas, fand es aber nicht – dann starrte er Schmer und Kafka fragend, ja wie neue Klage an. »Warum wollte ich eigentlich zurück? Warum wollte ich eigentlich nicht mitfahren? Kann es mir bitte jemand sagen? Wie bitte? Ich bin ein Arsch! Klar! Klar fahre ich mit! Draußen ist das schönste Wetter und die bunten Blumen all! Alles klar! Wunderschöner, wunderhübscher Tag! Oder nit! Komm! Laß uns sofort aufbrechen – hast du gezahlt auch, Jimmy? Bon. Ich danke dir! Wir rechnen später ab, schreib alles auf! Echt Klasse Tag heute!« schniefte Knitter mit großer Wärme und wiederholte es, als der Kombi wenig später gemach das Ostufer des Gardasees entlangkurvte, wohlig scharf aus seinem Hecksitz vor, und Kafka ward schon wieder etwas schwer ums Herz, »dieses wunderhübsche Blau! Und die wunderschönen Blumen! Keine Ahnung, wie sie heißen. Ich danke Ihnen, Doktor, ehrlich! Dieses unendlich blaue Blau! Azzurri, wo du hinguckst, Schmer!«

Schon auf Höhe der Autobahnauffahrt Affi hörte man vom Rücksitz her ein regelmäßiges, zähes Sägen. Schlaf hatte Knitter übermannt. Schmer grinste wortlos hinterm Steuer, schürzte abschätzig die Lippen. Bei Verona bot er Kafka einen Kaugummi an. Knitter röchelte sehr ruhig, beide Hände überm Bäuchlein fromm gefaltet. Sonne kitzelte Franz Kafka schmerzhaft an der Nase, maßvoll lebhaft floß Verkehr. Kafka hielt heute während der Fahrt seinen Homburg fest in der Hand und ging mit sich eine Weile zurate, ob er mit Familienname ›Sorge‹ wohl heißen möchte, dann verwarf er diesen Plan flugs wieder. Schmer fuhr sehr konzentriert und straßenkundig. ›Ich bin ein lügnerischer Mensch‹, sprach Kafka leis ins Autoseitenfenster. Gleich darauf schimpfte Schmer auf die dummen Wohnwagenreisenden, aber als er zum Beweis fluchend einen solchen überholte, ja der Lächerlichkeit preisgab, glaubte Kafka klar zu wissen, daß nun im großen ganzen nichts mehr schiefgehen konnte. ›Vorwärts reißend auf dem Pferd‹, sprach Franz Kafka zu sich selber, ›nicht zu fassen und doch fest.‹

Bis zum Autobahnende bei Pescara ereignete sich fast nichts mehr von Bedeutung. Einmal, nach einem

Platzregen mit sehr fernem Donnergrollen, erwachte Knitter bei Bologna kurz, fuhr sich recht drollig über die Augen, rief »Wo sind wir, Adolf?« – und schlief sofort wieder weg, die Arme jetzt über die grüne Brust gekreuzt, Beine offenherzig spreizend. Als Knitter wieder lauter sägte, klaubte Kafka erneut seinen Spiegel hervor, rieb ihn lange in dem Taschentüchlein, dann richtete er ihn, ohne daß Schmer es sehen konnte, direkt hin auf Ferenc Knitter. Dieses also war es. Dieser war sein Landarzt, keineswegs der Onkel. Kafka spähte unverschämter. Knitter war der Plage Name, dieser war ihm vorgeschwebt. Knitter hieß das Bild des Dichters und die Kühlung seiner Wunde. Kafka fühlte sich maßlos entspannt. Nein, rief er sich dröhnend zu, ich will das Drehbuch nicht vorher lesen, geschweige an ihm feilen, dann würde alles unabsehbar. Nein, ich will auch die Filmarbeiten nicht sehen noch überwachen, ich fürchte mich zu sehr vor beidem. Wie Tigerkrallen greift's in alles, doch freu ich mich aufs Endprodukt, sofern die Cutterin mitzieht. Und Silbereisen gnädig ist. Franz Kafka erkannte, wie lumpig Freude ihn befiel. Es würde die Premiere ein festlicher Galaabend werden, mit Knitter und ihm, Knitter und Kafka als den noch vor Klammroth und den Lehrern umjubelten Strahlensammlern! Kafka, nun schon schnüffelnd, spähte abermals nach hinten. Dieser arge Nasenzinken! Und die schalen falschen Ohren! Nur der Strohhut fehlte. Schmer stopfte im Fahren sich die Pfeife. Onkel Siegfrieds Strohhut. Doch andrerseits, doch andrerseits: die Ähnlichkeit mit Siegfrieds Schnauzbart, bombig auf dem Pferde lungernd! Kafkas Geist zerstreute sich ins Trügerische, übermütig Aufgeblasne. Bald würde er auch ›Bürstl Karin‹ sehen, welche übergroße Freude! Schon kam wieder Sonne auf. ›Wenn ich lebe‹, dachte Kafka ganz beklommen, ›ist es nichts, wenn ich nicht lebe, ist es aber auch nichts, also ist es so und so nichts …‹

Kurz vor Pescara erwachte Knitter wieder und pfiff eine Weile etwas verschmiert ein Liedchen vor sich hin. Dann unerwartet fragte er Schmer, ob an dem Gerücht etwas dran sei, daß sein, Schmers, Vater sich neulich aufgehängt habe. »Aber wo!« lachte Schmer abschätzig, scherte scharf nach links aus und lächelte mit solchem Behagen, als ob das Gerücht zwar noch nicht stimme, aber jeden Tag wahr werden könnte.

»Dachte ich mir«, rief Knitter leichthin burschikos, »hab ich nur auf der Polizei gehört.«

Leuchtende Felder dehnten sich so gelb und lind, daß Kafka Zähne rascheln hörte. Erst als der Kombi die Autostraße südlich der Stadt verließ, um in die schmale Landstraße, hinein in den Stiefelsporn, zu gleiten, fiel Knitter nochmals kurz in Schlaf und erwachte wieder, nachdem im Hinterteil des Autos ein Filmgerät zu Boden stürzte. Fahrtwind durchs weitauf offene Fenster bauschte das frische Hemd des Schauspielers. Kafkas Gier nach Dämmerung wuchs, schnell auch seine Hoffnung, nie am Zeltplatz anzukommen, der schon äußerst nah sein mußte. Knitter riß erneut die eingesunkenen Augen auf, ein böser Blick auf die Sümpfe des nördlichen Gargano, dann begann er sich verfallen und deshalb gleichsam demutsvoll eine Zigarette zu drehen, anschließend sog er an einer Limonade, die er aus jenem großen braunen Koffer griff, der Kafka schon seit Prag wie Tarnung großer Verbrechen anmutete. »Flachstrand ist gut«, murmelte Knitter nur halblaut, »ist viel viel besser sogar für den Film. Ich hab lang drüber nachgedacht. Ich hatte mit hohen Bergen gerechnet. Aber Flachland ist für diesen Film – ich habe das Drehbuch noch nicht gelesen, aber ich kann mir's exzellent vorstellen viel besser. Hätte nicht gedacht, daß wir schon hier sind!«

Knitter gab sich endlich Feuer. Die Sonne sank sehr schräg zur Linken. Bald würde ›Bürstl Karin‹ hochauflodern. Nun ließ auch erstmals Meer sich sehen, breitgestreckt und bräunlichblau.

Der Empfang der drei Reisenden durch die schon vorher eingetroffene und seßhafte Filmequipe auf dem Zeltplatz an der Meeresküste zwischen Peschici und Vieste geriet überaus herzlich. Die drei Lehrer, Ulli, Winni und Diddi, lebten hier schon seit drei Tagen, goldbraun glänzten ihre schmächtigen Körper sehr verjüngt in Badehosen. Kafka bedrängte sofort die Frage, ob der Anblick Selbstanklage oder doch vielmehr Ehrenerklärung sei – insgeheim und schon seit Wochen hatte er doch Nacktbaden befürchtet. Ihm vorgestellt wurden jetzt auch die drei Lehrerfrauen, Eva, Verena und Helga, diese letztere sollte im Film die Rosa der ›Landarzt‹-Erzählung abgeben, sollte aber dort im Drehbuch, wie Kafka jetzt recht übereilig erfuhr, Abigail wohl heißen.

Das Geräusch eines Dieselmotors knarrte auf und starb wieder schon entfernt. Fast gleichzeitig rollte ein Volkswagen mit offenem Dach auf das Dünensandgelände und blieb in der Nähe der etwas weiter hinten aufgebauten kleinen Zeltstadt stehen – fliehenden Pulses zählte Kafka sieben unterschiedlich hohe Behausungen in meist blaugelblichen Tönen. Dahinter wieder, dreißig Meter meereinwärts, erkannte man mit Not ein halbes Dutzend Männer, vier davon bedeckt mit übereinstimmenden Badekappen, im Wasser tollen und sich einen Ball zuwerfen. Sehr verhuschte Rufe schallten.

Drei jüngere Männer sprangen nun aus dem vorgefahrenen Auto und trollten ohne Hast auf die Neuankömmlinge zu. Es handele sich, erläuterte fast überhaspelt Ulli, der, wie die beiden anderen Schullehrer auch, in offenen schwedischen Holzschuhen stak, um die drei Studenten Hiemler, Gehring und Heitler, übrigens solle der letztere das kranke Kind seiner, Kafkas, Erzählung spielen, das da sterben will und doch nicht kann. In etlichen Metern Entfernung hatte inzwischen Ferenc Knitter den runden Arm einer vierten jungen Frau mit rötlichem Strähnenhaar ergriffen, sie lief barfuß in einem sackartig fallenden Gewand und lachte oft. »Wußte ich gar nicht, daß du auch mitkommst«, hörte man den Schauspieler sich freuen, »find ich echt gut! Alte Karin!«

Kafka zuckte leicht ekstatisch. Ob dies Bürstl Karin sei, fragte er Ulli.

Nein, das sei Bock Karin, sagte Ulli – Bürstl Karin habe nicht mitkommen können, weil sie nach Warschau habe müssen wegen einer Erbschaftssache.

In Kafkas Augen würgten Tränen.

Die drei Studenten waren nun etwas entschlossener hinzugetreten und schüttelten, der Bedächtigkeit ihrer sonstigen Bewegungen ungeachtet, Kafka unerwartet kernig und sonst freilich ein wenig harmvoll auflachend die Hand. Am kraftvollsten preßte Heitler, ein strohblonder Kurzhaarschädel mit friedlich früh vergreisten Zügen, der von den dreien auch am angetrunkensten sein mochte. In sehr ebenmäßiger und gerade deshalb verräterisch lallender Rede teilte er Kafka sofort und als ob er es gerne loswerden möchte, damit er es nicht vergäße, mit, er sei froh, daß er im Film nur zwei kurze Sätze zu reden habe, die etwas seltsam seien, ihm aber gefielen – und außerdem sei man jetzt schon drei Mann zum Tarockspielen in der Taverne – Heitler deutete schräg nach hinten auf einen noch recht ungewissen Bau –, ob er, Kafka, vielleicht den vierten Mann machen könne, die Bock Karin lerne es nämlich nicht – Heitlers Arm bewegte sich in Richtung auf die junge rötliche Frau, die immer noch etwas geduckt bei Knitter stand, der aber inzwischen die Jacke abgestreift und geradezu freizeitsüchtig über dem Arm hängen hatte. Bürstl Karin, kaum verhofft, sie war jetzt ein für allemal verloren.

Letztmals kämpferisch im Untergehen schmerzte Kafka leicht die Sonne, schnell wirbelte sie dann kühl ins Meer. Der Zelt- und Filmplatz war ein etwa fünfhundert Meter langer Sand- und Grasstrand, gleich einer Bügelbrettplatte gelagert zwischen zwei gräulich schimmernde Gruppen von Felsgestein, um Kalk mochte es sich handeln. In der kleinen Zeltstadt am Nordende des Bügelbretts sah man nun entfernt drei Menschen hin und wieder gehen. Aus einem Großraumzelt trat ein hagerer Mann in Röhrenhosen, klaubte etwas vom Boden auf, trat wieder in das Zelt. Gleich darauf tauchten die Männer, die sich vorher im Wasser getummelt hatten, im Rund der sieben Zelte auf. Von Hiemler, dem bierbäuchigsten der drei Studenten, herangeführt, erkannte Kafka nun genauer die schwarzgelben, kartoffelkäfermäßig gestreiften Badekappen dieser fünf. Das seien, erläuterte Hiemler und lachte grundlos kloßig, Mitglieder der Wasserballtruppe ›WSC Bohemia Prag‹, die heute morgen mit dem Kleinbus hier eingetroffen seien, beim Filmen mitzuhelfen, der Rest des Sportclubs sei noch weiter in den Süden, die fünfe hole man auf dem Rückweg wieder ab. »Die fahren jedes Jahr wohin«, erklärte Hiemler schwerer schmunzelnd.

Seitlich vom größten Zelt stieß Kafka jetzt ein gleichsam militärisch olivfarbener Jeep ins Auge mit der Aufschrift ›Renegade‹. Das sei Ulli seiner, half Hiemler

Kafka aus der neuen Verlegenheit, mit dem sei auch ein weiterer Teil der Filmrequisiten herangeschafft worden. Aus einem Einmannzelt kroch gleichzeitig ein etwas älterer und überaus drahtiger Mann mit muskulösem, freiem, schon schwarzbraunem Oberkörper, ihn stellte Hiemler Kafka nun als den Darsteller des Knechts im ›Landarzt‹ vor, Mario Dudlhofer-Sommariva, genannt ›Mario del Monaco‹, nach dem Sänger, dem er auch ein bißchen ähnele. Mario Sommariva sei ein geborener Südtiroler, der in der Nähe von Prag eine Kleinsägewerksbesitzerin Dudlhofer geheiratet habe und sich seither gleichfalls Dudlhofer schreibe, wegen der Kundschaft. Dudlhofer reichte Kafka recht unaufmerksam die Hand; schien Wichtigeres zu tun zu haben. Der Mann, der Kafka jetzt endlich auch an einen sehr schlanken, hochzivilisierten Gorilla gemahnte, machte sogar schlagartig den Eindruck, als ob für ihn die Filmaffaire die allerunwichtigste der vielfachen Angelegenheiten auf dem Zeltplatz sei. Er müsse, berichtete er Hiemler und Kafka in ständig arbeitsam geduckter Schulterhaltung, jetzt gleich noch mal ins Dorf, nach Peschici, nämlich Konserven und Benzinvorräte holen, außerdem habe er Winni die neuesten Tageszeitungen mitzubringen – und schließlich, radebrechte Dudlhofer in schon fast absichtsvoll kargem Deutsch und auch sonst nicht mehr recht nachvollziehbar, gelte es Revanche zu nehmen an einem italienischen Gebrauchteisenhändler, dieser habe ihn gestern beim Kauf von Dichtungen elend übers Ohr gehauen. Düsteres nachmurmelnd kroch Mario Dudlhofer in sein Einmannzelt.

Jenseits der Zeltstadt, am anderen Ausläufer des Sandstrands, erkannte Kafka nun sich vorwärts spähend im schon fortgeschrittenen Halbdämmer die Umrisse eines recht breiten, niederen und barackenartigen, ein wenig sogar kasernenförmigen Baus. Hiemler reichte Kafka eine große Colaflasche, nun trat auch wieder in schlohweißer Dreiecksbadehose Heitler hinzu, und beide erklärten Kafka, Sommariva-Dudlhofer sei nach Italien nicht nur als Darsteller des Knechts mitgenommen worden, wichtiger fast sei seine Aufgabe als Übersetzer und Vermittler bei allerlei Geschichten und Verhandlungen mit den Einheimischen. Er, Dudlhofer, sei es auch gewesen, der die Erlaubnis ausgehandelt habe, dort hinten – Heitlers Finger fuhr gewissermaßen über den Waldsaum westlich hinweg – in einer kleinen Bauernhausruine filmen zu dürfen, dem Haus des ›Landarzts‹ also.

Nun erschienen fast gemeinsam die Wasserballer vor ihren Zelten, umgekleidet in vielfache Polohemden und farbig glänzende Shorts, die nicht nur äußerst kurz, sondern allesamt seitlich auch noch und schon beängstigend, wenngleich zierlich, geschlitzt waren. Wieder übernahm Hiemler die Bekanntmachung. Auf Anhieb leuchteten Kafka vorerst nur die Namen Wimmer, Kümmel, Schriml Werner und Heinz Körperich ein. Es waren dies alles, mit Ausnahme des Mädchens Claudia Kümmel, das aber auch zum Club gehörte, Männer um die 30 Jahre, sportlich noch, wenn auch zum Teil ein wenig abgestanden und gebläht vom rasch wechselnden Leben zwischen den Ländern. Der massige Wimmer schien der Anführer oder Kapitän, Kümmel seine Geliebte zu sein, beide trugen gleiche marineblaue Hemdchen mit der Aufschrift ›Adidas‹.

»Hallo, Engel! Mensch, mich laust der Affe!« Etwas außerhalb der Zeltstadt begrüßte Ferenc Knitter ohne Umstände übermütig eine nicht mehr ganz junge Frau, die Kafka als Marianne Ach vorgestellt worden war und die über dem rosapunktierten Badehöschen ein weißes Hemd anhatte, das seinerseits die Aufschrift ›Peace‹ trug. Schon patschte das Meer blaugrau bedächtig über den äußerst feinkörnigen Flachstrand, Wind wälzte lau sich nach dem Norden. Wimmer, der Chef der Wasserballer, fuhr nun gar zu achtlos die schmalen braunen Schultern Claudia Kümmels entlang; auf die Kümmel, erläuterte Gehring Kafka, der ein bißchen hilflos noch immer seinen Hut in der Hand hielt, sei er manchmal ziemlich scharf. »Und mein Zelt, steht schon?« hörte man unsichtbar Knitter staunend rufen, »exzellent! Was? Ach, der Heini baut es gerade? Dann ist es ja gut, na also!«

Eine kleine Traube Menschen hatte sich bei einer Feuerstelle etwa in der Mitte des Zeltstadtplatzes formiert. Etwas verschüchtert, aber tapfer an sie gelehnt, lernte Kafka nun endlich auch Oskar Baron, einen Sattler, den Freund Marianne Achs, kennen, den womöglich bejahrtesten Teilnehmer der Expedition, einen vierschrötigen Grau- und fast Langbart, der eine Art gestricktes Judenkäppchen trug, angeblich neben der Filmarbeit Ölbilder malen wollte und sich anscheinend schon mit den Wasserballern ein wenig überworfen hatte. Aus einem sogar weißen Zelt stieß mit kleiner Verspätung noch ein vierter Lehrer hinzu, ein besonders aufgeschwemmt glatter und unerlöster Mensch namens Ferdl Weininger oder auch Wahninger – so oder so wurde Kafka schon von dem Namen recht verkohlt vor Augen; Weininger rieb sich abwartend das fette Zwerchfell. Weniger bedrängend waren Kafka die restlichen Wasserballer – Pielnhofer, Schuller Herbert und Josef Grün, unbeschwerte Sportmenschen allesamt, denen vor allem auch am Knipsen von Momentaufnahmen gelegen zu sein schien; vor allem Josef Grün – kaum einer kam ihm aus.

Aleppokiefern, krüppelig gebeugt über die Kuppen der beiden Felsformationen, welche den Sandstrand begrenzten, schauten schwarz und ängstlich, silberglänzend noch im Dämmerschein die Rinden. Kafka mied vorerst Knitters Nähe. Der Alte war mit Zelteinräumungsarbeiten stark beschäftigt, trippelte mal hierhin, mal dorthin, mal flog der braune Koffer ins Zelt rein, mal wieder raus; Knitter schien bezaubert von all dem. Gehring, Hiemler und Heitler warfen sich lachend hinterm Zeltstadtplatz einen Tennisball zu; im Schneidersitz zusehend räkelte Karin Bock ihren Rücken; nicht ohne Gewalt und endgültig vertrieb Kafka die sanfte Trauer um das Fehlen von Bürstl Karin, das Kapitel war erledigt, es hatte nicht sollen sein. Offensichtlich neidvoll sah der Wasserballer Schriml den drei Studenten zu, er war wohl auch für einen Wasserballer etwas zu kurz geraten und schien recht leutscheu, tändelte mit einem dicken Stecken in der Hand, warf ihn endlich gleich einem Speer dem Strande zu.

»Der Möseneder kommt morgen oder wann vielleicht doch noch!« rief Winni wie leicht entschuldigend Ulli zu. Ulli nickte kaum dupiert, griff sich an den Schopf und rannte in das Großraumzelt. In der Art von Halbinseln züngelten flache, bleiche Felsausläufer vor ins Meer. Der Himmel schwebte taubengrau, verweht beinahe alle Bläue. Abgeschattet klangen Rufe Knitters, ob einer eine Sprühdose habe, das mit den Schnaken sei sehr lästig, alle gingen offenbar auf ihn nur los. Er krabbelte ins Zelt, des Landarzt-Darstellers Stimme klang aus ihm hervor gewürgt, sargartig hohl, doch wenig später erschien er schon frisch im Freien in blutorangener Badehose. Mit Ausnahme des kräftig aufgeblasenen Bäuchleins war der Schauspieler recht gut beieinander, fast noch muskulös, sehr fidel sprang er aufs Meer zu. Wie erlöst die Arme weitend fiel er umstandslos hinein.

Landeinwärts nach Westen säumten dunkle Streifen Laubwald, östlich sah man etwas Karstland, flache Hügel, unbedeutend. Im Meer erschien ein winzig heller Punkt, es mochte ein vergessener Wasserball sein. In Wahrheit war es Knitters Kopf. ›Und ich bestehe nur aus Angst‹, dachte Franz Kafka und machte seine Schultern schmal, ›doch sie ist ja vielleicht mein Bestes.‹

Keine halbe Stunde später hatte Schmer sein Zweimannzelt für sich und Kafka aufgerichtet, vier Meter neben Knitters niedlichem Einmannbau. Kafka blies die Luftmatratze auf, breitete den Schlafsack darüber, beides noch in Prag gekauft. Morgen, so hieß es dann in einer Art Rundruf der Lehrer, gehe es schon am Vormittag zur Sache, gegen Mittag werde dann wahrscheinlich noch der Fotohändler Peter Hindelang eintreffen, der PR-Mann des Filmunternehmens und Kontakter Jürgen Meisters. Außerdem werde bis dahin auch van der Moulen zurück sein, dieser sei heute zum Einkaufen nach Neapel gefahren, billige Strümpfe, er werde aber garantiert bis dahin wiederkommen.

»Moulen?« wunderte sich ein wenig Knitter, der aus dem Meer zurück war und sich abrubbelte, »der ist auch da? Kriegt von mir noch 40 Eier!«

Die Taverne am anderen Sanddünenende stellte sich als ein Mischbetrieb heraus. Es handelte sich um eine etwa 20 mal 20 Meter große und nach allen Seiten hin offene Wellblechbaracke, das Blech war seinerseits mit Schilf bedacht – die Ideen von Chalet, haitianischer Grashütte, Bierzelt und Tanzboden schienen bei der Entstehung des Ganzen gleichermaßen beteiligt – aber eigentlich handelte es sich um eine gewerbliche Tomatenabfüllstation. Der Besitzer, ein freundlicher, nicht mehr junger Mann namens Carlo Tagliavini, ein ehemaliger Gastarbeiter aus Freilassing, hatte, hörte Kafka beim Anmarsch von Gehring, dem wohl verhohlensten der drei Studenten, längere Zeit zusammen mit seiner hochbetagten Mutter Tomaten gepreßt und in Flaschen abgefüllt, sich dann aber wohl eines Tags zum Doppelerwerb entschlossen und die bereits vorhandene, vielleicht ehemals militärischen Zwecken dienende Baracke zur Behelfsgaststätte ausgebaut. Carlo hatte, sah Kafka, vier oder fünf sehr lange volksfestartige Tische mit zugehörigen Bänken auf den Betonsockel gestellt, einen Küchenverschlag dazu gezimmert und nun verkaufte er, wie Kafka erfuhr, dort regelmäßig Spaghetti mit Tomatensoße, wahlweise auch Kartoffelsalat, sowie Bier, Kaffee und Landwein.

Mit der hereingebrochenen Finsternis war die Belegschaft der Zeltstadt offenbar geschlossen in Tagliavinis Hütte versammelt, hingelagert in die recht schummrige Beleuchtung unterm Schilfdach. Kafka hatte jetzt eigentlich im geheimen so etwas wie die Vereidigung des Filmmitarbeiterstabs erwartet, indessen, die Lehrer hatten für die Neuankömmlinge viel mehr einen Bunten Abend mit einem angedeuteten Programm vorbereitet. Lehrer Winni spielte lang Gitarre, Volksmusik aus Amerika und Jamaica vorzüglich. Weniger Kafka als Dudlhofer und Schmer erzählte Ulli derweil etwas überhastet, man habe im Zusammenhang mit dem Filmprojekt auch einen Brief an den Verlag Rowohlt und den ›Landarzt‹-Verleger Kurt Wolff gerichtet, Wolff habe sich auch bedankt – Ulli zerrte ein Blatt aus der hinteren Cordhosentasche, entfaltete es fast giftig vor Erregung und wies mit Fingern hechelnd auf die Stelle – da stünde also, hörte Kafka schon leicht schläfrig, er, Wolff, begrüße das Film-Unternehmen, könne aber leider das erbetene Foto des ersten Druckers des ›Landarzts‹, das, so berichtete Ulli immer schneller und wulstiger und nippte gar zu oft vom Wein, »in den Film hineinmontiert bzw. verschlüsselt« werden hätte sollen, nicht mitschicken, weil dieser Drucker nämlich nach Amerika ausgewandert bzw. Heizer auf einem Ozeanschiff geworden sei.

Knitter lobte Winnis Spiel jetzt laut und wachbegeistert, Gitarre sei das schönste Instrument, noch vor der Geige. Kafka glaubte allmählich zu erkennen, daß Karin Bock ganz offenbar Hiemler, Heitler und Gehring gemeinsam angehörte, denn recht still und auch verdrückt zwickte sie jeden von ihnen abwechselnd in die Hüfte. Nur einmal lachte sie enthemmt und allerdings wohl irrtümlich. Der Lehrer Wahninger, mit Kafka Rücken an Rücken postiert, erzählte mit überaus kloßiger Stimme einen Witz, der von Willy Brandt und einem Spion, dann einen zweiten, der von einem Wortspiel mit »vergewaltigt« und »vergewohltätigt« handelte. Oskar Baron drückte sich mit Marianne Ach ununterbrochen zwischen Küche und Gästeraum herum, in allerlei kleinen Schabernack verwickelt.

Später zogen sich die drei regieführenden Lehrer zu einer kurzen Regiebesprechung in eine Ecke der Baracke zurück. Kafka erkannte nun, daß einer der Wasserballer vom ›WSC Bohemia‹, Pielnhofer, auf dem sonst kahlen Kopf einen besonders schönen Haarkranz trug, ein Ringlein fast schon heiligmäßig. Das Mädchen Kümmel aß erst jetzt eifrig Spaghetti. Verschwörerisch schon tuschelten die Lehrer.

Knitter wirkte im Profil heute recht grauspechtartig, einer wohl gespielten beleidigten Schnute folgte wenig später eine heitere Drohung mit dem Zeigefinger gegen Marianne Ach, die ihn aber trotzdem noch einmal an seiner stolzen Nase faßte. Draußen wogte warme Nacht, verschämte Sterne, wie verschmäht. ›Sicher ist es hier schlimm‹, dachte Kafka, »aber hie und da möchte man sich doch irgendwo anschließen, das ist doch der Punkt, das Ende allen Lieds‹. Erneut versehrte ihn auch Neugier auf den ›Landarzt‹ wieder, die gestern angefachte Wärme gegen Knitter, doch kurz darauf traf, von einem scharfen Motorengeräusch auf dem Zeltplatz angekündigt, Terry van der Moulen in der Taverne ein, bewegend begrüßt vor allem von Knitter, der ihn lang schon kannte offenbar. Van der Moulen stellte sich heraus als ein Mann um die 48 Jahre, schmal in halblang beigen Hosen, eine Hornbrille lungerte vor den bösen, lachend leeren Augen, sie schienen Kafka die bisher wohl größte Scharte. Der neue Mann, an dessen Hosengürtel auch eine Spange mit der Aufschrift ›US‹ prangte, war, so hörte Kafka, ein niederländischer Halbengländer, ein Strumpffabrikant oder auch Strumpfvertreter aus s'Hertogenbosch, der häufig durch Prag komme und sich dem Filmvorhaben auf Anhieb angeschlossen, ja für die Komparsen auch alte Klamotten aufgetrieben habe.

Gemächlich drangen die drei Studenten nun noch einmal in Kafka, was mit dem Tarockspielen sei, aus Heitlers Miene sprach schon kaum mehr zu bekämpfende Spiellust. Kafka entschuldigte sich, er beherrsche das Spiel leider nicht, und schämte sich beklommen. »Schade«, maulte Heitler mit viel Kummer, »dann muß es doch die Karin lernen.« »Ist doch echt gemütlich hier, hier in dem Tomatenzelt!« hörte man nah Knitter scharren. Die drei Lehrer in ihrer Ecke lehnten sich etwas zurück, befriedigt, bravourös, als ob nun mit van der Moulens Rückkunft endlich nichts mehr krummlaufen könne. Winni machte einen besonders kompetenten Eindruck, Diddi schien noch leicht in seiner Zuversicht zu zögern. Keineswegs staunte Kafka, daß er nicht zur

Regiebesprechung herangezogen wurde. Schwacher rosa Lichtschein schwelte zwischen Himmel und dem falben Schwarz der Hügel. Van der Moulen schien bald auf Claudia Kümmels Leib seine Hoffnungen zu gründen, sein Blick sog gierig, hingegeben. Doch Wimmer schien noch zwischen ihnen, Wimmer und seiner starken Wassermänner unfehlbar gedrängte Kraft.

Kafka wartete noch ein Weilchen zu, ob die Lehrer sich vielleicht doch noch entschließen und ihn hinzuziehen möchten. Doch Winni griff nochmals zur Gitarre. Kafka seufzte, sehr befreit. Dann überlief ihn etwas Heimweh. Er dauerte sich ziemlich haltlos, doch war ihm dies Gefühl kein gänzlich schmerzliches.

Ein Rauschen rollte leer über den Zeltplatz. Am Himmel glommen siebzehn Sterne, dazu noch eine Handvoll Lichter, trüb wohl aus dem Hinterland. Kafka hielt Schmer am Zelteingang die Taschenlampe. So sah er es. Zwischen beider und einem Großraumzelt flackerte leicht die böhmische Nationalflagge, blau-weiß-rot und zwei mal fast drei Meter groß, der Doppelschwanz des Löwen in der Mitte. Etwas Handgroßes spurtete über den Sand, sicher eine Echse. In großer Entfernung, aber überdeutlich hörte man nun, wie sich auch Knitter aus dem Tomatenzelt verabschiedete und, hörbar gerüstet mit einem Führer, die Sanddüne zu überqueren ansetzte. Kafkas stilles Kichern war sicher reichlich unvorsichtig. Ein Käuzchenruf kam auf, erstarb. Gleich drauf ruhten beide Zeltbewohner. Schmer schnaubte kraftvoll neben Kafka. Kafka nahm sich mit großem Ernst vor, das Drehbuch der Lehrer, wenn es irgend ging, zu meiden und niemals zu lesen.

Jetzt kehrte Knitter heim. »Wo ist mein Zelt!« Die Stimmte tönte rauh und schabend. »Ach, da ist es!« Dann hörte Kafka es hellwach. In seinem Zeltchen noch etwas kruschend und werkelnd, sang Knitter halblaut ›Marina, Marina, Marina‹ vor sich hin, halb sang, halb summte er das Liedchen. Dann brach es mürbe ab. Ein Empfinden wie gewichtlose Blödigkeit umhalste Kafkas Herzgemüt. Vertrauend hingegeben an den Schlaf schwätzte der Dichter sich noch ein, daß alles gar so schlimm nicht sei. Recht unübersichtlich nur. Knitter war schon ›Right man‹ zum ›Landarzt‹! Dann schlief auch Kafka ein.

Mit einer Probe für die anwesenden Komparsen setzten am Morgen gegen elf Uhr die Filmarbeiten ein. Ein heißer Tag war aufgezogen. Vor allem die drei Lehrer tummelten sich schon eine Stunde vor Beginn sehr aufgescheucht zwischen den Zelten herum. Sie trugen wieder Badehosen, dazu auch ihre Schwedenschuhe, doch diesmal bunte Socken darin. Kafka hatte sich am Meer naßrasiert und später die Jacke seines Anreiseanzugs zur Schonung im Zelt zurückgelassen. Er war, den Beamten in sich einmal und probeweise Lügen zu strafen, im weißen Hemd mit sehr einsatzbereit hochgerollten Ärmeln erschienen, die langen blassen Zehen streckten sich aus leichten Strandsandalen. Sein Nachbar Knitter stürzte in bläulicher Unterhose kurz aus dem Zelt, verschwand dann nochmals drin und kam endlich voll angezogen wieder hervor. Knitter trug, wie Kafka, schwarze Anzughose, mit einem heute titanweißen Hemd um die atmend starke Brust, die Ärmel aber nicht gestülpt. Die Sonne sengte steil. Hiemler, nahe der Heimatfahne, hieb spielerisch ein paar rechte Schwinger in den äußerst prallen und aufregenden Morgen; Heitler schien schon ein bißchen getrunken zu haben und kicherte recht fiebrig; Gehring und Karin Bock hielten sich bekümmert an den Händchen. Schon stieben die Wasserballer nah am Meer herum, es hieß, man warte noch auf das Eintreffen Möseneders. Van der Moulen war noch nicht zu sehen. Plötzlich, kurz vor halb zwölf, hatten es die Lehrer mächtig eilig, alle an die Arbeit zu treiben. Die Wasserballer schwärmten aus dem Wasser. Augenblicklich kam auch van der Moulen im Laufschritt aus dem Tomatenzelt über den Dünenplatz gerannt.

Es handelte sich um eine Stellprobe. Kafka und all die anderen Statisten sollten sich zuerst locker über die sehr flachen Felsenklippen an der Küste nördlich der Zeltstadt verteilen, einzeln oder in Gruppen zusammenstehend – dies würde, den Erläuterungen von Winni, Diddi und Ulli nach zu schließen, die bäuerlich spätproletarische Landbevölkerung des Mezzogiorno vorstellen, die an den Vorgängen rund um das ›Landarzt‹-Geschehen am Bett des kleinen Jungen, wie Winni sehr behend erklärte, »voll magischen Anteil« nehme.

Die Luft hing etwas rauchig über dem muldenreichen Land. Kafka zählte elf Landbewohner als Statisten, sich eingeschlossen; insgesamt gab es jetzt wohl neunzehn Personen auf dem Film- und Lagerplatz. Knitter stand recht auserlesen bei den Lehrern, sein Einsatz fiel erst später an. Auf einmal tippte er Ulli an der Schulter, wies über das Uferpanorama, machte den Lehrer womöglich auf eine besonders ertragreiche Perspektive aufmerksam. Heitler, nahe Kafka, kicherte noch immer böse, ließ die Zunge aus dem Mund. Wimmers Mannen standen sehr geschlossen, so als verließen sie sich im Zweifelsfall stark aufeinander. Meerblau und Himmelsblau verschwammen grünlich. Der gelbe Sand kitzelte Kafkas Zehen, noch nie wohl war sein weißes Hemd so offenherzig aufgeknöpft gewesen. Glitzerndes Kalkgestein ragte übers Tomatenzelt, von Kiefern, Mastixbäumen rauh bekleidet. Rechterhand im Landesinnern grüßte mürber Karst. Im Sandstrand sah man wenig Ginster, Kalksporn ragte weiß ins Meer.

Noch standen alle Statisten in ihrer Freizeitkleidung, das Mädchen Kümmel trug eine Käferbrosche über dem Bikinioberteil. Van der Moulen schnitt etwas unglücklich fröhliche Grimassen zu ihr hin, er stand in einer Art blütenweißen Tennistrikot. ›Silbereisen‹, dachte Kafka eilig und überlegte, ob es nützlich sein möchte, hier Tagebuch zu führen, aber das war ja eine gar zu entsagungsvolle, schon widrige Beschäftigung. Nein, besser nur erdulden, ohne Widerhall.

Dann wurde es erstmals ernst. Nach dem durch ein rotes Megaphon gerufenen Signal »Action!« sollten alle Landbewohner sternmarschförmig, matt und ärmlich und vor allem, das müsse klar werden, rief Ulli letztmals und übernervös den Statisten zu, »wie kriechend und von Hitze geschlagen auf die Kamera da zugehen, praktisch wanken!« Winni und Ulli, während Knitter beschaulich die Beine breit stellte, rannten nun noch ein paarmal um die schwarze Kamera auf dem Stativ herum und dann rief Winni Diddi, der jetzt plötzlich doch Bluejeans an und einen karminroten Schal um den Hals geschlungen hatte, fast zaghaft eine letzte Meldung zu. »Geht in Ordnung!« schrie Diddi hell zurück und winkte trotzig ab. Dann war es so weit, doch schon nach den ersten Sternmarschschritten pfiff Ulli alles zurück und ordnete an, man solle sich noch lockerer verteilen und nicht so schnurgerade auf die Kamera zukommen, sondern »trotz der Hitze locker, quasi zögernd, aber irgendwie magnetisch!«

Winni trug einen ledernen Djangohut auf dem Kopf, Ulli hatte, jetzt erst sah es Kafka, eine Messingschildkröte an der Badehose baumeln, es mochte sich um ein Maskottchen handeln. Knitter stand im Augenblick etwas im Hintergrund und – hatte auf einmal einen Packen weißes Papier in den Händen. Erscheinung der Erscheinungen! Es mußte das Drehbuch sein! Fast geblendet sah Kafka das gebündelte Weiß. Geheimnisse der Unterwelt! Die kaiserliche Botschaft! Zum Lesen hatte sich Knitter jetzt tatsächlich eine Brille aufgesetzt – Kafkas Herz schlug mäßig schneller. Weiß wie viel Schuld blinkte der Packen, Knitter schien im spröden Urteil jetzt die Stirn zu furchen, die drei Lehrer machten einen sehr aufgeregt verratenen Eindruck – doch plötzlich, sei es, daß schon die ersten Worte das Verdikt besiegelt hatten, sei es, daß er sich mit dem Lesen trotz Brille gar zu hart tat, hieb Knitter den Papierpacken Winni kalt wieder in die Hand und kratzte sich am Arm. Kafka schnaufte hörbar durch.

Nach Winnis drittem Megaphonruf »Action!« schien es endlich zu klappen. Kafka kämpfte sich trotz eines unangenehmen kleinen Schwindels mit den anderen tapfer nach vorne – da aber kam auf einmal ein schmutzfarbener Fiat quer über den Zeltplatz gekurvt, links an den Landbewohnern vorbei – ihm entstieg, neugierig und zugleich breit wissend lachend, der Wirt Carlo – worauf Ulli recht verzweifelt die Kamera schwenkte, dann aber wohl aufgab und Winni zornig zubrüllte, so gehe es natürlich nicht, er, Winni, sei klar und unmißverständlich auch für die Absperrung des Drehorts, »und das heißt des Sets«, verantwortlich.

Das habe er nicht wissen können, verteidigte sich Winni aufgescheucht, daß dies auch für die Stellproben gelte. Und übrigens, fuhr er humoristisch fort und ruckte an seinem breiten Hut, komme in ›Ben Hur‹ beim Zirkus-Maximus-Rennen auch ein Straßenkreuzer herein, solche Anachronismen seien gar nicht verkehrt.

Kafkas Schwindel war vorüber, mit seinem Seidentaschentüchlein tupfte er die heiße Stirn. ›Nur den Posten nicht aufgeben‹, dachte Kafka und hüpfte sogar ein bißchen lustig auf sein Felsplateau zurück, dann war noch immer Hoffnung. Die Lagerfahne wehte munter.

Beim fünften Male klappte alles. Nach dieser ersten Stellprobe kam es zu einem kleinen Auflauf rund um die Filmkamera, die erst jetzt den Laien eingehender vorgestellt wurde. Knitter war verschwunden, auch van der Moulen vermißte Kafka schon nicht ohne Sorge. Von den drei Lehrerfrauen gefiel ihm heute Eva am vorzüglichsten, eine zierlich Rundliche mit Pferdeschwanz. Mit ihr, sann Kafka schon ermüdet, hätte er die Rolle der Rosa respektive Abigail besetzt, jawohl. Helga schien Kafka nicht so magisch.

Ulli zeigte sich über die ersten Arbeitsanläufe keineswegs unbefriedigt, sein Augenschweifen deutete freilich darauf hin, daß er noch viele Fehler und Strapazen befürchte. Noch gar nicht einverstanden, sagte er den Studenten, sei er mit der »Choreographie«, diese sei »noch nicht optimal koordiniert«. Er überlege sich, vertraute er im nächsten Atemzug Diddi an, heute beim Einschlafen eine stringentere Konzeption. »Wegen der harten Lichtkontraste ist der Filter problematisch.« Diddi riet, 16/16-Festoptik zu machen und dann morgen Zoom zu nehmen, Ulli wiegte den Kopf, sehr unentschieden.

Oskar Baron war es, der interessiert sofort nachfrug, was ›16/16‹ zu bedeuten habe.

»Das heißt 16-mm-Optik und Blende 16. Da bleibt alles scharf von null bis unendlich!« klärte Ulli stolz, etwas zu überglücklich auf, und jetzt schienen besonders die Wasserballer wie elektrisiert. Dies sei nämlich eine 16-mm-Kamera, fuhr Ulli fort, gemietet für nur eine Tagesmiete vom böhmischen Fernsehen, übrigens das Optimale, was derzeit auf dem Markt sei. Dieses Gerät sei nämlich, Ulli kratzte sich am Geschlecht, ausgestattet mit einem Blimpgehäuse, es eigne sich deshalb besonders vorzüglich für Nahaufnahmen, also »Nahaufnahme bzw. Großaufnahme«. Er, Ulli, und jetzt faßte Kafka auch die wiederaufgetauchte Verena in Strand-Shorts genauer ins Auge, aber die gefiel ihm nun überhaupt nicht – er, Ulli, habe eigentlich »für die halbnahe amerikanische Einstellung, also bis zum Knie« noch eine zweite Kamera mitnehmen wollen, aber diese wäre dann zu teuer geworden bzw. sie sei nicht mehr rechtzeitig geliefert worden bzw. »rausgegangen«. Aber hübsche Knie hat sie, dachte Kafka unvermutet.

Dudlhofer im Hintergrund schniefte etwas argwöhnisch, doch aufmerksam, dann trollte er sich abseits. Was eine ›geblimpte Kamera‹ sei, wollte der Student Heitler wissen und zog den Mund feil lächelnd zu den Ohren. Fast noch im nämlichen Augenblick sog er vom honigbraunen Wein aus einer Karaffe, die Gehring herumreichte. Heitler stand bleich breitbeinig schon wieder in seiner Dreiecksbadehose, selbst nackt hätte ihn Kafka leichter ertragen.

Das sei, erläuterte Ulli in vielleicht anwachsendem Rausch und zauste sich ruckelnd am Kinnbart, eine »schalldichte bzw. wenigstens geräuscharme Kamera und deshalb kannst du mit ihr diesen Synchron –, diesen quarzgesteuerten Synchronton machen, klar?«

Heitlers Rettichkopf nickte unermeßlich dankbar, ja wie erlöst. Zwischen Hiemler und Karin setzte es inzwischen eine angedeutete Balgerei mit spitzen unheilkündenden Schreien an der Lagerfeuerstelle. Die Wasserballer schienen genug gehört zu haben, es zog sie wieder ans nahe Meer – und jetzt meldete sich auch Ferenc Knitter bei der Kamera zurück, zusammen mit Terry van der Moulen, der nun auch ein großes technisch offenbar vortrefflich ausgestattetes Kofferradio mit sich schleppte, das laut halbwelke Töne von sich streute.

Das Mittagessen geschah wahlweise in Carlos Tomatenzelt oder an der Feuerstelle mitten in der Zeltstadt. Für den frühen Nachmittag, so hieß es, war dann die erste Durchlaufprobe mit den drei Hauptdarstellern angesetzt, Knitter, dem Landarzt, Helga, der Magd Rosa-Abigail, und dem Knecht Mario Dudlhofer, der Kafka im Augenblick am meisten auf die Seele schlug, wie er, den mestizengleichen halbergrauten Struppelkopf wippend, unentwegt wie kräfteschonend murmelnd und wie in alles Mögliche verstrickt, gebeugt über das grübelnde Lager strich, bis er einen Holzbock fand, um endlich seine rohe Fleischwurst zu verzehren. Wie Kafka nun von Hiemler hörte, der es seinerseits wohl aus Regiebesprechungen aufgeschnappt hatte, solle ›Mario del Monaco‹ den Knecht der ›Landarzt‹-Erzählung wohl mehr ins Playboy- und Papagallohafte uminterpretieren, dazu werde, soviel er, Hiemler, wisse, auch extra ein Sportwagen aus Peschici angemietet. Diese Durchlaufprobe, erfuhr Kafka weiter, solle etwa drei Kilometer entfernt im Hinterland, Hiemlers Hand schwang gegen den Karst aus, stattfinden – in einem kleinen leerstehenden Haus, einer ehemaligen Bauernkate, erzählte Hiemler und lächelte zänkisch. Als ob er alles gesehen habe, trat Winni an die Gruppe am Lagerkochplatz heran und teilte fast gutmütig und gleichsam berichtigend mit, wer unbedingt Lust habe, könne natürlich da auch hinfahren und zuschauen, nein, Schmer könne keinen mitnehmen, der sei auch mit Knitter schon unterwegs, beide machten nämlich einen Umweg über Vieste, um dort in einem Großhandel Wein für die ganze Zeltstadt zu besorgen – aber vielleicht sei es für die Nichtbeteiligten tatsächlich besser, sagte Winni etwas bang, hier am Meer zu verweilen, dann, jetzt sah Winni unleugbar kneifend an Kafka vorbei, verlaufe die Arbeit dort störungsfreier.

Wolken segelten gemächlich. Aus einem zwischenzeitlich wohl neu errichteten Einmannzelt sang van der Moulens Kofferradio, es schien sich um Spirituals zu handeln oder doch Verwandtes. Kafka erstaunte sich nicht länger darüber, daß die drei Filmregisseure ihm noch immer keine Einsicht ins Drehbuch gewährten, geschweige denn ihn um Hilfe baten. Besorgter indessen ging er mit sich zurate, ob nicht ein ausgewachsener Playboy oder Papagallo der Handlung tatsächlich besser bekomme als ein gar zu trügerischer Knecht. Kafka nahm ein kühlendes Getränk ein. Ulli hatte zur Abfahrt eine Plexiglasbrille aufgesetzt und lief an seinem Jeep rasch auf und ab, recht gaukelhaft – endlich fuhr er los. Fern hinter grünviolettem Buschwerk ein Knall und Widerhall – als hätte sie nur darauf gewartet, sprang Claudia Kümmel im Badekleid ins Meer. Kafka weinte ein wenig, aber nicht zu lange. Missend den gewohnten Trott eines stillen Zimmers, zog er sich vorübergehend ins Zelt zurück, Feueratem der brünstig stehenden Luft trieb ihn erneut ans Freie. Das Meer lag jetzt ultramarin, mit einem Schatten Indigo. Kümmels Kopf war nur noch Bademütze und schwarzgelb. Unter der Lagerfahne köpfelten sich Hiemler und Karin Bock einen karminroten Gummiball zu, wobei Karins roter Strähnenschopf den Ball aber entschieden häufiger traf als der vielleicht deshalb schon wieder im Übermaß kichernde Student.

Kafka lief den Sandstrand auf und nieder, Wüsteneien, doch begrenzt. Kletterte noch immer weinerlich und leicht lädiert auf eine Klippe. Die Sonne machte Kafka blinzeln, vor Wohlsein, Unwohlsein, Betäubung. Das Meer seufzte im Mittagsschlaf, zwei schwarze Vögel schwirrten drüber. Kümmels Badekappe stand schon sehr weit draußen, still und durchaus unerreichbar. Von Neugierde belebt überdachte Kafka schläfrig, wie er einst wohl sterben möchte. Hexenschuß? Hirnsklerose? Gnadenschuß? ›Hallo!‹ rief Kafka leise und dann ›Silbereisen!‹ Doch kein Echo half. Kafka glaubte plötzlich zu wissen, das gesamte Problem wäre gelöst, wenn alle, alle vor ihm starben, aber wirklich alle! Dann verwarf er auch diesen Gedanken.

In der Zeltstadt stellte sich heraus, daß die drei Studenten Terry van der Moulen gerade das Tarocken lehren wollten, der Holländer schien zwar geschmeichelt, aber einfach zu betrunken, Gehrings beflissene Anleitungen noch zu verstehen. Aus dem Kofferradio sang jemand, ›With the kick‹, als bebte ihm der ganze Leib. Hiemler rieb die platte Nase. Ihn schon erkennend, machte sich Heitler nochmals über Kafka her, das Kartenspiel sei ganz einfach und erstklassig. Kafka stotterte sich eine leichte Migräne zurecht, das Bild des Vaters erstand vor seinem Auge, wie er tagein tagaus die Trümpfe wuchtig auf den Tisch geschmettert hatte. Jetzt kehrten Wimmer, Schuller und Schriml von einer Faltbootexkursion in die nahen Grotten wieder. Sie wollten wissen, ob Möseneder schon eingetroffen sei, der müßte doch längst da sein. Statt dessen kam Claudia Kümmel rasch über den Strand gelaufen und stürzte sich, die Badekappe abreißend, ihrem Geliebten sehnsuchtstarr gleich an den Hals. Wimmer schien das schon zu freuen, wenn auch wieder nicht gar zu sehr.

Ach, Baron und Heitler bliesen gemeinsam ein spinatgrünes Gummikrokodil auf und schritten mit ihm dem Meere zu. Jetzt fürchtete Kafka auf einmal, er würde, würfe er auch nur einen einzigen Blick ins Drehbuch, sofort und unwiderruflich blind. Oder aber heilig. Noch immer leckte Sonne Blut. In ihrem prallen Schein löste der Lehrer Wahninger oder Weininger ein Kreuzworträtsel, Essiggurken kauend auf einem Liegestuhl. Er brauche ein Wüstentier mit fünf Buchstaben, rief er seitlich sehr gespannt. Auch roch es nach verbranntem Lack. Scheinbar belustigt schlug Hiemler ›Dromedar‹ vor, jedoch das ging, wie Wahninger sich mehrfach vergewisserte, nicht hinein. Lautlos verdrückte Gehring einen Krapfen und spielte scheußlich mit den Zehen. Wenn man herausfinden könnte, überlegte Kafka, woher plötzlich dieser Krapfen kam, dann wäre vieles heller auf der Welt.

Als die Regie- und Hauptdarstellergruppe am Spätnachmittag von der Arbeit heimkehrte, machten die Lehrer einen aufgeräumten, Ferenc Knitter aber einen so verzagt besorgten Eindruck, daß es Franz Kafka bei aller Bangnis nicht übers Herz brachte, den ›Landarzt‹-Interpreten nicht nach dem Grund zu fragen, zumal er darauf zu hoffen schien. Knitter ächzte mehrfach schwer beklemmend. Zwischen Winni und Ulli, nuschelte er endlich verbittert und doch, als ob er sich noch scheue, vor dem Hintergrund des Gesamtprojekts die Niederlage einzugestehen – zwischen Winni und Ulli gebe es Reibungen, unleugbare Reibungen. In Knitters pergamentene Wangen fiel spätes Licht, seine acht Augenwinkelfurchen trafen sich mit dreizehn Stirnfalten zu einem letzten Endes unentschiedenen Gefecht, derweil die Faust entschlossen kurz mal zuckte. Der Mime seufzte noch bedenklicher, die Augen quollen klagend vor. »Reibungen, künstlerisch und menschlich. Klar, sie verschleiern es, so gut es geht, aber ich hab es sofort gemerkt. Klar doch, mir macht man auf Regiesektor nichts vor«.

Wimmer und Kümmel säuberten gemeinsam ihren Zelteingang, anscheinend wohnten sie in diesem Zweimannzelt, die restlichen Wasserballer waren in dem großen braunen Kegel links dahinter untergebracht. Gehring glotzte ihnen sacht zu. Knitters halboffenem Mund entfuhr ein knapp beherztes Bäuerchen der Sorge.

Was denn genau vorliege, fragte Kafka klamm und freundlich die Zähne aneinanderreibend. Und äugte in den östlich rosablau geschuppten Himmel aufwärts.

»Am Arsch«, fuhr Knitter wie schleimheiser fort. Er wolle natürlich nichts präjudizieren, natürlich nicht, grollte der Schauspieler etwas beruhigter weiter und rollte sich eine Zigarette, dieweil die drei Studenten und Karin zum abendlichen Bad nochmals zur Küste hin ausschwärmten, aber er, Knitter, gebe sich hier keinen Illusionen mehr hin. »Ulli ist kein schlechter Regisseur«, holte Knitter gleichsam sehr weit und weich fast aus, »aber erstens taugt der Text, den ich sagen muß, überhaupt nichts, kein Stück, ich verstehe ihn nicht – unterbrechen Sie mich bitte noch nicht, Doktor! – und zweitens, ich habe mir das heute nachmittags als die Büchs und der Papagallo dranwaren, in einer ruhigen Minute überlegt, ist das, was wir hier machen, bestenfalls dritt- oder viertklassig, aber ehrlich! Doktor, ich sage Ihnen eins, bitte verstehen Sie mich richtig – ich hab mich hier drauf gefreut, ehrlich echt darauf gefreut – aber jetzt, wir sollten das hier sofort abbrechen oder ein neues Drehbuch anfordern. Zack! Ich habe damals«, fuhr Knitter beschwörender fort und seine Augenschlitze verengten sich überaus nachdenklich, »den Absprung vom Theater zum Fernsehen nicht mehr geschafft – sonst würde ich heute keine Policen verkaufen und Scheiß und Menschen betrügen, hören Sie gut zu, Doktor! Doktor, hören Sie gut zu, für mich ist es eine Existenzfrage. Ich verdiene als Außendienstler und freier Mitarbeiter meine Kohlen und ich spiele im Lotto, ich habe noch nie gewonnen – aber ich spiele, Doktor, aber ich frage Sie jetzt was anderes. Hören Sie gut zu, ich bitte Sie. Ich frage Sie, Doktor: Sie können das doch, Sie haben doch schreiben gelernt auf der Journalistenschule oder wo. Hören Sie zu, Kafka – ich darf doch ›Kafka‹ sagen? Hören Sie zu: Ich kenne Ihren Roman, den ›Landarzt‹ nicht«, Knitter ächzte etwas verstümmelt, als wolle er eben deshalb gegen Unbekannt Klage führen, und er rückte den Körper bedrohlicher an den Kafkas heran, »gut, natürlich, Sie haben recht, Sie haben vollkommen recht, ich könnte ihn lesen, natürlich könnte ich ihn lesen, aber ich«, Knitter zauderte nur eine lumpige Sekunde, »ich komme nicht dazu. Tagsüber verscheure ich Policen – nachts bin müde, hundemüde. Ich nehme an, daß er gut ist, Ihr Roman, Doktor? Klar, sonst hätte ihn ja niemand gedruckt – kein Schwein, keine Sau. Okay. Und da wäre es doch«, Knitter äugte Kafka nun bittend, gleichsam wehmütig und zugleich hoffnungblasend draufgängerisch an, und Kafka suchte etwas mehr sicheren Abstand vor seinem Peiniger zu halten, »da wäre es doch echt gut, wenn Sie als Profi nochmals über das Drehbuch gingen. So wie das Buch jetzt ist – und ich habe seinerzeit gute und schlechte Drehbücher gespielt am Theater – so ist es Scheiße, große Scheiße sogar. Der Landarzt«, holte Knitter weiter aus, aus seiner Riesennase tropfte etwas nicht so ganz Durchsichtiges, »der Landarzt paßt auf die Büchs nicht auf – der Playboy, der Dudlhofer, staubt sie ihm ab und geht über sie drüber. Okay, hätte ich auch gemacht. Ist aber als Buch doch Scheiße! Scheiße! Scheiße! Das ist der ganze

Plot! Ich kann mir nicht vorstellen, Doktor, daß das der ganze Inhalt Ihres Romans ist. Gehen Sie doch, ich bitte Sie ehrlich, nochmals übers Drehbuch drüber, der Playboy geht über die Abigail, am Arsch, das juckt im Fernsehen doch keine Sau!«

Angewidert spie der Greis aus. Kafka starrte erfreut auf seine neuen weißblauen Turnschuhe, der alte Wunsch nach einer abendlichen Motorradfahrt beschwingte ihn, machte ihn ganz klapprig. Knitter sog derweil etliche Klümpchen Schleim hoch, spuckte sie weithin aus. Dann schüttelte er die sehr knochigen Wangen wohl ein dutzendmal. »Sie machen mir damit eine Freude, Doktor, machen Sie einem alten Mann eine Freude! Ich bitte sie! Ich gebe mich keinen Illusionen hin, daß ich es schaffe. Aber schaun Sie, Doktor«, sein Reisegefährte tätschelte Kafka locker am unbekleideten Arm, verführerischer kniff er die faltigen Augen zusammen, »es wäre doch schön, wäre doch Klasse, wäre doch Superklasse, wenn ich auf die Art noch mal ins Fernsehen käme, daß meine Schwester in Eger mich sehen kann und all die anderen verwichsten Versicherungsarschen, die jetzt alle meinen, ich bin der Blödmann – meine Schwester Henny ist die einzige, verstehen Sie mich bitte, die immer an mir festgehalten hat, immer! Jederzeit! Auch als ich damals einsaß! Aber echt! Okay, Doktor? Ja? Ich rede morgen mit Ulli und Diddi, Winni brauch ich nicht. Und sonst? Alles klar? Ist doch echt gut hier, oder? Es braucht ja kein Jahrhundertfilm zu werden, aber gute Unterhaltung – die ist doch drin, oder? Ich verlasse mich auf Sie! Doktor! Doch, sonst wird es ein guter Film! Die Kamera ist gut! Zeitlupe, alles dran! Und die Idee der Story – exzellent! Klar, das alte Dreiecksmotiv – praktisch wie in ›Faust‹. Okay. Die Story, die ist gut. Aus dem ›Landarzt‹ hol ich Ihnen einen echten

Charakter raus – und die Helga, die heißt im Film dann Abigail, die ist echt hochbegabt. Hat noch nie Theater gespielt, sagt sie mir glatt – ein echter Hammer! Wissen Sie, die hat dieses Ding in den Fingerspitzen, was mein Ausbilder Walter Stoczek auch hatte, was man nicht lernen kann, was man, Doktor, hat oder nit hat – oder nit? Mit Helga komm ich gut zurecht, die hat Sex – und natürlich spitz wie Nachbars Lumpi«, lachte Knitter heiter fernhin blinzelnd, »spitz wie tausend Rettiche!«

Der Abend ging am Lagerfeuer hin. Winni war heute sogar mit seinem breiten schwarzen Djangohut versehen, saß wieder gekrümmt und bardenmäßig über seiner Gitarre und spielte viele Gospellieder, später sang man zum Teil gemeinsam alte Schlager. Das Liebespaar Wimmer-Kümmel hockte schwärmerisch umschlungen am Boden, von den Lehrergattinnen gefiel diesmal Kafka Verena am besten, sie war genau wie ihr Gemahl im kornblumenblauen Jeans-Anzug erschienen. Knitter lagerte recht paschaartig in einem Gartenstuhl zwischen ihr und Eva, ein paarmal mahnte seine Kopf- und Handverschwisterung an den Denker von Rodin, kurz vor Mitternacht drohte er einmal aus seinem Sitz zu kippen, fing sich sofort wieder und deutete durch sorgenfreies Schwenken seiner Riesennase an: eine Bagatelle. Kurz danach gab Heitler Gehring einmal einen scherzhaften Puff, Kafka, von einer sehr labenden Gänsehaut heimgesucht, übersann, ob sein Schatz vielleicht ja schon im Himmel sei, und er malte lange Kreisel in den Sand vor seiner Lagerdecke. Helgas pralle Waden warfen muntere Schatten drauf. Das Feuer glomm zu Ende, in seinem Niedergang erzählten die vier Lehrer reihenweise Schüleranekdoten. Zuletzt schien Knitter stark zu schrumpfen, man lauschte leisen Klagen sanften Sommersäuselns.

Am anderen Vormittag kam es zur Aufnahme der am Vortag geprobten Landvolkszenen. Es sah nach einem anstrengenden Tag aus. »Hallo, Doktor!« grüßte Knitter eilig und stieb in Richtung Tomatenzelt davon. Vorsichtig, ingrimmig vielleicht auch schlich ›Mario del Monaco‹ geduckt durchs rege Lager, allerlei schwierige Probleme mochten ihm durch den Kopf schon wieder gehen, Fragen nicht so sehr seiner Schauspielerei als vielleicht solche des Kleinhandels mit Menschen aus Vieste, wie es Kafka anmutete. Ulli mahnte endlich anzufangen, im Nu hatte sich eine entschlossene Traube um die Kamera nördlich der böhmischen Fahne formiert. Der Lehrer Winni, hieß es, habe heute die Verantwortung für das Licht, mit der flachen Hand schlug Heitler eine Schnake tot. Winni hatte auch schon eine Holzklappe in der Hand, auf der mit Kreide ›128 Anton 1‹ geschrieben stand. Diddi war an diesem Tag für die Regie und gleichzeitig als Skriptführer eingeteilt. Etwas entfernt sah man nun Helga und Knitter unwägbare Freudenrufe tauschen, hinter der Kamera drehte sich Ulli oft im Kreis. Bald hatten sich die Komparsen, wie am Vortag geprobt, auf die Kalkriffe und auf die ausgedehnte Felsenplatte verteilt, Kafka stand ganz weit links hinten, recht guten Muts. Dudlhofer hatte ihm fast in letzter Sekunde als Landarbeiterkostüm seine schwarze, abgeschabte Lederjacke geliehen, Ulli hatte es auch nach kurzem Nachdenken zugelassen, um ein »gewisses anachronistisches Rockelement miteinzufahren«.

Die Sonne brannte schon widerwärtig. »Ton ab!« rief Winni hell, »Ton läuft!« parierte Winni fast zu amtlich und wenig später schrie Ulli auch schon aufgeregt erhitzt: »Kamera läuft!« Nun schlug Diddi seine Klappe zusammen und rief weithin hallend »Action!« Die etwa zwölf Statisten, heute alle eingekleidet in verblichene

Lumpen, Hosensäcke, die Frauen in schwarze Röcke und Kopftücher, bewegten sich nun wieder zögernd vorwärts, auf das große Ziel zu, die Kamera, sehr beflissen und genau, nur Gehring wackelte leicht, so schien es Kafka, als er Hiemler hinterherstapfte – und als man die Kamera schon fast erreicht hatte, hob Diddi riesenhaft drohend seinen linken Arm, ließ ihn geradezu schaumschlägerisch wieder abwärtssausen und rief sehr gemütlich: »Stop! Cut! Dankedanke! Alles zurück auf Anfang!«

Kafka versuchte sich vorzustellen, was er wohl täte, wenn er einen Revolver bei sich führte und dies Instrument beherrschte, das Meer begann jetzt flache Ringelwogen anzuschwappen. Gleich darauf löschte Diddi mit einem an seiner Klappe baumelnden Schwamm die Inschrift »128 Anton 1«, klaubte aus dem Schwamm ein Stück Kreide, kraulte lässig seine beiden Brustwarzen und schrieb stattdessen mit Schmiß »132 Anton 1« aufs Brett. Sodann wurden die Statisten geheißen, sich, wie am Vortag, halbkreisförmig über das freie Areal des Zeltsandplatzes zu verteilen und sich wieder im Sternmarsch auf die Mitte zuzubewegen – dort kniete bereits umgekleidet der Landarzt Knitter über dem Studenten Heitler, der im Liegen das kranke Kind vorzustellen hatte und, wie Kafka jetzt rascher ahnte, an diesem Fleck von Knitter geheilt werden sollte.

Knitter hatte einen beinahe smokinghaft eleganten Anzug an und einen schwarzen Binder, das weiße Hemd blendete nachgerade phosphorisch. Über dem Nasenzinken hing eine Nickelbrille. Heitler lag nackt auf einem orangenen Badetuch, über das Geschlecht war eine Art Sacktuch drapiert. Heitler lag sehr ruhig. Knitter rappelte sich nochmals hoch, bog das Kreuz durch und kratzte sich wie geschniegelt in der Achselhöhle. Dann kniete er sich wieder hin und harrte vornehm still. Aus der Entfernung glich er jetzt nicht so sehr einem Mediziner als einem alten, nicht so leicht ausrangierbaren Hofbeamten. Zu gern hätte ihm Kafka einen etwas verbeulten Zylinder gegönnt, aber dazu war es jetzt sicherlich zu spät.

Schwaden von Mittagshitze ergossen sich auf Kafka, er schwitzte unter der Lederjacke und malte sich kurzfristig ein Schlupfloch aus, in dem Max Brod sich schnellstens seiner annahm. »Action!« hörte Kafka wieder Diddi krähen. Folgsam, mählich und nur langsam beschleunigend schritt der Dichter los, auf den alten Knitter zu. Das Meer rauschte gemächlich, nicht weiter interessiert. Zusammen mit der Gruppe erreichte Kafka bald Landarzt und Kind, dieses hatte die Augen zu und schien wirklich schon zu schlafen. »Stop und cut!« rief Winni etwas quallig, »alles zurück auf Anfang!«

Etwas schien nicht zu stimmen. Aus der Ferne erkannte Kafka, wie die Lehrer untereinander berieten, fast grobe Körperbewegungen vollzogen, sogar voreinander enttäuscht zurückwichen – sich scheinbar nicht mehr einigen konnten. Dann endlich erfolgte ein neuer Aufruf. Einsichtsvoll schritt Kafka los. Wieder hielt sich die Kavalkade der Wasserballer eng beieinander, einschließlich Claudia Kümmel – eine besonders wohlgeordnete Formation, aus der ein wenig Schriml herausstach, der sich im Eifer sogar mit schwarzer Stiefelwichs einen Stoppelbart angemalt hatte. »Yes, yes, yes!« rief rhythmisch Ulli hinter der Kamera, den Tritt der Näherrückenden zu bestimmen und ermunternd zu belobigen schon. Und tatsächlich, jetzt schienen die Regisseure, obwohl Kafka keine Besserung aufgefallen war, vollkommen einverstanden.

»Wird nicht wiederholt?« versicherte sich Diddi, während Knitter sich schon hochrappelte und Heitler seinerseits hochzog.

»Nein, war prima«, bestätigte Ulli und schüttelte, jetzt allerdings bejahend, den Kopf. Die eigentlichen Landarzt-Knaben-Szenen, erklärte er nochmals und nur ganz leicht angeknackst, sollen »erst übermorgen in den Kasten kommen – in Totale, Halbtotale, Personentotale!«

»Wir drehen, hoff ich«, rief Ulli nun doch wieder unerklärlich erledigt, »das meiste 1:1!«

»Macht sonst nur der Fassbinder!« Winnis Mitteilung schien vor allem den Wasserballern einigen Eindruck zu machen.

»Normal ist nämlich 1:5!« freute sich Diddi, in diesem Ausmaß unverhofft. Und er versuchte, eine Schnake zu klatschen.

Abermals erspähte Kafka jetzt ein Bündel fast loser, nur durch eine große Heftklammer zusammengehaltener Blätter, unvorsichtig geschwenkt von Winnis fachierender Hand. Zweifellos, es war das Drehbuch. Lüstern blinkten seine Seiten. Kurzfristig wurde Kafkas Auge von einem grünvioletten und gallertartigen Zacken mitten in der sirrenden Luft genarrt, er war nicht sicher, ob es ein Drudenfuß oder ein Judenstern gewesen war. »Wir machen's nach Pudowski«, sagte Winni äußerst stolz, »nach ›Theorie des Films‹, genau!«

»Du kannst so sagen: Wie Polanski und beim Brecht verfremdet«, ergänzte Ulli immer wacher und zündete sich endlich seine Zigarette an, nachdem sein Feuerzeug schon längere Zeit vor seinem Mund herumgetanzt und sogar ein paarmal vergeblich Feuer entfacht hatte, »Entfremdungstheorie auf filmisch umgesetzt, wie bei den Amerikanern! Mensch, der Ding, der ...« Ulli klopfte sich fast anklagend mit der Faust wider die schwitzende Stirn, offenbar versuchte er sich an einen bedeutenden, zuletzt leider und zu Unrecht etwas in Vergessenheit geratenen Filmtheoretiker zu entsinnen, »wie heißt er denn? Der Buñuel probiert's dann später öfter auch aus ...«

»Genau! Und dann gleich noch Slow motion drauf!« Diddi straffte seine Brust, als wäre er gerade einem Bergsee entstiegen. Heitler krümmte sich vor Lachen über etwas Unbekanntes.

»Neulich im Fernsehen, in Pilsen«, jetzt war auch Knitter eng an die Lehrer getreten und setzte etwas überstürzt seine Brille ab, »ich sitze daheim und weiß nicht, was ich tun soll. Hab ich Fernsehen, hab ich ›Die Bibel‹ gesehen. Das war doch auch so ähnlich, oder?«

»Aber wo!« Ulli parierte recht unleidlich, ja wie unverdient geprügelt, Knitters Einwurf schien ihn nicht so sehr aus der Fassung zu bringen als aus höheren Eingebungen zu reißen. »Der John Huston macht's ganz anders!« »Oder Pudowskin«, sagte Winni leicht zu Diddi und nahm den Djangohut jetzt ab, »ist ja gleich.«

»Also«, wollte Heitler wissen, »ich komm dann morgen wieder dran als Knabe. Und dann richtig Nahaufnahme?« Er wirkte richtig noch verschlafen.

»Übermorgen«, klärte Winni.

»Übermorgen, prima!« Heitler schneuzte sich begeistert. »Klappe bitte, Mittagessen!« Das war Winni.

»Evi«, rief in Eile Diddi Ullis Frau zu, »kümmer du dich um die Mühle! Und vergiß nicht nachmittag! Du bist heute Schminkgirl! 14 Uhr! Geht's los!«

»All okay!« rief Eva glockig. Sie war längst umgezogen. Mit einem Kupferzierband um den Hals, einem Sonnenrock unter dem papageiengemusterten Bikinioberteil, einem Plexirennfahrerschild an der Stirn und veroneserrot glitzernden Plastiksandalen dünkte sie

Kafka ein wenig sehr überfordert, zumal sie jetzt auch noch schnell einen mit Palmen und Kokosnüssen bedruckten Frotteebeutel aus dem Zelt holte. Doch der Hals gefiel Franz Kafka.

»Wer kommt mit zu Carlo vor?« Knitter schien neu aufgetaut. »Wimmer! Hiemler! Kommt ihr mit?«

Terry van der Moulen war es, der sich als erster froh anschloß. Der Lehrer Ferdl sagte zu, er komme sogleich nach.

Das Meer lag stark ermattet, im Lager flimmerte Kirchhofstille. Beim nahen Landarzt-Haus, jenseits der grünen Hügel, sollten am Nachmittag die ersten Einspielungen mit den drei Hauptdarstellern statthaben. Ausland heißt Elend, dachte Kafka flüchtig, und rieb sich unverfänglich seine schmale Hüfte. Courage zu bewahren, war nicht leicht, sagte er sich unter Sonnenqualen. Das Pärchen Wimmer-Kümmel turtelte ein wenig händchenhaltend vor sich hin. Hiemler, Heitler und Gehring hatten jetzt ihre Luftmatratzen ins Freie gelegt, schliefen betäubt vom frühen Wein der Mittagsstunde. Kafka spähte rund um sich, dann klaubte er seine grünblau karierte Badehose aus der Reisetasche und entschloß sich, einige Kilometer weit ins offene Meer hinauszuschwimmen, vielleicht würde er dabei getötet werden, das wäre dann die Rettung auch.

Das Meer leuchtete jetzt sehr grüntürkis. Sanddünen tönten farblos. In durchaus angenehmes Sinnen versunken, schritt Kafka auf die Wellen zu. Nur kurzzeitig hatte er ein wenig die Befürchtung, daß van der Moulen hinter ihm herstrich, um ihm einen Schabernack zu spielen. Linkerhand sah er jetzt deutlicher die große Felsengrotte, hier könnte er sich ja verstecken, ein für allemal. Der Drehbuchtitel war das eigene Todesurteil, der Text seine Begründung – er durfte beides niemals sehen.

Kafkas Augen wanderten, zum Schlitz verengt, den Sand entlang. Der Schimmel dieses Sonnenschimmers macht mich schummrig, planschte Kafka glimmernd. Eine helle Maus rannte den Strand entlang, ein dicker glänzendschwarzer Käfer kreuzte sie. Die Maus scherte, vielleicht deshalb in kurzer Panik, fast rechtwinklig zum Meer hin aus, besann sich aber scheinbar rechtzeitig und schlug wieder ihre ursprüngliche Tendenz ein. Der Käfer war derweil verschwunden. Nicht ohne Wollust bekräuselte Kafka das Gefühl, im Sand auf eine Tellermine zu treten, drum machte er sich ins Meer. Bald lag das Ufer einen Kilometer hinter ihm. Im Ernstfall, dachte Kafka, könne er sich ja mit Hilfe Silbereisens zum Fisch wohl auch verwandeln. Noch im Kraulen unternahm er den Versuch, möglichst verraten und verkauft zu seufzen, ja, das tat äußerst gut. Die jetzt wieder blaue glatte Wasseroberfläche, sie war eindeutig nur Bosheit, phosphorisch strahlend vor erhabener Böse. Ein Aeroplan ließ Kafka lang und lungenschwach nach oben blinzeln. So gewahrte er starr hinter gelblichen Hügeln eine Wolke wie Atompilz, flauschiggiftig schien sie sich von Sekunde zu Sekunde weiter auszudehnen, bis zum großen Platzen hin. Kraulend probierte Kafka ein Lächeln unbeirrbarer Alarmbereitschaft. Silbereisen im Verein mit Brod ließ ihn ja sicher nicht verhungern. Die Niedertracht des Zeitverrinnens schwelte schal. Aus großer Entfernung tönten jetzt wieder vereinzelte Rufe vom Zeltplatz her, wie aufgabebereit, ja vollkommen erledigt, Kafka glaubte vor allem Hiemlers klebriges Meckern zu erhören. Ohne jeden Wind schaukelte sehr zart die böhmische Nationalflagge. Hätte er, Kafka, sagte sich der Dichter, jetzt einen Wunsch freigehabt, der ganze Zeltplatz wäre rauchend in die Luft geflogen. Schon war er nur mehr als sehr schmaler, fast wirkungsloser Streifen sichtbar. Stimmen muckten schwächer hin und wieder. Kafka kraulte nochmals ein paar hundert Meter volles Tempo, dann ließ er's gut sein, schwamm zurück.

Mürbe weste Karst im Westen. Einsamkeit, sie war die alte größte Lockung. Ein fliederlila Glücksstrahl streifte Kafka schwimmend an den Lenden. Jawohl! Heute abend, wenn alle bei Carlo in der Taverne saßen oder um das Lagerfeuer, so wäre es ein sicher Müheloses, trotz allem das Drehbuch aus Ullis Zelt zu stehlen, einen Blick hineinzuwerfen und vor Übel still zu vergehn! Jawohl, das war die Lösung und das Ende! ›Kaufpreis für die Fahrt‹, sprach es in Kafka – das war der Henkersblick ins Drehbuch! Pinzette und ein Kerzenlicht! Durch Kafka rieselte es auf und ab, Züngeln einer Himmelsflamme. Hinter Milchglasluft erspähte der Schwimmer Hiemler, Heitler, Karin – etwas zur Seite kaute Schriml. Sie schienen mit Papierfliegern zu spielen, Kafka überflutete die Gewißheit, daß in diesem Augenblick kein Funken Geist den Strand beseele, vielleicht das ganze Land, und auch nicht seiner. Rettendes lag deshalb sehr nah. Das Drehbuch war Gesetz, das neue: ›Wie ziehe ich sie unterm Pferdeknecht hervor – respektive unterm Playboy?‹ ›Dudlhofer, ich liebe dich – deine Rosa-Abigail!‹ Schneefall. Mondlicht. Krankenlager. Keine Luft im Krankenzimmer. ›Säue werden in die Pferde fahren und nichts Grünes fand die Taube, schlupfte wieder in die Arche, dunkel, dunkel, äußerst dunkel ...‹

Kafka mußte ohne Bedauern lachen und legte sich im flachen Wasser kitzlig auf den Bauch. Über Grasbüschel und Sand hinweg sah er die nahe Zeltstadt. Quietschend vor Vergnügen balgten sich Gehring und Karin, allzu hastig schenkte Heitler sich neu aus der großen

Weinkaraffe ein, beugte gar den Kopf zum stärkeren Trinken weit nach hinten. Dem Lager fehlte einwandfrei der Kommandeur. Warum wohl, dachte Kafka wieder äußerst glimpflich, die Menschen Lustigkeit erfunden hatten? Um Knitter Schonfrist zu gewähren, den Gnadenstoß ihm zu erleichtern? Damit Wümmer Kümmel zottiger noch in die Weichen kniff und griff? Damit das Heckmeck das Gericht noch unterhielte, ein bißchen verzeihender auch stimmte? Am Ende gar noch, trunken, übertölpelte! Nein! Nein! Er, Kafka, durfte dieses Drehbuch nicht stehlen, durfte dieses Skript nicht lesen! Sonst käme alles auf – und van der Moulens Regiment begänne grausig! Hohläugig herrschend, Zacken in der Krone! Nein! Nicht dies Drehbuch! Niemals! Nie!

Kafka kletterte aus dem Wasser, legte sich lang gestreckt in den Sand. ›Unübersichtlichem gegenüber sofort niederfallen.‹ Sein Anblick war zu klagend, Schindmähre für die Zeltbewohner. Kafka erwog, ob er sich morgen eine Sonnenbrille kaufen sollte, damit er dunkelnd alles sähe und dennoch aus dem Schneider wäre. ›Zwei Zahnreihen in Evis Wange – ich bin ein brünstig wildes Tier.‹ Kafka ließ sich etwas gehen. ›Das Prager Fernsehen wird sich wundern, errichtet wird ein Schweinestall, in den höchsten Chefetagen. Was soll mir Kiefer, was Wacholder. Ich möchte rammeln, all okay.‹ Mäßig verschreckt hatte Kafka mit einem Male seine Zweifel, ob je ein pralles Weib die Seele ihm allschon gerührt. Immer, dachte Kafka lausig, halb im Schlummer, hatte er sie nur geduldet, wie in überreifer Demut und zur Tarnung, die Welt aus ihren Angeln bald zu heben. ›Der Ehemann ist ein Gespinst, die Landwirtschaft das Andere, zu ihr gilt es zu flüchten, entwischend Ach und Knittern, Felicen zu erretten … Einheiraten in die Landwirtschaft, abtrünnig und sehr verschlagen …‹

Mit Gekreisch flogen Hiemler, Gehring, Karin jetzt ins Wasser, Karin diesmal oben ohne, das schien ja auch der Grund des Jauchzens.

Lichthitze wich der schönen Kühle. Gegen Abend kehrten die Regisseure mit ihren Hauptdarstellern zurück. Alle sahen etwas gramvoll drein. Abermals, stellte sich heraus, war es bei den Filmaufnahmen zu Kalamitäten gekommen, diesmal, soviel Kafka mitbekam, innerhalb der Lehrer, wegen unübersehbarer filmästhetischer Mißstimmigkeiten – ja, heimgekehrt erörterten die drei Regisseure den Fall gleich darauf am Feuerplatz der Zeltstadt beharrlich weiter, so daß sich eine kleine Interessiertengruppe formierte, der auch etwas bezaubert Kafka angehörte. Wenn Kafka recht deutete, verstanden sich Winni und Diddi mehr als Anhänger der Schule Eisensteins, und vor allem Winni, der jetzt auch ein Jockeymützchen trug, führte dabei vorzüglich dessen Verpflichtung der werktätigen Klasse gegenüber ins Feld – während Ulli wohl ebenso unverbrüchlich auf Konzeption und Techniken von Howard Hawks schwor und auf dessen »Magischen Realismus« und auf seine »Effizienz in der Verwendung der Semiotik«, und Ulli verschwand im Zorn sogar recht überstürzt in seinem Zelt, kam aber sofort wieder.

»Hallo Doktor!« rief Ferenc Knitter leicht gehetzt über den Platz hinweg, »alles klar? Freut mich für Sie!« Und er tauchte hinter seinem Zeltdach unter. Im gleichen Augenblick sah Diddi Kafka so seelenvoll ins Auge, daß in diesem Blick nur die Bitte um eine zarte Drehbuchrevision liegen konnte – doch schwungvoll wandte der Lehrer sich Schriml zu, der sich soeben beidhändig und ruckartig quetschend die viel zu enge Kordhose über den viel zu prallen Hintern zog, einen sehr grünen Apfel zwischen die Zähne geklemmt. Fernab erschien ein erbarmungswürdig riesiger schmutzigweißer Köter auf dem Sandplatz, trottete dem Meer zu, bellte dreimal haltlos auf, schnupperte am Boden und verschwand dann langsam hinter dem Tomatenzelt.

Der Streit der Lehrer hielt an, Schwärme von verfehlten Sätzen und Satzteilen. Körperich machte derweil ein paar fotografische Schnappschüsse, auch von Hiemler und von Kafka. Heitler wollte wohl auch mit drauf, wurde aber von Körperich schroff zurückgewiesen, trollte endlich sich ergeben. Der Insekten frohes Völkchen schwirrte vor allem um Gehrings Ohren, wie Kafka jetzt erst sah, äußerst tückische, abgefeimte Ohren. Die Händel der Lehrer aber wechselten auf einmal schlagartig ihre Richtung. Mehr oder weniger offen wurde von allen dreien nun gemunkelt, auch Knitter habe als ›Landarzt‹ nicht so eingeschlagen, sei keineswegs der First-Class-Man, den man sich erhofft habe. Er habe so gut wie keinen Text genau beherrscht – zum Beispiel den zentralen Satz »Gib mir nicht die Stall-Laterne, sondern, wenn das Auto schon fehlt und auch die Magd, immerhin die Instrumententasche« – diesen Satz, ließ Diddi durchblicken, habe Knitter auch nach fünf Anläufen noch nicht ganz überzeugend herausgebracht, außerdem, so Winni, fehle sehr jenes »Mythische und das Swinging, was wir brauchen«, und schließlich, Heitler sperrte hingerissen von Neugierde den Mund auf, Höllenschlund zwischen viel Sommersprossen – schließlich interpretiere Knitter diesen ›Landarzt‹ auch sehr eigenwillig, um nicht zu sagen vollkommen verfehlt, nämlich, übernahm Ulli zänkischer die Klageführung, Knitter spiele »ziemlich Klischee, praktisch altes Illusionstheater – das Andere, die Projektion von modernem Alltagsmythos in die Parabel vom Erniedrigten und Beleidigten im Sinn vom Strukturalismus – das packt er halt nicht mehr!«

»Wer! Was! Wer, was, verflucht! Wer packt was nicht mehr!« Knitter, aus seinem Zelt kriechend, hatte die letzten Vorwürfe anscheinend aufgeschnappt, der Bannstrahl seiner arg geweiteten Pupillen traf Ulli schon ins Herz: »Ich verbitte mir solche Unterstellungen! Wer macht hier den Scheiß! Doch ich nicht! Ich spiele klassisches Theater! Die Schule Walter Stoczek! Ich komme aus der Schule Brechts! Beziehungsweise Walter Stoczek!«

»Schon gut, Ferenc!« Ulli zog stark den Schwanz ein. »Kritik ist Selbstkritik, ist Lernprozeß – wir kriegen das dann morgen schon hin, wir gehen's morgen nochmals durch, ja?«

Kafka meinte ein Telefon läuten, ein anderes antworten zu hören, aber das konnte ja nicht sein.

»Hör mal, mein Guter, mein guter Ulli, Winni, Diddi, alle!« Die Gestalt des Greises streckte sich, aber in den Augen lag doch viel Flehen, das Gesicht schien sich in den drei Tagen der Reise etwas nach rechts verschoben zu haben, und Kafka ahnte wieder, wie sehr er ihm schon ans Herz gewachsen war, »ich mache das nicht länger mit! Ich drohe offiziell mit Boykott! Vor aller Augen Zeugen! Ich bin weißgott nicht nach Italien gefahren, daß ich mich von drei grünen Jungs, die direkt aus der Volkshochschule kommen, das Theaterspielen erklären lasse. Oder mir! Chrrrnnn! Ich komme aus der Schule Walter Brechts!« rief Knitter feuriger und lädierter zugleich, und Kafka zog bezaubert seinen Kopf ein, während Winni recht dupiert sich in sein Zelt verkroch. »Ich habe modernes Theater gespielt, meine Herren, als ihr, die Herren großen Regisseure, noch nichts gewußt habt als Goethe und Operette! Ich verbitte mir das, aber ehrlich! Doktor!« wandte Knitter sich im Stile einer Vorwärtsverteidigung rasend schnell an Kafka, »hab ich recht! Oder nit! Ich bitte Sie! Erklären Sie den Herren Ihr Theater!«

Kafka wischte hastig eine Biene vom bloßen Arm und fragte sich, ob sie wohl wiederkommen würde, sich zu rächen, vielleicht war sie, zusammen mit ein paar zu Hilfe gerufenen Genossinnen, sein allerletzter Henker. »Arschgesichter!« hallte Knitter heiserer verdrossen nach und brummte eine Weile vor sich hin. Plötzlich aber lief er wieder auf Kafka zu, breitete sinnbildhaft und weit die Arme aus; Kafka fürchtete, er würde ihn vor Glück umklammern und erwürgen. »Doktor, eine andere Sache, ich bitte Sie, mir ist gestern abend etwas Peinliches passiert, kommt ja vor.« Jetzt machten Kafka Knitters aus dem Hemd hervortretende graue Brustwarzen am meisten zu schaffen, der Schauspieler aber packte den Dichter am Arm und führte ihn, wie um die Heimlichkeit zu schüren, unter die böhmische Fahne. »Ich sitze also gestern oder war's heute mittag mit dem Terry van der Dings bei Carlo vorne im Tomatenzelt, wir unterhalten uns, alles prima – plötzlich kriegen wir Streit – und da sagt er mir, er kriegt von mir noch 84 000 Lire. Ich weiß es nicht, aber er sagt es. Und das kann ich natürlich nicht auf sich beruhen, stop: auf mir sitzen lassen.« Knitter atmete schwer und kämpferisch, geschwinder zog er Schleim hoch, Oskar Baron sah gebannt zu beiden herüber. »Ich meine, Doktor, wenn wir keinen Streit gehabt hätten – ja, ohne weiteres! Aber weil wir gestritten haben, muß ich zahlen. Und nun kann ich aber wegen der Filmtermine heute und morgen nicht auf die Bank in Pesti, Doktor. Übermorgen haben Sie die Kohlen wieder, unter jeder Garantie! Der Arsch sitzt im Tomatenzelt, ich muß ihm das Geld sofort zurückgeben. Die Lehrer haben keine Ahnung. Von wegen ›Klischee‹,

›Parabel‹! Bis übermorgen, Doktor! 84 000 Lire! Sonst bin ich ehrlich aufgeschmissen!«

Unter Schmerz verzaubert nahm Kafka wahr, wie Knitter tatsächlich sekundenlang den Ausdruck saftiger Selbstmordgedanken aus den Augenhöhlen preßte. Das Meer im Vordergrund lag pflaumenblau und unversehrt. Sehr gefiel Kafka auch der Betrag von 84 000 – 80 000 hätte er vielleicht verweigert. ›Wer in die Fremde wandert‹, sann Kafka mühelos vergnügt, ›tut gut, sich doppelt zu versichern.‹ Er zog aus seinem Überkleid die zwölf gewünschten Scheine. Mit großer Lüsternheit gab er sie Knitter.

»Doktor!« Knitters Qualblick weichte auf ins Staubige, »wissen Sie, daß Sie meine Rettung sind? Wissen Sie, daß Sie mein einziger Freund in dieser verwichsten Campingscheiße sind, der einzige, der mich versteht? Wissen Sie es?« Knitter erraffte rasch die Raschelscheine und pferchte sie zwischen Unterleib und Badehose. »Ich danke Ihnen bis übermorgen!« rief er, sich im Rückwärtsschritt sehr langsam entfernend, hocherquickt. »Winni, Ulli, Diddi! Keine Ahnung vom Theater! Das Drehbuch ist am Arsch! Okay, das Drehbuch ist nicht schlecht – nur ist zuviel Symbolik drin. Was soll die weiße Lilie, die der Landarzt der Büchs, der Magd dann überreicht? Wenn, dann, denk ich, rote Rosen! Ah, da ist sie ja! Schätzchen!«

Knitter schnellte den Körper blitzmäßig heiter zur Magd Helga-Abigail herum, die im duftig weißen Sonnenanzug etwas versonnen durch die Zelte strich und nun hätte Kafka das Drehbuch freilich doch wieder rasend gern gelesen. »Was gehst du mir aus dem Weg! Collega!« Knitter lachte sehr gestärkt und streifte symbolisch, aber freilich doch in schon kühner Schamlosigkeit Helgas Taille entlang. »Helga! Heli! Wir versteh'n uns doch! Was machst du? Hör mal, ich lade dich ein! Kommst du mit auf einen Dämmerschoppen zu Carlo runter?« Knitter betastete traumhaft sicher das Dutzend Scheine unter seiner Badehose, ja die Hand fuhr offensichtlich völlig bewußtlos in die Hose – »ich darf dich doch einladen? Doktor, ich danke Ihnen!« Knitter krähte schon aus reichlicher Entfernung und fuchtelte die Arme. »Kommen Sie auch mit? Helga! Abigailchen!«

Eine kleine, fast unbeachtliche Bedrängnis überkam Franz Kafka und auch Lust, doch er lehnte ab. Helga schaute prüfend nach Kafka aus und dann Knitter an, dann entschied sie sich wortlos. Knitter schleppte die Fee von dannen. Auf halbem Weg, erkannte Kafka, schloß sich den beiden Hiemler an, in Bermuda-Shorts, fleischigen Rückens.

»Ein Film ist heute«, hörte Kafka im gleichen Augenblick nun wieder Ulli, und der Dichter gedachte wie von ungefähr aufgeschreckt Felicens, »ein Film ist heute praktisch primär Evidenz im Ausschnitt. Der Schlöndorff in der ›Blechtrommel‹ macht's falsch, der Alexander Kluge richtig – obwohl's bei dem auch nicht ganz hinhaut im Timing. Die Evidenz von Realität, also praktisch der Präsenz!«

›In der Latenz‹, vollendete Kafka heimlich, wieder leicht betreten. Etwas später machte Winni, den Zeigefinger angespannt in den Mundwinkel geschnellt, etwas zu lebhaft darauf aufmerksam, die Musik werde dann erst später in Prag draufgemischt. Karin Bock sah andächtig zu ihm hoch, dann lächelte sie schon sehr verfallen. Gleichzeitig sah Kafka den Knecht ›Mario del Monaco‹ in eingerollter Haltung eine Regenrinne um sein Zeltchen graben – wie trotz der Filmarbeit zu unausgelastet.

»Ein Film ist heute proletarisch oder nichts!« Diddis

Worte klangen elektrisierender als sie vielleicht gedacht waren. Der Student Heitler machte sich auf nicht ganz durchsichtige Weise an der Lagerfeuerstelle zu schaffen, er schien sich einen Hahn zu braten. Kafka bezweifelte noch immer, ob der junge Mann wirklich der Knabe war, der ihm beim Dichten vorgeschwebt. Das schmale späte Leuchtfeuer hoch in den schwer violetten Wolken glich einem Schlitz im Backofen. Übrigens, teilte nun etwas herrisch und allgemein Winni mit und streifte wie zum Beweis zur gleichen Zeit sein T-Shirt ab, wer wolle, könne heute abend mit ihm oder aber Kümmel und Wimmer nach Peschici hinüberfahren, man habe dort inzwischen eine Gaststätte mit Disco-Betrieb entdeckt – dort, schrie nun Winni fast und selbst unüberzeugt, könne man ja ein wenig herumsitzen und vielleicht tanzen.

›Das Drehbuch‹, dachte Kafka gaukelnd – nein, er wollte es nun doch und schon erst recht nicht lesen! In einer Stunde bräche man auf, rief Winni mit großer fordernder Geste, aber auch verdrießlich. Der Arbeitstitel des ›Landarzt‹-Films, plauderte nun, Kafka gerade noch vernehmbar, Diddi gegenüber Hiemler aus, werde übrigens ›Kollusionen‹ oder nur ›K‹ lauten. Was das bedeute, wollte faul der Lehrer Ferdl wissen. »Wörtlich übersetzt ›Zusammenstöße‹ kann man sagen«, sagte Diddi mit beinah verhängnisvollem Blick. »Nach Zglinicki«, rief Ulli, etwas näher an Kafka heranrückend, ging scheinbar noch einmal aufs Ganze, »ist die Halbtotale letztlich überholt, praktisch out! Zglinicki, ›Weg des Films‹ – steht schon im Vorwort!«

Hiemler stieß einen Rauchring in die Luft; ehe er schleunigst baden ging.

Abendrot schwamm purpurn bräunlich, schwankte gelbbraun über Hügeln westlich. Van der Moulens

Grammophon spielte im Zelt, es war etwas laut Verhangenes. Ein riesiger apfelblütenfarbener Eiswagen kurvte weitausholend in den Sand, kroch auf Carlos Hütte zu. Tiefsinnig sah Gehring drein. Wimmer kam mit Kümmel aus dem Wasser noch patschnaß, zum Spaß hatte er seine Kartoffelkäfer-Badekappe nicht prall über den Kopf gestülpt, sondern nur locker nach oben gelupft, so daß sie dem Hut eines Popen glich. Oskar Baron, Marianne Ach und Peter Hindelang standen bereits ausreisefertig, Heitler und Karin dagegen schossen noch schnell mit dem roten Ball auf eine kleine Bretterwand, in der in unterschiedlicher Höhe zwei Löcher geschnitzt waren, in die der Ball auch paßte. Die Wand habe ihnen Dudlhofer geschnitzt, vertraute Gehring Kafka an. Kafka ging in sein Zelt und klaubte eine Postkarte von Riva aus der Reisetasche. »Liebster Max«, schrieb er, »hier geht es mir ...« Reißend sank der Kugelschreiber aus der Hand, doch Karins fehlgeschossener Ball war keineswegs dran schuld. ›Mein Leben‹, dachte Kafka murmelnd, ›ist süßer als der anderen, mein Tod wird sehr sehr schrecklich sein.‹ Ein zarter Mond war auch erschienen.

Nach einer halben Stunde sah man Knitter, Hiemler und Helga-Abigail aus dem Tomatenzelt zurückkehren. Knitter strauchelte etwas, der linke Fuß nickte manchmal ein. »Halloh!« rief Hiemler zum Willkomm, »sind die anderen schon fertig?« Hiemler war nur leicht, Knitter doch schwer betrunken. Kaum hatte er Wind davon bekommen, daß die Lehrer, ihre Frauen und noch einige andere sich für die Ausfahrt nach Peschici fertigmachten, war der Schauspieler erst verstört, dann Feuer und Flamme und wollte sofort und ohne Bedenken mit. Das gehe nicht an, schalt Ulli verärgert, er, Knitter, sei jetzt bettreif.

»Oho!« rief Knitter sich verwahrend, »ich hab nur einen Schwips!«

»Einen Schwips?« echote Ulli und konnte sich anscheinend noch nicht recht zwischen Mißfallen und Vergnügen entscheiden.

»Okay, okay, einen Riesenschwips, na und?« Knitter sah sich hilfesuchend, aber auch alarmschlagend um, »natürlich komm ich mit! Aber immer komm ich mit!«

»Riesenschwips!« Schmer höhnte nach.

Schwärme unkeuschester, verschüttetster, verscharrtester Gedanken kreisten. ›Ich bin der Sündenbock der Menschheit‹, dachte Kafka, seine Sehnsucht nach den Fidschiinseln wurde für Sekunden übermächtig.

»Ich fahr auch mit!« Heiter schnaubte Heitler.

»Los! Wann fahren wir?« rief Knitter, unverkennbar etwas ängstlich. Nun warf sich Winni gleichsam unparteiisch in die Bresche. Er, Knitter, habe morgen einen harten Arbeitstag, begütigte fast knisternd der Regisseur, da sei es besser, wenn er »fit« sei.

»Fit!« schrie Knitter schwer vergällt, »ich bin immer fit, mein Kleiner!«

»Ich fahr immer mit euch mit!« Treuherzig ging Heitler hier dazwischen, »weil ich hab mir überlegt, ihr seid alle älter als ich und habt die Erfahrung – so krieg ich auch Erfahrung und bleib an Jahren trotzdem jung! Jawohl! Im Herbst muß ich dann sowieso zum Barras!«

Winni schob Heitler schonend, aber auch recht achtlos zur Seite: »Ferenc, sei gescheit, bleib da! Du bist heute nicht ganz nüchtern!«

»Nie ganz nüchtern!« bellte Knitter, warf die Arme in die Luft, »aber jederzeit topfit, mein Guter!«

Jetzt gab Winni Ulli ein verstohlenes Verständigungszeichen, die beiden Lehrer traten zueinander und flüsterten grübelnd – im Anschluß teilte Ulli mit, Winni werde mit seiner Gruppe erstmal abfahren, desgleichen Wimmer mit seinen Wasserballern – er, Ulli, bleibe vorerst noch da, er habe mit Knitter regielich noch etwas auszudiskutieren, später komme er mit ihm nach Peschici dann nach.

»Okay, das ist ein Wort! Ulli!« In Knitters Augen schossen Freudenzähren. »Ich bin ein alter Mann, ihr laßt mich nicht alleine hier ...«

»Wenn der alte Depp eingeschlafen ist«, Ulli wandte schnell vertraulich sich an Schmer und Kafka, »tun wir ihn in sein Zelt und brummen nach!«

Drei Autos verließen kurz darauf den Zeltplatz, zurück blieben nur Ulli, Schmer, Kafka und Knitter. Der Schauspieler war in Lagerfeuernähe auf das Gras gesunken, nun rappelte er sich wieder hoch, wackelte in sein Zelt, kam mit einer Heringsdose wieder hervor, ließ sich von Schmer einen Öffner geben und schnitt das Blech mühvoll entzwei. Mit einem Tafelmesser schob er die Fischbrocken in den Mund, sabberte etwas auf seine Hose, sah eine Weingallone, trank aus ihr. ›Am Unglück auf und niederhangeln‹, dachte Kafka, ›kann einem Menschen schon gefallen.‹ »Astrein«, flüsterte Knitter, »fahr ich mit! Aber immer! Fährt der alte Knitter mit wohin! Wenn hier wer wohinfährt, dann ich, Knitter. Sonst werd ich stocksauer. Fahren Sie dann auch mit, Doktor? Morgen les ich dann Ihr Buch ... ah!«

Anscheinend hatte er einen besonders schmackhaften Fischbrocken gefunden. Die Sonne war längst weg. Allmählich glitt der Landarzt aus der Wohllebigkeit wieder in Mißtrauen hinüber, ja offene Feindseligkeit – unruhvoll nestelte er an seinem heute beigeblau punktierten Halstuch, äugte scharf nach Ulli hin, der sich an seinem Jeep zu schaffen machte. Dann schlich der Lehrer zu den drei Lagernden zurück. Er schien sich zu ärgern, daß Knitter noch nicht schlief, nicht einmal gähnte. Sorgend sauertöpfisch sah er Schmer und Kafka in die Augen.

»Ulli«, freute sich Knitter etwas heikel unheilkündend, »komm, setz dich zu uns, ah! Du wolltest mich noch sprechen, hab ich das recht verstanden? Komm, laß uns über alles sprechen, die beiden hier können ja alles hören. Aber ja!« Knitter ölte sich kurzfristig im eignen Wohlgefallen, gleichzeitig wurde klar, daß er Tückisches zusammenbraute. »Wo ist deine Kamera, Ulli?« Unverfänglich schnüffelnd kaute er Fingernägel, bereitete einen Coup vor. »Deine Riesenkamera! Tolle Kiste, aber ehrlich! Hast du die selber dir gekauft? Ja? Ah!«

Ulli schaute kläglich weg ins Leere. Gut sichtbar begann der Schauspieler, kopfwedelnd sich in Wohlbehagen zu wälzen; Kafka unterdrückte kaum ein Lächeln.

»Hast du die dir gekauft? Mit deinem Lehrergehalt?« Deutlich machte er sich lustig. »Sag bloß! Bleiben dir da soviel Kohlen?«

»Shut up!« Ulli raunte wie zermürbt.

»Hast du wohl viel gespart?« Knitter werkelte blindlings weiter, strampelte auch leicht mit den Beinen. »Oder dein Schwiegervater? Hat sie dir dein Schwiegervater wohl zum Geburtstag geschenkt? Sehr gut, echt! Bist zufrieden mit dem Schwiegervater, ja?«

Bosheit begann, sehr zügig brandender zu wogen, Schmer ging vorerst beherzt dazwischen:

»Du bist jetzt ruhig!« schimpfte Schmer, »sonst fährst du überhaupt nicht mit: Sondern im Traum nach Peschici!«

»Da lache ich!« parierte Knitter, »der Winni, pardon: Ulli nimmt mich mit! Er nimmt mich mit nach Petuschi! Arschklar, mein Guter, arschklar chrrrn! Und ich weiß auch, warum, mein Guter!« Knitter lachte bravourös, die Hand griff hart zur Weingallone.

»Ferenc«, bat Ulli recht verzagt, »jetzt leg dich erst ein bisserl hin und schlaf halt erst ein kleines bisserl! Okay? Wenn du dann aufwachst, fahren wir!« Der Lehrer schrak vor seiner Lüge, er besserte: »Dann sehen wir weiter ...«

»Ich, der alte Knitter – schlafen?« Knitter schraubte sich vor Entrüstung hoch, schien endlich Lunte zu riechen. »Schlafen soll der alte Knitter! Während ihr in die Stadt rauscht chrrn! Ihr seid – Schweine! Ihr Schweine wollt mich abschütteln, wollt einen alten Mann abschütteln chrrrn!« Knitter saugte Schleim nach oben, der aber in Nasennähe auf eine Staustufe zu prellen schien. »Doktor!« Er griff harsch nach Kafka. »Doktor, Sie sind Zeuge! Doktor, Sie lassen mich nicht im Stich! Doktor, ich beschwöre Sie!« Des Landarzts Flügelschlag wurde rasch voller. »Doktor! Ich verlasse mich auf Sie! Ihr Schweine, ihr haut ab! Und laßt mich hier verrecken!« Der Schauspieler schien vom eigenen Geheul verblüfft und angetan. »Verrecken und vergehen!« Knitter färbte vorübergehend die Stimme zum Winseln, er setzte sich vor Erregung hin und kletterte wieder hoch, schien jetzt sogar zu schlottern. »Ich warne euch, Ulli, ich warne!« warnte Knitter laut, dann säuerlicher noch zweimal. »Ich schmeiße morgen den ganzen Film hin, euren ganzen Arschwichs-, euren Arschwischfilm! Ich torpediere alles, alles! Ich torpediere rücksichtslos!«

»Sabotiere«, besserte Schmer sehr kühl, »oder aber: ich storniere ...«

»Was? Wer? Aber immer! Jederzeit! Ich staboniere euren Film. Völlig klar! Wetten daß?«

»Ist ja schon gut.« Nicht ohne Angst tröstete Ulli. »Wir reden morgen drüber, morgen«, suchte er abzulenken, »ist deine große Performance, Ferenc. An deiner Tagesform hängt alles. Und die ganze Filmstruktur ...«

»Ihr Schweine!« Knitter keuchte leiser nach, schnupperte an seinem Weinglas wild, dann erst katapultierte er es zum Mund. »Ich protestiere gegen die Behandlung!« Wie in Belagerungszustand sah er rund um sich, trotzig allen in die Augen, das Weinglas harrte dicht vorm Mund. »Ich protestiere gegen alle! Dann ist aber Polen offen! Merkt euch das, ihr kleinen Wichser!«

Erst jetzt trank er hastig. Der Nachthimmel, inzwischen stand er braunviolett, gegen den Horizont hin quirlten sehr verheißend goldorangene Wolkenhäufchen. Durch zwei Luken im Zenit stürzte ein Lichtschacht weißlich ab ins Meer, sein Widerschein färbte die Küste bläulich. Kafka erhob sich, auf dem Zeltplatz ein wenig auf und ab zu zotteln. Vielleicht fand er dabei das Drehbuch, es für immer zu erraffen.

»Wo schleichen Sie hin!« rief Knitter scharf versehrt. »Sie schleichen immer so, wissen Sie das? Schleichen, als ob Sie Dreck am Stecken hätten, chrrn! Hören Sie, Doktor, nehmen Sie mich mit nach Peschi oder was? Ich bitte Sie ganz ehrlich! Haben Sie einen Führerschein?« Reisefertig stand der Landarzt, streckte bleich die Hand nach Kafka aus. »Würde ich Ihnen nie vergessen, ehrlich nit, Doktor, chrrrn! Nie! Doktor, ich decke Sie!«

Kafka sah sehr schlimm zu Boden. Er wolle nur ein bißchen am Strand entlang laufen, säuselte er leis, sich die Beine zu vertreten. Er komme gleich zurück. Aus seinem Haar klaubte er etwas Zappelndes, es war eine riesige, offenbar verirrte Schmeißfliege. Sie mochte sich schon seit dem Nachmittag dort aufhalten. Kafka warf sie jäh zu Boden, quetschte sie an einem Stein, bis sie mausetot war. Knirschend ging das Tier zugrunde.

»Okay, Doktor!« Knitter knarrte schon halb aus der

Ferne. »Kommen Sie in acht Minuten wieder! Ich verlasse mich darauf! Er geht jetzt in den Wald«, hörte Kafka den vollen Stentorbariton noch gerade, »und holt sich einen runter ... Doktor Kafka ... hat es verdient nach drei, vier Tagen! Ich bitte euch, oder nit! Ulli, Schmer – ich bitte euch, ich warne euch!«

Brodelnd, wenngleich ferner, saugte die Stimme wieder an: »Ihr laßt mich nicht im Stich hier, wenn ihr mich hier zur Sau macht, wenn ihr mich nicht mitnehmt, mach ich alles hier kaputt! Mach ich alle hier zur Schnecke! Alle mache ich hier fertig! Glaube mir das, Ulli, bitte ...«

Zart flunkerte der Abendstern, einsam im braunen Wolkenmantel, wehklagend und sehr weitgereist. Duft von Lavendel betappte Kafka, später Feuerschimmer goß sich auf die weiße See. Ahnbar wonnig blasse Schleier, Unschädlichkeit streute die Milchstraße. Pudelwohl fühlte sich Kafka. Sein Taubenmut schwoll an zu dem des Lämmchens, der Wunsch nach dem Motorrad wurde heftig. Aller Kopfschmerz war verschwunden, unbefugt und unberufen. Der Buckel eines Felsenriffs, Kafka bestieg ihn äußerst schneidig. Winzig eine dunkle Grotte saugte etwas altes Meer. Stalaktiten moosumwoben, kühle Gründe in den Schlünden. Kafka kam wieder vor. Die Küste braute Stille, im Schlummer lag die Welt ... und nur einer röhrte, fernab und fast gefahrlos ...

Angst, die Götter vorschnell auf sich aufmerksam zu machen, sich's im Luftigen gar zu gemütlich einzurichten, trieb Kafka schon nach sieben Minuten ins Lager zurück mit Leichtsinnsschritt. Zwei rote Punkte blinkten an der Zeltstadtausfahrt, an einer offenen Jeeptür mattes Licht und schnelle Bewegung, wie in sehr vermummter Hast. Sonst schien das Lager leergerodet.

Vor seinem Zelt, den Körper auf den Arm gestützt,

saß halb und halb lag Knitter. Neugierig trat Kafka näher, die Lage besser zu sondieren. Der Landarzt hielt ein Nickerchen. Der Kopf war steif hinabgesackt. Speichel hing vereist im Schnauz. Minutenlang sah Kafka tief entzückt dem Schlaf der Welt ins Faltenauge. Der Lider klirrende Verrottung, Unwahrheit der Gigantennase, zu zögern schien sie zwischen Schlaf und Schluchzen. Augenweidend wurde Kafka warm. Der Schnauze schnaubendes Gekeuche, Rudel Gespenster auf der Stirn. Wüste, finstre Nasenlöcher, Schluchten ew'ger Lumperei ...

Da startete der Jeep. Gedämpft schien das Motorengeräusch – doch der Knitterkopf fuhr hoch. Schlug pelzig seine Augen auf, störrisch, räudig und doch hehr – Knitter war verdutzt. Der Motor dreißig Meter landeinwärts rauschte entschlossener. Blitzrasch war Knitter plötzlich auf den Beinen. Kaum wackelnd und wie in wahnsinnigem Sterben rannte er zum Auto hin, gerade noch zeitig genug rettete sich der Wagen, fuhr bereits den Hang hinan, hörbar angstvoll Knitters Andrang entfliehend.

»Wartet! Wartet! Wartet doch!« Knitter schlug sehr laut Alarm. Es klang wie ›Wawawawawawahoh!‹ »Ich verzeihe euch, ich verzeihe euch – wenn ihr wartet!«

Tatsächlich hielt der Jeep wie überredet an, knapp vor der Einfahrt in die Landstraße, kaum dreißig Meter Vorsprung hatte er noch vor dem sprintenden Knitter.

»Ich fluche euch!« schrie Knitter rauh im Rennen – er schien das Anhalten des Autos überhört und übersehen zu haben, »ich fluche euch!«

Da fuhr das Auto wieder an und hupte. Das Hupen, deuchte Kafka, war vielleicht Erlösung. Etwas von Sinnen war er Knitter hundert Meter nach und zu Hilfe gerannt.

»Ich fluche euch! Ich fluche euch!« Knitter spurtete noch ein paar Meter, dann aber, als der Jeep endlich die Landstraße erklommen hatte und hinter Baumschatten verschwunden war, reckte der Landarzt furchtbar die Arme über den Kopf. Gleich einem Gewichtheber wippte und schwang er sie auf und ab, blau angeschneit von Wolkenschimmer.

»Ich fluche, ich verfluche euch!« Kafka weilte schon nah beim Landarzt. »Ich verfluche euch dreifach! Siebenfach! Neunfach! Ulli, Kafka! Schmer! Ich verfluche euch nochmals! Siebenfach sollt ihr sterben und verrecken. Das Auto soll die Straße runterfallen, in den Bodensee! Oder in das Meer! Eines siebenfachen Todes sollt ihr gräßlich sterben! Aber ehrlich! Neunfach sollt ihr gräßlich sterben! Ich alter Mann, verlassen! Schweine! Säue! Aber echt! Chrrnnn!«

Noch einmal und vollends unsinnig hastete Knitter ein paar Meter dem längst entschwundenen Auto nach, dann drehte er ab und trottete schnaufend und nur leise Brocken brummelnd zurück in Richtung Zeltplatz. Da gewahrte er Kafka. Knitters gebrochenes Auge schien ihn erst nicht wahrzunehmen, als nicht weiter ernstzunehmenden Kundschafter einer anderen Welt mißzuverstehen. Plötzlich aber trat die Freude des Wiedererkennens maßlos auf die Knitterstirn. »Ah, Doktor, guten Abend!« Es war, als ob die Stimme Lob und Anerkennung verstreue. »Gut daß ich Sie hier treffe – man hat uns beide schwer betrogen!« Die Stimme besann sich zur Schärfe zurück: »Das Arschgesicht ist weg, Ulli und der Schmer! Ich alter Mann allein! Gut, daß ich Sie noch habe! Kommen Sie mit zu Carlo, laß uns noch ins Tomatenzelt! Diese fiesen Arschgesichter! Laß uns noch einen trinken!«

Sehr munter planschte Knitter fort, gemütlich und

recht gut versorgt. Kafka duckte sich ein wenig zusammen, umhegt von Knitters warmen Blicken. Knitter nahm ihn sogar bei der Hand, traumfest ging es dem Tomatenzelt zu. Doch Carlo hatte schon geschlossen, kein Licht war mehr zu sehen. Knitter ließ Kafkas Hand wieder fahren, schien erneut vernichtet. »Ich alter Mann allein«, erinnerte der Schauspieler noch einmal, Brocken Seufzer von sich schmetternd. Wider bessere Einsicht mahnte Kafka, die Zelte aufzusuchen. Knitter blieb zum leichten Grübeln stehen. Plötzlich kam ihm ein neuer Einfall: »Los, Doktor, laß uns nach Pestici trampen! Dort finden wir die anderen – und dann rechnen wir ab. Dem Schmer, dem knall ich eine. Dem Ulli kann ich nicht.«

Knitter klammerte sich wieder ein wenig an Kafka, dann stellten sich beide an der Landstraße auf. Ein Löchlein loderte noch immer im Himmel. Jedoch kein Auto kam vorbei. Knitter wirkte sehr verzweifelt. Kafka beruhigte ihn, seines Wissens nehme der Verkehr gegen zehn Uhr nochmals stark zu. Knitter schien nicht recht zu glauben, sein langer Schatten auf dem mäßig hellen Straßenband erinnerte an den Unstern eines Weberknechts. Endlich aufgabebereit streckte er seine Hand nach Kafka aus.

»Ich bin auch müde«, gestand der Landarzt überraschend ein, »bringen Sie mich in mein Zelt. Ich bitte, Doktor, Sie. Ich werde morgen abrechnen! Echt!«

Schwerer stützte Knitter sich auf Kafka, schien ihn fast zu überwältigen. Am Zeltplatz glimmte winzig Lagerfeuer. »Wo ist mein Zelt?« knurrte Knitter rauh. Kafka schob ihn hinein. Blickte zertrümmert in den Himmel. Jetzt wollte er, Kafka, nicht ins Bett. Wäre mit Knitter noch weißgottwohin getrampt mit Freuden. Aus dem Zelt roch etwas Jod- und Heringshaftes. »Die Arschgesichter«, schien sich Knitter nochmals zu erinnern, »ich bitte, ich verfluche sie. Aber ist doch schön hier, Doktor. Trotzdem schön, da schnallst du ab. Ehrlich schön, mich laust ... okay ...«

Kafka warf sich nebenan auf seine Luftmatratze. Freude überzog ihn zag. Darüber, daß Schmer nicht da war und vor allem darüber, wie rücksichtsfrei ungezogen, wie unbezähmbar, wie gleichsam von einem inneren Wahrheitsbann geschlagen die Menschen mit dreißig, vierzig Jahren, spätestens aber mit 62 aller, aber auch aller Torheit und Herzensböse freien Lauf gewährten. ›Der Scheusalsvögel Launisches Getrampel, es ist die wahre Herzenskunde.‹ Kafka entschloß sich zum glücklichen Seufzen. ›Hätte man da Kinder, alles würde noch viel ärger. Ich bitte Sie, okay.‹

Nebenan ein scharfes Schnurgeln, dann zähe, wie gequetschte Stille. Kafka verharrte eine Stunde, strich mit der Hand den Zeltsand glatt. Da kam ein bißchen Wind auf, verspielt ließ er den Zeltstoff schauern. Aus Knitters Zelt ein kurzes Röcheln, ein Lebenskampf mit vielen Larven – dann setzte wieder Schlaf sich durch. Das Bildnis eines breiten Selchermessers lockte den Dichter. Kafka rang sich den Entschluß ab, das Drehbuch trotzdem jetzt oder nie zu klauen oder doch zu leihen. Wieder röchelte Knitter, doch diesmal, als ob er über das Röcheln stutze und es sich sogleich verbete. Dann große Stille wieder, nur Meer trieb sachter auf und ab, und jene undeutlichsten Geräusche schwirrten lautlos, deren Grund selbst Gott nicht weiß. Kafka spitzte ein wenig aus dem Zeltschlitz. Ein vielleicht letztes olivfarbenes Himmelslicht schien ihm recht zu geben, in ihm lag viel Verheißung. Von ferne Hufschlag, sicherlich zwei Pferde, körperdampfend, siebenfach zermalmten sie das Auto Ullis, mit ihm Schmer. Neunfach sei verflucht! Kafka krabbelte aus dem Zelt.

Er strich sich die Beinkleider glatt. Jetzt galt es der Erbärmlichkeit, jetzt oder niemals mehr. Niemals, nein, hätte er mit nach Italien ausbrechen dürfen, allein das Zimmer war bei Trost – doch jetzt war alles eins. Im grünen Zelt dort drüben lag ein Buch schwerblütig und in sich versenkt. Kafka tat den ersten Schritt, wohlgemut ins Unbekannte.

»Auf die Plätze, fertig, los!« bellte es aus Knitters Bau. Kafka hielt erschrocken inne, sprang betäubt zum Zelt zurück, kauerte sich lauschend nieder.

»Vier drei zwei eins – drei zwei eins keins! Heitler, hilf!« Hinreißend Ächzen, Angst – Erlösung.

Schon lag Kafka wieder auf seiner Luftmatratze, zog sich die Pferdedecke über. Wind pirschte flauschig gegens Zelt. Knitter hatte ihn ertappt, Kafkas Herz trommelte nach. Der Ausritt war mißglückt. Sündenstrafe würde sausen, da die Tat ewig vertan. »Wollust ist das eine, der Kinnhaken das andre. Ich bin ein Hans im Glück, ich habe ja schon alles.« Leicht schlief Kafka gleich drauf ein.

Träumte, daß das Fernrohr schelle, ihn zum Richter abzurufen. ›Gnade‹, dachte Kafka mollig und schlief ruhig weiter. Doch das Fernrohr schellte weiter. ›Also‹, dachte Kafka richtig, ›kann es wohl kein Traum sein.‹ Voller Schrecken fuhr er hoch. Nebenan die wilde Horde! »Chrnnn – chrnnn – chrnnn – krngmnnnn!«

Kafka lauschte lichten Lauten: »Pfrmchnnn – chrnnn – krzpfmmmchnn – kröööchnnn!« Kafka grinste äußerst mauschelnd. Knitters ungeheure Röhre, letztmals gab sie Botschaft durch. Meldungen zwar sehr verheerend, doch der Sinn war klar und hehr. Und er lautete Verschonung.

Kafka bestätigte sich kichernd, wie vortrefflich sein Entschluß gewesen war, mit nach Italien zu brummen.

Vor Freude schnitt er kleine Grimassen. Dann schlief er kernig wieder ein, er hörte nicht mal Schmer heimfallen.

Am Morgen zeigte sich der Landarzt gut erholt und aufgeräumt. Laut jauchzte er über die erfrischende Kühle des Morgenbads, schnelle Sätze lobten seine Tagesform – wie Kafka schon wußte, galt es heute zwei entscheidende Filmsequenzen zu meistern, die eine schon am Vormittag, die andere, die, so Diddi im aufgemöbelten Vorüberlaufen, »symbolische Schlußsequenz«, am Nachmittag. Gutgelaunt lud Knitter Kafka zum Zuschauen ein und trocknete seine gelblich angebräunten Schulterstücke ab.

Große Aufregung herrschte plötzlich auf dem Zeltplatz. Denn mittendrin traf nicht nur der lang schon erwartete Wasserballer Möseneder doch noch ein und lief freudestrahlend zu seiner alten Mannschaft – mit ihm stießen unverhofft und gleichzeitig auch noch drei weitere Besucher zur Gruppe. Es waren dies im Buschhemd der vor einiger Zeit in Ruhestand versetzte Staatssekretär Zwirn, seine sehr junge Geliebte Angelina im weitausschwingend violetten Fahnenkleid – und endlich, als dritter im Bunde, Dr. Alfred Piana, ein, wie sich sofort herumsprach, prominenter ambulanter Geschlechtsarzt aus Wien bzw. Schwandorf, der auch postwendend überglücklich in die Runde der Zeltplatzbewohner grüßte und sogar den Steirerhut schwenkte, um sich dann auf einen Espressokaffee ins Tomatenzelt zurückzuziehen. Von dort brachte dann gleich darauf Heitler aufgeregt die Kunde mit, vier Herren aus dem Ruhrgebiet seien auch noch eingetroffen, Freunde Carlos, nämlich ehemalige Kumpel aus dem Bereich der Fernmeldetechnik – und ihnen zu Ehren, berichtete Heitler und freute sich wie ein Schneekönig, veranstalte

Carlo heute abend sogar ein Sommerfest in der Baracke – schon tagsüber, hätten die vier Männer angesagt, wollten sie einen Kasten Bier wegrichten und dann morgen weiterreisen.

»Na also, das ist ein Wort!« freute Knitter sich rasch und leutselig, »bis dahin sind wir längst zurück – wäre echt gut, Doktor, wenn Sie hin zum Drehort kämen, Sie können mich dann unter Umständen an Ort und Stelle korrigieren, wenn ich daneben liege! Kann ja vorkommen, oder?« Der Landarzt drehte sich begeistert eine Zigarette, Ulli warf Diddi eilig zwei, drei Worte und einen sehr bedeutsamen Blick zu. Das Mädchen Angelina stand an der Lagerfeuerstelle, drehte sich schon leicht berauscht im Kreise, einmal starrte Schriml sie scharwenzelnd an – doch da kam Zwirn von einer ersten Meerbesichtigung zurück im Marschschritt. »Ich möchte nicht«, wandte sich Knitter erneut sehr ernst an Kafka, »es wäre mir echt später unangenehm, wenn es dann im Fernsehen heißt, ich hätte mich an Ihrem Text vorbeigedrückt. Mensch, ich muß mir«, Knitter sprang von seinem Stühlchen hoch, wurde dabei nochmals Angelinas inne und stockte stutzend, »ich brauch einen Cynar, ich dreh mir einen Cynarschnaps rein, ich hab mir gestern den Magen verdorben an dem Fisch!« Dramatisch kniff sich, zum Beweis Kafka gegenüber, der Schauspieler in der Magengegend herum. »Das Einzige, was jetzt noch hilft, ist Cynar. Kommst du mit zu Carlo, Kleiner?«

Heitler nickte rasch entflammt. »Aber um elf am Drehort!« Ulli drohte hinterher und zwinkerte.

»Sowieso!« rief Knitter unbedenklich schroff zurück. Heitler gluckerte in Vorfreude und zog den Schritt stark an.

Unheil stob von links nach rechts. Die schrundig verlebten Lippen des Dr. Piana hätte Kafka wohl hingehen lassen, auch noch Zwirns giftgrüne Schwimmflossen. Schwindelig aber wurde ihm ausgerechnet davon, wie kräftig, ja spitzbübisch, nimmermüd bereit Winni heute das Säcklein in der viel zu knappen, zudem karpfenblauen Badehose stak und prangte. Vielleicht deshalb stieß Marianne Ach jetzt einen kleinen Freudenqietschschrei aus. Karin Bock sah von ihren Spiegeleiern auf und lachte zünftig mit.

Kafka spürte sich etwas ertappt und hielt Ausschau, ob jemand für ihn leicht Verwendung hätte. Sehr konzentriert strich Dudlhofer durch das Lager.

Wimmer berichtete, in Peschici gestern abend sei es ganz toll zugegangen, man habe zuerst gemeinsam Pizza gegessen, dann ein wenig Fahrtenlieder gesungen, zuletzt mit Einheimischen sogar Tischfußball gespielt und glatt verloren. Deutlich verschmitzt trat Ulli nun hinzu und frug Kafka, wie er denn nachts mit Knitter ausgekommen sei. Als er, Kafka nämlich, nochmals spazierengelaufen sei, seien Schmer und er, schmunzelte Ulli, beinahe verzweifelt – Knitter sei und sei nicht eingeschlafen, sondern habe stattdessen sie beide schwer beleidigt, unter anderem wegen Steuerhinterziehung, er habe auch immer wieder nach beider Kontostand gefragt und wissen wollen, bei welchem Amt er seine Rente einreichen müsse, er sei seit Monaten praktisch ohne jeden Pfennig Geld. Dann habe er wieder beleidigt, dann, als er, Ulli, schon nicht mehr damit rechnen konnte, habe Knitter plötzlich geschnarcht, da sei man los, da sei Knitter dem Auto nachgeheult. Ulli japste freudig sich erinnernd, dann, in wiedererwachter Verantwortlichkeit, eilte er auf Diddi zu. Kurz darauf schleppten beide die Kamera ins Freie, zu einer, wie es den Anschein hatte, Generalbegutachtung.

Die Sonne zog die Zügel an, die Meute der Insekten wurde schon zur Plage. Kafka fühlte, wie gleichgültig es war, wer auf diesem Zeltplatz das Wort an ihn richtete, Hauptsache, es richtete überhaupt noch jemand. Auf einmal hatte Hiemler einen Säbel in der Hand, eine Attrappe. Jetzt erschien auch Angelina im Badetrikot, an Zwirns sehr starker Hand schritt sie ganz leicht zum Ufer. Gehrings Ohren schärften sich noch tückischer, kullernd rollten böse seine Augen. Kafka versuchte sein Heil, indem er ein wenig in einem alten ›Spiegel‹ blätterte, der lag zerfurcht auf Schullers Luftmatratze vor dem Zelt. Körperich und Schriml spielten Schiffe versenken. Kafka verspürte Hiemlers schwerfälligen Geist im Rücken, also zog er sich ins Zelt zurück, den Einfluß von Hiemlers Nabel auch zu schmälern. Nach vierzig Minuten, schweißgebadet, leuchtete Kafka endlich ein, daß die Lehrer ihn nicht einmal als unbezahlten Statisten mit nach Italien genommen hatten, sondern ausschließlich deshalb, die Benzinkosten für Schmer und Knitter etwas zu drücken. Kafkas Wehrlosigkeit gegenüber der eigenen Müdigkeit nahm eilig zu. Kleines Gequengel seitens Hiemlers und Gehrings drang jäh ins Zelt, sie stritten sich darüber, wer im nächsten Jahr als erster das Windsurfen erlernen würde. Unbeholfen sann Kafka weiter und tupfte sich mit einen Taschentuch die Stirne, ob die drei Lehrer, sollte das böhmische Fernsehen als gar zu nachgiebig sich erweisen, ihm später wenn schon nicht 50 Prozent, wie zuerst gemunkelt, so doch immerhin 1 Prozent Honorar für die Buchrechte springen lassen würden, das wären bei 18 000 Kronen also – Kafka kam nicht drauf. Offen hörbar kriegte Gehring von Hiemler sein Fett ab – er habe ja nicht genug Geld zum Windsurfen. Kafka sah sich vor Gericht, den Lehrern gegenüber – gegen ihren Standpunkt, Gewinne müßten ja sofort in neue Projekte investiert werden, war er sicher machtlos. Sonne prallte widers Zeltdach. Kafka schwang sich raus ins Freie.

Im Herumstehen den bloßen Bauch sich reibend, mit der zweiten Hand das Kraushaar kraulend, berichtete Terry van der Moulen ihm sogleich fast seliger Miene, der Strumpfhandel werde jetzt ohnehin immer internationaler und lukrativer, da falle so ein Abstecher nach Italien kaum mehr ins Gewicht – ob er, Kafka, ihn, Terry, nicht mal in s'Hertogenbosch besuchen kommen wolle, es seien praktisch dauernd welche da. Da riß es Terrys Kopf herum. Der Mund zog sich expanderartig auseinander. Ansatzloses scharfes Lachen. Wimmer war beim Bocksprung über Schriml leider auf den Bauch gefallen.

Am Strand standen nur Zwirn und Dr. Piana und schauten Angelina beim Schwimmen zu, wie im Dienst der guten Sache und erlesen aus der Schar. Zwirn scheute sich nicht, beifällig in die Hände zu klatschen, Dr. Piana entfachte stracks ein Zigarillo. Kafka hielt den Kopf nach Norden, Lungenflügel aber südwärts. Ohne Hast noch viel Bedauern geriet er neu ins Sinnen, was in seinem ›Landarzt‹ eigentlich Großschönes stehen mochte, das die Lehrer so aufscheuchte. ›Einer schubst den andern im Gedränge vorwärts‹, lachte Kafka, ›und die Magd gehört dem Dichter.‹ Abigail war nicht zu sehen. Statt dessen stand plötzlich ein Kinderwagen am Strand, kurz vorm Zeltstadteingang. Es mußte wer darinnen sein, denn es gab ein dünnes Wimmern. Abigail, so hieß jetzt Rosa. Genauestens besaß sie jene braunen, prallen Brüste, die ihm, Kafka, schlau einst vorgegaukelt. Sein Gesicht an ihres schlagen, alle Not hätte ein Ende.

Schon war der Kinderwagen wieder fort.

Von Schrimls Fistelstimme ließ sich Franz Kafka eine Stunde später den Fußweg zum Drehort beschreiben, zu der Bauernkate. Schriml, dankbar, malte ihm sogar ein Blatt mit Zeichen voll. Halbamtlich schritt Kafka fort. Er mußte ja doch zuschauen, Einsicht zu nehmen galt es, wenn Brod ihn später fragen sollte, ohne das geringste Barmen.

Wind beugte leicht sich über Korn, Laubwald stand unterm Karst. Sonnenblumen welkten schräg, und Blaukraut noch und noch. Schrundige Eiche altersstark, Ullis Jeep, verhängnisvoll, glänzte fern vor Böhmens Flagge. In warmen Tönen glühte öd das Land, Bohnenkraut und Hahnenfuß, Salbei und viel Glockenblumen – alles wie zuhause. Ob Knitter einen Nachttopf sorglich bei sich hatte? Viel Kümmernis lag auf der Erde, doch schon begann der Wald zu schlucken. Die Majestät der Hopfenbuche, heiß duftete Aleppokiefer. Zitrushain und Ahorn schwankten, schwanend Steineiche und Mannaesche. Gelbes Licht fleddernd durch Laubgespinst, es roch nach Brandstiftung wie ausgeräuchert. Natter glitt mauschelnd vorbei, linsend globetrotterisch. Weiches, finstres Kalkgestein, von Schürfwunden bemäntelt. Auf dem Ast hockte ein Habicht, Knittern ähnlich, doch bedauernd. Die Niedertracht des Seichtgestrüpps trug Brombeer, tolle Kirschen. Im Unterholz Wacholder, Myrte – Stiefmütterchen vermißte Kafka leichthin trauernd. Viel Ginster wehte sehr anmutend, Pilze raunten dicht am Weg, meterhohe Pfifferlinge. Lichtdurchsprengte Eichenkrone – die Buchenwipfel undurchdringlich. Gutmütig lächelte ein Kauz, Eichhörnchen sah dringlich aus, wie es schien mit Interesse. Wildschwein schien verbohrt am Graben, Igel weilte bei Steinmarder. Lautlos grüßte Siebenschläfer. Aus dem Dickicht trat verkrochen eine dunkle Felsenhöhle.

Specht und Uhu hielten Wacht. Drinnen hauste Wohlbehaustes. Troglodyt entwischt Erinnye, Frühbau später Zuflucht. Leichten Sinns schritt Kafka aus. Kein Lebenslauf so schwer verfehlt, daß ihn sein Eigner je doch fluchend ganz verdammen möchte. Gerne hätte Kafka jetzt trugreich den eigenen Sohn begrüßt und wäre es ein junger Köhler. Raschelnd glitt das Stachelschwein feil des Tales Kühle zu.

Kafka verließ den Wald, fünfhundert Meter unter sich sah er den Drehort. Ein strahlend weiß gekalktes Häuschen, steingefügtes Kegeldach, ein kleines Heer von Menschen krabbelte umher. Ölbäume knorrig boten Trutz, der Krüppel eines Feigenkaktus. Hier also lag der Sinn des Rätsels, der Hund der Nimmerwiederkunft.

Staub schwallte auf. Ein offenes Kabriolett kam Kafka auf dem Feldweg entgegen. Im Wagen saß Dudlhofer, der Knecht. Er hielt bei Kafka an. Reckte den Kopf schon aus dem Fenster. Knitter sei verschollen. Ob er, Kafka, wisse, ob er, Knitter, noch auf dem Zeltplatz sei oder im Tomatenzelt vielleicht. Mario schien sehr besorgt. Die Dreharbeiten sollten vor einer halben Stunde schon begonnen haben, aber Knitter sei nirgends aufzuspüren. Ob er, Kafka, mit nach Vieste führe, ihm dort Knitter suchen helfe. Wahrscheinlich sei der Schauspieler noch in der ›Aida‹-Bar, noch vom Mittagessen her.

Im Haselbusch, sehr nachdenklich, hockte ein Hase. Ohren flach, wacklig die Nüstern. Die kleinen Menschen vor der Bauernkate zappelten so aufgeregt, als würden sie sehr bald verzweifeln. Kafka stieg zum Knecht ins Auto. Dudlhofer fuhr, als sei das Lenken kaum zumutbare Schwerstarbeit. Am Stadtrand von Vieste kam beiden, wuchtend den freien Oberkörper enthemmt nach allen Seiten, Knitter entgegengewackelt.

Moosgrün schaute die Unterhose sehr weit aus den Bluejeans. Diese wirkten nagelneu.

»Mensch!« rief Knitter, breitete die Arme aus und schien vollkommen selig über das unverhoffte Wiederfinden, »gut, daß ich euch hier treffe. Ich hab den Kanal voll, Mario! Und ihr fahrt mich hin? Ich bin spät dran, Scheiße! Mensch, mich laust der Affe! Bin ich blau! Das vergeß ich euch niemals!«

Er haute Kafka eine Freundschaftliche gegens Zwerchfell, aus dem Munde roch es süß. Knitter rangelte sich ins Auto, überhöflich fast nach hinten. Ein Pfiff klang auf betäubend, wahrscheinlich vom Drehort her.

Im Laufe der Fahrt stellte sich heraus, daß Knitter zuerst in der ›Aida‹-Bar, dann nebenan bei Feruccio sechzehn oder achtzehn Cynarschnäpse getrunken hatte, seine Frohnatur gönnte sich ein leichtes Schlagen gegens eigne Knie. »Gift für meine Leber, Doktor, aber gut für meinen Magen. Aller Schmerz ist ewig weg. Und kein Drücken mehr. Mensch, ich denk, mich laust der Affe, wie ich euch grad kommen seh! Was ist heute? Donnerstag? Zweiter Weihnachtsfeiertag? Kann ja wohl nicht sein. Was macht Ulli? Freut mich, freut mich!« Knitter rüttelte Kafka nochmals nah am Nacken. »Freut mich, Doktor, freut mich echt! Wenn auch die Kohlen weg sind – freut mich, daß ihr mich ohne weiteres mitnehmt!«

Als Knitter am Drehort dem Wagen entstieg, schaukelte er noch schmerzlicher. »Tag, Ulli«, rief er flugs dem Lehrer zu, »tut mir leid, daß ich spät dran bin«. Ulli, hatte heute zwischen Gesäß und Badehose einen Kamm stecken, er hob fragend, ja beschwörend die Hand und öffnete die Lippen zu einem vorwurfsvollen, aufgewühlten Loch. Doch Knitter kam ihm schon zuvor. »Ja ja ja. Ich weiß, was du sagen willst, bon. Aber, hör mal, ist doch gestern alles optimal gelaufen – läuft es jetzt erst recht noch besser! Oder, Winni? Grüß dich, Diddi!«

Knitter grabschte etwas verloren in die Heißluft, gleichsam Winni zu begütigen. Kafka tat gut darin, sich im Hintergrund zu halten. Winni seinerseits hatte eine veilchenblaue Bluse um die Hüfte geschlungen. Diddi wiegte schon äußerst bedenkenvoll den Kopf. Knitter verspürte wohl den Argwohn, kam aber nur geringfügig ins Schleudern.

»Was hab ich zu tun?« rief laut der Landarzt, »Drehbuch her, denn ich muß nachschaun! Ich erinnere mich nicht. Natürlich! Ich kenne den Text natürlich, aber ich muß erst mal nachschaun!«

Diddi nahm nun Knitter bei der Hand, führte ihn in die Nähe der Kamera und legte, ohne daß jener es recht gewahr wurde, ein Zentimetermaßband von der Linse weg hin zu Knitters halboffenem Mund.

Er solle sich erst mal umziehen, maulte nun doch reichlich freudlos Ulli.

»Warum soll ich umziehen?« knurrte Knitter.

Er solle schleunigst seinen schwarzen Anzug und die Stiefelchen anziehen, schimpfte Ulli angestrengter. Dort im Haus liege das Zeug.

»Alles klar!« schrie Knitter gütlich, segelte dem Häuschen zu.

»Mensch, Mensch, Mensch«, röchelte Ulli.

Taumelnd verschwand Knitter im Hausgang. Die Bauernkate entsprach sehr genau Kafkas Vorstellungen – so sah ein Landarzthäuschen aus. Seitlich hinter ihm gewahrte er einen ziegelroten offenen Sportwagen Alfa, an ihm stand sehr abwartend Mario, der Knecht. Kafka wurde noch etwas tropischer zumute, und so war's ja allzeit recht.

Regie führte heute allem Anschein nach Winni. Diddi war für den Ton, Ulli für die Optik eingeteilt. Alles wartete auf Knitter. Ulli raunte Eva, die wieder das Schminkgirl machte, zu, er mache das nicht länger mit. Eva wunderte sich, daß Knitter überhaupt nicht schwitze, Dudlhofer laufe nämlich das Wasser nur so herunter. Schmer und Schuller hielten Lampen, aus denen bläulich neonartiges Licht kam, der Himmel strahlte wolkenfrei. Das Lampenlicht erinnerte Kafka an das des Café Arco. Heitler kicherte wie fast immer abseits schlüpfrig vor sich hin.

»Alles klar!« rief Ferenc Knitter. Der Landarzt kam im Dunkelanzug aus dem Hause, flott strich er sich das Haar nach hinten. Die schwarzen Stiefel gleißten fast, Kafka war äußerst angetan. Etwas ließ Knitter seitwärts fallen, der Landarzt strauchelte bedauerlich, rettend griff die rechte Hand nach rotem Blech, stützte schwer sich auf. »Und was soll der Karren da? Ulli, kannst du es mir sagen chrrn? Du hast heute doch Regie!«

»Der Sportwagen!« Ulli verhaspelte sich, wie Kafka schien, in überschnellem Rettungswillen, »hab ich dir gestern doch erklärt!«

»Was hast du mir erklärt?« knarrte Knitter äußerst rauh übers Gelände.

»Der Alfa Spider«, Ulli ging sogar vermittelnd ein paar Schritte auf seinen Hauptdarsteller zu, »ist das, was in der Story«, äußerst schludrig ungenau nickte der Lehrer hin zu Kafka, »halt das Pferd ist. Also Mythos aktuell!«

»Alles klar«, bestätigte Knitter sofort, ruckelte am Anzugstoff. »Danke, Mario, Doktor, daß ihr mich abgeholt, daß ihr mich hierhergebracht habt! Ich wäre glatt zu spät gekommen. Cynar! Ah! Der tut mir gut!«

›Zyankali tut dir gut‹, dachte Kafka ohne Scheu. Ulli, vielleicht um sich abzulenken, knipste wild an einem Taschenrechner.

»Ich bin klar!« rief Knitter kräftig. Die Gestalt gewann viel Straffheit. »Was sollen diese Lampen?«

»Die Handlampen hellen bloß den Schatten auf!« Ulli war ganz geduldige Demut. »Also die dunklen Bildpartien, klar?«

»Wir haben schon 700 Meter negativ«, erinnerte Diddi zugleich wieder etwas sorglich.

»Let's go!« rief Winni, sich vergewissernd, Ulli an, »wir machen mit der Transvokatorlinse, also Zoom!« Erhitzter überdachte Kafka, ob es vielleicht nicht tatsächlich viel schlauer und weitschauender gewesen wäre, hätte er in seiner ›Landarzt‹-Story auch schon einen karminroten Sportwagen und zusätzlich zwei Gäule eingesetzt. ›Mario del Monaco‹ stand vor dem Schlag des Autos und machte einen anpackerischen, wahrhaft knechtartigen Eindruck, trotz des offenherzigen Polohemds. Knitter kratzte sich am Hintern, begierig sichtbar, zu erfahren, was da über seinen Kopf hinweg verhandelt wurde. Die schwarzen Schaftstiefelchen blendeten Kafka wieder und machten ihn ganz irre. Ein zweiter Pfiff klang auf. Aus dem Landarzt-Haus trat zögerlich die Magd, Helga-Rosa-Abigail im schlampig schwarzen Hängekleid.

»Ton ab!« rief Winni wild entschlossen. »Ruhe bitte!«

»Ton läuft!« rief Diddi heller und fuchtelte mit dem bärtigen Kopf, »187, die erste!«

»Kamera läuft!« rief Ulli, wie leicht noch eingeschnappt: »Action!«

Knitter hielt sich äußerst tapfer und schon fast gerade. »Was bin ich ein alter Mann ...«, hub er rauh an, die Stimme dünkte Kafka totengräberisch. Abigail und

Dudlhofer traten ein wenig aufeinander zu und streckten verlangend die Körper nacheinander aus, vor allem auch die Arme.

»Stop!« rief Ulli leicht verzagt, »alles zurück. Gestorben. Ich hab kein Pilot. Der Depp, der Schmer, hat ihn vergessen.«

»Was ›Depp‹!« nörgelte Schmer sofort, »ich kann nichts dafür, wenn ich nichts weiß!«

»Der Schmer hat vergessen«, beharrte Ulli mit Gebärden halb wahrer, halb gespielter Verzweiflung, »daß er das Pilottonkabel in die Kamera gesteckt hat. So ein Shit! Und wir sind eh zu spät dran!« Er griff den Kamm aus seiner Badehose und fuhr sich ganz famos durchs Haar.

»Was gibt es?« ließ sich Knitter hören, »was ist los hier? Sagt mir jemand bitte, was hier los ist! Diddi! Ulli!« Knitter war es, der jetzt recht verzweifelt anmutete, über die Verschleppung, über alles.

»Was? Wer? Jaja!« Ulli schüttelte den Kopf beschwichtigend gegen Winni hin, »die Akkus hab ich gestern abend aufgefüllt. Also, auf geht's. Fertig, Herrschaften!«

»Und übrigens«, rief jetzt Winni Ulli zu, »falls die vom Fernsehen fragen, warum wir keine Nachtblende drübergelegt haben, obwohl im Text 24 Uhr steht, dann sagen wir einfach, das ist der Witz. Zeitverschiebung filmisch umgesetzt – das kann man heute jederzeit machen, astrein!«

»Genau!« rief Knitter aufgeräumt, »das geht!« Er stand jetzt völlig kerzengerade.

Die Abigail, schlug Diddi in Abänderung vor, solle erst dann aus dem Landarzt-Hause treten, wenn sich der Landarzt und Dudlhofer schon Aug in Auge gegenübergestanden und gemustert hätten. Während der neu entstandenen Pause las der Lampenhalter Schuller in der ›Bild‹-Zeitung, Kafka schlug aus zwanzig Meter Entfernung die Zeile ›Gemein!‹ ans Hirn.

»Hör zu«, rief Winni ganz leicht beengt, »wir müssen aufpassen, daß das ganz klar rauskommt, daß wir auf der Seite von der Frau stehn, von der Abigail. Das muß im Kontext sehr klar raus! Nicht daß nachher dann was ist!«

»Die Optik selber«, stellte Ulli klar und rauchte steil zum Himmel hinauf, »ist die Semantik von dem Film, wir haben's doch oft genug ausdiskutiert – und von daher identisch mit seiner Emanzipation, das heißt praktisch jedenfalls!«

»Okay, wir machen's wie bei der vorletzten Einstellung«, erläuterte nochmals Winni, »und gleichen mit der Zoom aus.« Ungeduld schien ihn zu packen. Kurzfristig lebenssatt schloß er gleichwohl die Augenlider.

»Dem Zoom!« rief Ulli zimperlich und wischte sich die feuchte Stirn.

»Dem Zoom?« staunte sich Knitter schnell, ein bißchen demutsvoll sogar.

»Ich bin stocksauer«, rief Schmer dem näher herangetretenen Kafka zu und zertrat feindselig Unkraut, »so ein Blödmann, dieser Ulli! Ich hab's ja schon in Prag geahnt!«

»Schnauze!« schrie Ulli gehetzt.

Plötzlich erschienen im Hintergrund der Staatssekretär Zwirn, Dr. Piana und Angelina auf der Anhöhe.

Sie standen so dicht aneinandergeschmiegt, daß sie Kafka sogleich wie ein Denkmal des aufwendigen, jedoch befreiten Lebens schienen. Dr. Pianas schlanke Finger grüßten bedachtsam über den trennenden Johannisbeerstrauch hinweg:

»Wir stören nicht!« beruhigte der Arzt postwendend, die Stimme einer Kreissäge hätte nicht beglückender zu schnurren vermocht, »wir sind ja sofort wieder weg und schlagen uns alleine durch!« Kurzzeitig zeigte Dr. Piana sein hochgebildetes Profil. »Glückauf beim Filmen!« rief er laut, »dann bis zum Abendbrot, Amigos!« Sein Arm umfaßte Zwirn und dessen Liebste, er schob sie sacht den Hügel hoch.

»Die tät ich gern raufstechen«, zwinkerte Schmer, ohne zu zögern, Kafka an und schwang den Kopf nach Angelina.

»Praktisch wie im ›Weißen Hai‹«, nahm Diddi schnell den Faden auf. Er ging zur Kamera, schaute hindurch, dann ging er wieder weg. »Damit legen wir erstklassig Emphase drauf!«

»Was heißt ›Emphase‹?« fuhr Knitter ihm wach in die Parade, aber er schien jetzt beim Stehen wieder größere Mühen zu haben. »Ich komme vom Theater, habe nie mit Film zu tun gehabt!«

»Emphase«, ächzte Ulli, »heißt: Objektdynamik!«

»Verstehe!« bellte Knitter sehr verständig, hob die Hand und schwankte wieder leicht. Die Lampenhalter schauten recht genügsam drein. Dudlhofer raunte auf Helga-Abigail sichtbar Beschwörerisches ein, in einem fort wechselten sein Stand- und Spielbein. Nach zwei Minuten ging es weiter.

»Ton ab!« rief Winni frisch gestärkt. Flugs griff Knitter nochmals nach dem Drehbuch, suchte verhaspelt drin herum.

»Was ist denn, Ferenc, Sakrament!« Ulli war zutiefst vergrätzt.

»Pardon!« rief Knitter, warf das Drehbuch auf den Rasen und vollzog ein schon übertreibendes vielfach verschlungenes Armgeschwinge, »ich wollte mich nur nochmals versichern! Alles klar jetzt!«

»Alles klar!« echote Diddi mutlos.

»Ton ab!« rief Winni wiederum. Das Drehbuch sah heute noch stattlicher aus als am Tag zuvor, wahrscheinlich hatten die Lehrer neue Einsichten darein verquickt. Kafka wollte es längst nicht mehr lesen, gestand sich aber ein, daß er es gern mal in seiner Hand gewiegt hätte. ›Gewiegt, gewogen und zu schwer befunden …‹

»Ton läuft!« konterte Diddi. Er hatte jetzt eine Tabakspfeife in seinem Mund.

»Kamera läuft!« rief Ulli, mit letzter Kraft antreiberisch. »Action!«

Wiederum trat Abigail etwas scheu, und doch, so kam es Kafka vor, mit allen Wassern an erotischen Machenschaften gewaschen, aus dem Bauernhaus, sah zuerst den Knecht, dann Knitter, ein klaffendes Loch Menschenleben gähnte zwischen beiden – dann streckte Abigail verlangend, sehnsuchtshingeschmolzen ihre Hand nach dem viel Jüngeren aus. Der Landarzt – es war nicht ganz deutlich, ob dies Regieanweisung war oder Knitter das Seitenstechen hatte – sah zuerst scheinbar gewährenlassend gar nicht kleinlich in den Boden, nach vorn gebeugt die Hand wider die Lende rammend, dann sah er Abigail und Dudlhofer bohrend geschmerzt in beider Augen, dann wieder lange in den Boden, jäh heimgesucht von viel Entsagung. »Was bin ich alter Mann«, schnurgelte Knitter nicht zu leise und stützte wieder sich recht schwer aufs Blech der Sportkarosse, »betrogen, ah, betrogen …«

Kafka hatte aufs Äußerste gespannt zugelauscht. Er war sich deshalb vollkommen sicher. Knitter hatte deutlich »betrunken, betrunken« gesagt, »betrunken chrrrn betrunken!« Kafka lachte lautlos auf. Na klar! Nicht anders war der ›Landarzt‹-Text von ihm ja auch gemeint! Finsternis liegt auf der Erde und kein Geist schwebt überm Wasser. Lang ist die Zeit, allein, Emphase läßt das Wahre sich ereignen.

Jetzt trat der Landarzt kraftvoll auf seine Magd zu und sah ihr wie entfesselt und entseelt ins Auge. Die Magd sah frech zurück. ›Klasseweib‹, sprach es aus Kafka. Der Dichter fühlte Hoffnungsnähe, emporscharwenzelnd aus dem Magen, friedlichst betäubend alle Not, wie seit Geburt nicht mehr. Flehentlich ward Knitters Blick. Die Magd sah ihren Herrn nun gleichfalls bittend, aber eben mehr Verzeihung heischend an, dann lachte sie laut und stürmisch, etwas zu hysterisch auf, schwang sich liebedurchglüht zum Knecht ins Sportcoupé, dieser hatte sich abwartend eine Zigarette zwischen die Zähne gepfercht und den Motor längst angelassen – schnell war das Paar auf und davon. Schlimm schikaniert, ja zerschmettert blieb der Landarzt greis zurück, schlug die Hand sich vor das Hirn. Dann sackte er wie Teig zusammen.

»Okay, danke!« Ulli winkte dankend ab. »Wir machen's morgen dann nochmal, eventuell Slow-Motion.«

»Unsere Reverenz«, Winni scherzte schelmisch, »an den Italowestern!«

»Sollten wir's nicht gleich machen?« Diddi sorgte sich etwas. »Damit wir's dann im Kasten haben?«

»Shut up«, beruhigte Ulli, »ich hätte gern morgen zum Kontrast ein anderes Licht. Und morgen steigt dann auch die andere Kiste – Kind und Krankenlager. Da soll das Licht identisch sein. Ich muß da heute abend noch was durchüberlegen und checken. Das Kafkaeske kommt jetzt noch nicht richtig raus. Im Prinzip ist's, so wie's jetzt ist, noch zu sehr das klassische Dreimannstück!« Als ob er seinen eigenen Regieplan leicht verwackelt wähne, schnellte Ulli die Unterlippe recht verquält zur Seite.

»Sind wir für heute fertig?« erkundigte sich Knitter und schleppte sich bedächtig näher.

»Genau«, gab Diddi sofort zu, »so wie's ist, ist es noch Sartre. Praktisch die ›Geschlossene Gesellschaft‹!« Auch er schien sich nun recht zu grämen. Kafka hatte noch nie jemand gesehen, der so gefangen Maulaffen feilhielt wie Schuller, der zweite Lampenhalter.

»Sartre!« fragte Knitter wach und stolperte geringfügig über das Pilottonkabel, »nie gehört! Wer ist das?«

Ein kleiner Tümpel lag im Gärtchen des Bauernhauses. Das Wasser war sehr grün, doch klar. Betört sah Kafka weich sich in die Augen. Um die Kamera herum wimmelte es nochmals wie in kurzlebigem, ganz entscheidendem Aufruhr. Kafka trat wieder dazu.

»Die Geschlossenheit in der offenen Landschaft«, Ulli flüsterte fast vor Selbstvergessenheit, vielleicht auch plagte ihn der Durst, »die Geschlossenheit muß rüberkommen. Praktisch Lessings Einheitstheorie! Schmer, packst du dann alles zusammen! Wart, ich helf dir dann. Ohne Dramaturgie ist nichts!«

»Hamburgische Dramaturgie«, rief Knitter, »kenn ich, kenn ich auswendig, mein Guter! Oder jedenfalls: ich kannte sie einmal.«

»Ist die Alfa nicht zu laut?« Mario Dudlhofer schien weiter zu denken. »So daß Monolog von Knitter untergeh, verstehst mich?«

»Jedenfalls muß noch mehr dieses Somnambulische rein.« Ulli zog die wohl wichtigste Bilanz.

»Wir legen vielleicht doch einen Filter drüber«, Diddi schien einer etwas versponnenen Vision nachzuhängen. »Das, was der Franzose macht, na, wie heißt er denn jetzt wieder?« Er zupfte in der Achselhöhle, aber der Name fiel ihm nicht ein.

»Ich Arsch, wo ist mein Sonnenöl?« Knitter trottete

ins Landarzthaus zurück, »was ich pro Tag verliere, glaubst du ehrlich nit, ich Dussel!«

»Und den Traum vom Landarzt, was wir vorgestern gemacht haben, tun wir wieder raus.« Ulli machte den Eindruck, als ob er über sich selbst zumindest teilweise leicht enttäuscht sei. »Den schneiden wir in Prag dann raus.«

In der Aufbruchsstimmung gewahrte Kafka erneut Helga-Abigails sehr rundliche Arme, den braunen Hals, die atmend feste Brust. Besorgt oder doch von Neugierde geschunden fragte er sich gleichwohl, ob wohl das Knitter'sche ›betrunken, betrunken‹ ungeahndet beim böhmischen Fernsehen durchginge. Kafka zauderte, dann wandte er sich ganz nebenbei an Diddi. Ohne auf diesen besonderen Fall einzugehen, erkundigte er sich, ob der jetzt eingespielte Ton schon der endgültige sei.

Ein Moped rollte vor, auf ihm saß in bloßer Badehose lachend Schriml. Freihändig fahrend grüßte er mit beiden Händen, dann fuhr er dreimal um das Landhaus, dann surrte er rasch wieder ab. Kafka mußte seine Frage wiederholen.

»Eventuell«, sagte Diddi, »schon. Aber wir machen daheim sowieso Nachsynchronisation.« Eilig, plötzlich und besessen schwang er seinen Arm um Helgas Rücken, als würde auch ihm in Dudlhofers Nähe der Boden schon zu heiß. Abigail schüttelte den Kopf aus.

»Hauptsache ist erst mal«, faßte Winni halb im Fortlaufen zusammen, »daß die Verfremdung stimmt. Daß das Absurbe klar herauskommt. Das tragische Absurbe!«

Die Sonne war wie gestern schon am Sinken. In Ullis Jeep wurde Franz Kafka zum Lagerplatz zurückbefördert. Nicht so sehr die Tatsache, daß Diddi das Wort

›absurd‹ nicht ausreichend beherrschte, erfrischte Kafka mehr noch als des Westwindlüftchens feuchte Schwingen – ehern ruinöser noch karessierte ihn das schöne Wort ›Nachsynchronisation‹. Das dichte Haar flatterte im Wind, fiebernd sprach sich Kafka trainingsweise wunderbare Sätze vor. ›Wenn die Nachsynchronisation dann stimmt, haut auch die Verfremdung hin!‹ ›Synchronisation ist oft absurb verfremdet – Hauptsache ist Nachsynchronisation!‹ ›Angst ist das eine – Nachsynchronisation das andre: weltumspannendes Vertrauen!‹ Kafka lachte rücksichtslos und laut auf, einmal nur, als sei das Lachen gar nicht wahr.

Orangegelbe, kornblumenblaue, veilchengrüne Lampions über dem Eingang des Tomatenzelts flammten in die Nacht, anmutig schunkelnde Lichterbögen. Freilich, das verheißene Sommerfest bei Carlo litt doch spürbar unter der Abwesenheit der Ruhrpottgäste; es war gewissermaßen ein Mißverständnis, verschuldet von den mangelhaften Sprachkenntnissen des Wirts selber, denn die vier Männer, nachdem sie, wie angekündigt, ihren Kasten Bier verzehrt hatten, waren noch zum Abendbrot nach Foggia weitergereist, dort noch schnell andere Fernmeldetechniker aufzusuchen. Trauer welkte Carlo lang noch das Gesicht.

Naturgemäß standen im Mittelpunkt des Festes nun vielmehr Dr. Piana, der still fortlächelnd an seinem breiten Stumpen nagte, links neben ihm schwarzlockig Angelina im zinnoberroten Ausgehkostüm, daneben ihr Geliebter Zwirn, der Staatsbeamte außer Diensten. Zwirn berichtete reichlich schwärmerisch vom kürzlichen Debut der Prager Wehrsportgruppe Rösselmann, der er auch als Ehrenpräsident angehöre, es sei dies eine Vereinigung junger Männer, die, soviel Kafka aufschnappte, wohl wüßten, wo die Zukunft des Landes läge. Angelina schaute vielleicht gerade deshalb etwas traurig, doch endlich schenkte Dr. Piana ihr auch einen Stumpen, da war sie dann zufrieden und rauchte ihn bis auf die Neige.

Carlo schmiß schweren Herzens eine Runde Wein, dann sollten alle wieder selber zahlen. Der neue Wasserballer Möseneder hatte anscheinend gar nichts zu erzählen, worüber Wimmer sich ein wenig lustig machte. Um so verfinsterter sah Möseneder drauf ins Leere auf die bunten Lampions. Zum Jux warf Heitler Bierdeckelpakete vom Tisch weg in die Höhe und fing sie jauchzend wieder auf. Hiemler machte der Sache ein Ende und warf die Deckel aus dem Zelt. Nicht ganz verständlich fehlte Terry van der Moulen, sein ewig lachendes Gebiß. Dr. Piana schien früh ermattet, um Jahre fast gealtert – selbst seines Freundes Zwirn fortwährende Ruhmreden auf den neuen vaterländischen und zugleich panslawischen Geist der Kampf- und Wehrsportgruppe Rösselmann vermochten ihn kaum wach zu halten, machten ihn ja nur noch mürber. Töten sei oft bare Notwendigkeit, vertraute Zwirn nun Winni an. Eigentlich sei er Bergsteiger, nur dieses Jahr ans Meer gefahren.

Fröhlichkeit im Tomatenzelt wollte sich gleichwohl nicht recht einstellen, auch wenn dann Winni abermals mit größtem Einsatz auf der Gitarre spielte, diesmal vor allem fortschrittliche Folklore aus Portugal – rechte Laune kam nicht auf, sogar da nicht, als der Lehrer Ferdl einen Witz erzählte, einen »fast schwarzen Witz«, wie er Kafka ankündigte, der von einem Wortspiel mit ›Polo‹ und ›Holocaust‹ handelte. Gar nicht ungern hörte Kafka, ein ›Polocaust‹ sei eine VW-Polo-Sonderausführung mit dem Auspuff nach innen.

Ferenc Knitter schien einerseits von den Strapazen

des Nachmittags gut erholt, andererseits hockte er doch stark in sich versunken vor seinem Becher – schien den Tagesablauf gleichsam zu bereuen, mit sich selbst zerstritten, ja zerrüttet. Gesprächsangebote, soweit Kafka es aus sieben Metern Abstand verstand, lehnte er stumm als gewissermaßen nicht verdiente Freuden ab – überlegene Manieren vor der Tatsache freilich ratlos unruhvoller Innigkeit. Erst als es auf zehn Uhr ging, wurden die Schlucke aus dem Weinkrug wieder überzeugter, leidvergessener, auch sah man Knitter mehrfach hoheitlich, etwas reserviert noch, schmunzeln – zweimal lachte er geschmeidig auf, doch erst um elf Uhr rief er endlich: »Ist doch Klasse hier, Herr Zwirn! Sie bleiben doch noch etwas hier!«

Wind kam auf und fauchte heftig. Im Schwarz des Himmels hausten gelbe Schleier, ein Blitz ging überm Meere nieder, sehr weit jenseits, ohne Donner. Kafka fühlte sich noch immer gut, jung und frisch, fast ausgelassen. Mit den heutigen Dreharbeiten schien das Kitzligste abgeschlossen, behutsam trank der Dichter Wein. Sturmwind fing nun an zu blasen, rüttelte am Blech- und Holzgestänge des Tomatenbaus. Die ersten Mitglieder zogen sich in ihre Zelte zurück, Zwirn und seine Leute in ihren Wohnwagen. Am angstvollsten wirkte Dr. Piana, erkundigte sich mehrfach nach dem Blitzableiter am Anhänger. Jetzt prasselten die ersten Tropfen. Keine Minute später regnete es heulend schon. Alles brach auf, ganz überstürzt. Knitter klagte laut, wie unerträglich getäuscht über seinen Zeitplan. Blässe veredelte sein Gesicht, aber sein Bariton hatte blitzrasch zu seinem unverkennbar dröhnend magyarischen Klang zurückgefunden. Schnellstmöglich trank er seinen Wein weg, er war der letzte in der Baracke. Undeutliches keuchend rannte er dann über den Sandstrand, hinter Schmer und Kafka her, etwas geifernd seinem Zelt zu.

Es waren Regenschauergüsse. In der Zeltstadt herrschte recht hastiges Gewürge, jetzt war auch ferner Donner hörbar, die Böhmenfahne glich im Flattern hin und wieder einem Galgen. Kafka ruhte neben Schmer, zog den Schlafsack übern Kopf. Zierlich wie des Vogels Tritt pickte es in seinem Kopf. Schmer schalt kurz und kraftvoll auf das Wetter, dann war er auch schon eingeschlafen. Es war Naturgesindel, was da walkte, Zerwürfnis des verrohten Himmels mit sich selbst. Das Wassertosen ward noch lauter – kleinlaut wurde Kafkas Seele, nimmermehr ward ausgesorgt. Wenn das Unwetter jetzt, ließ Kafka seine Ängste tändeln, Kopf verballt in weichen Stoff, die Beine kantig angewinkelt, nimmersatt den Zeltplatz griffe, alles übertünchte, alles! Film und Zoom und selbst des Drehbuchs Unrat nimmermüd! So vielleicht nicht Hilfe schüfe, aber immerhin doch Hülfe! Der Regen klapperte laut fort. Kafka verspürte sachte Freude, vor Trauer wollte er gern sterben. Das Donnern schien sich in der Ferne zu verweilen, Schmer schnuffelte in ersten Träumen. So verging wohl eine Stunde. Kafka zwickte abwechselnd ein Auge auf und zu, ein schönes Spiel in Ewigkeit. Auf seiner Netzhaut sah er, wie er mit seinem Motorrad auf ein kleines, etwas vertrotteltes Dorfkind zuraste, entzückt es durch die Lüfte wirbelte, ein Kreischen ganz unwiderstehlich, doch räudig ging gerade alles noch mal gut. Das Prasseln widers Zeltdach glich den Trommeln, Pauken, fern in Riva. Unruhfee der Tage und der Nächte. Nicht unzufrieden nickte Kafka in den Halbschlaf.

Mit einen Patschlaut flatterte das Tuch des Zelteingangs zurück. Etwas raschelte und grummelte wie hapernd, fünf Sekunden später erschien der Schädel

Ferenc Knitters in der Öffnung, der graue Schopf zerfloß in Nässesträhnen. Vor allem von der Nase hing ein fast dramatischer Wasserzapfen.

»Doktor, sind Sie wach?« Knitter mühte sich sorglich um Flüstern, doch klang die Stimme rauh. »Ich will, ich bitte Sie, nicht stören, aber ich hätte eine Bitte, ein Problem. Verstehen Sie mich bitte?«

Noch halb im Halbschlaf nickte Kafka sehr verschandelt. Hauchte ja und Amen und bog den Oberkörper aufrecht. Der Regenstrahl schwallte kurzzeitig vermindert, das Donnergrollen roher. Im Zeltschlitzchen waren zwei ferne Blitze sichtbar.

Noch kniete Knitter in Hockstellung vor der Zeltschneise und sah ins Innere auf Schmer und Kafka. Vorübergehend hatte Kafka sogar die Empfindung, der Alte wollte auch noch in den engen Bau mit hinein aber dann, mit einem Schlenker von Kopf und Hand nach draußen, leitete Knitter seine Erklärung ein. Er fürchte sich, um ehrlich zu sein, und er scheue sich nicht, es zuzugeben, raunte er und mühte sich etwas glücklos um Flüsterton, vor Gewittern, und zwar schon als Kind. Und darum trage er jetzt ihm, Kafka, eine große, eine Riesenbitte vor. Er, Kafka, brauche ihr natürlich nicht zu entsprechen, aber sofern er ihr nachkomme, wäre das schön. Er lasse ihm, Kafka, die Entscheidung frei, fuhr Knitter offenbar gut vorbereitet in seinem herbrauhen Flüsterton fort, natürlich bleibe die Entscheidung bei ihm, Kafka. Es handele sich darum, sagte Knitter, ob er, Kafka, nicht mit ihm, Knitter, vorübergehend ins große Gerätezelt hinübergehen wolle, da könne man gut zusammensitzen, da sei auch, falls das Gewitter näher komme, die Gefahr des Blitzeinschlags geringer.

»Kommen Sie mit rüber, Doktor, eine ehrliche Bitte soll das sein. Ich habe auch für jeden von uns drei Flaschen Bier mitgebracht, aus meiner Reservekiste!« Knitter klaubte zwei Bierflaschen aus seinem mantelartigen Umhang und hielt sie zum Beweis kurz in das Zelt, »die vier anderen hab ich in der Tasche. Kommen Sie mit, Doktor, ich bitte Sie. Ich habe Angst und außerdem müssen wir uns nochmals aussprechen wegen allerlei. Mir geht so allerhand im Kopf herum«, Knitter ließ die Stimme ins rauchig Verwehende ziehen, so daß der Regen einen Teil verschluckte, »was ich gern ausgesprochen hätte.«

Kafka rappelte sich hoch. Er bat Knitter vorauszugehen, er ziehe sich nur seinen Anorak drüber und komme dann sofort nach. Jack Schmer atmete sehr ruhig.

»Danke, Doktor«, grummelte Knitter, »ich lauf schon mal voraus«, die Stimme wurde wieder deutlich tatenfroher, »ich hab nämlich keinen Regenschirm. Hab ich in Vieste verloren. Also dann, Sie kommen?«

Jetzt klatschte ein neuer Großguß Regen an, Knitter machte sich fluchtartig davon. Kafka spitzte aus dem Zeltschlitz. Es war eine düsterwilde Nacht. Kafka schlupfte aus dem Zelt. Ein schneller Blitz zuckte im Süden. Schon in der nächsten Sekunde antwortete ein dickerer weiter nördlich überm Meere. In der Gegend des Horizonts schimmerte etwas unentscheidbar Fahles zwischen Meer und Himmel, mit ungeübtem Auge kaum auszumachen. Wieder schnellten Blitze ab. Ein fernes Grollen hallte nach.

Knitter, bedeckt mit einem Kafka noch unbekannten oxydgrünen Feldmantel, wartete leicht schlotternd unterm Großzelteingang. Nyltesthemd und Hosenröhre waren ganz patschnaß. Das Wasser auf der Stirne glänzte bläulich. Knitter griff Kafka eher sinnbildlich am Anorak, als wolle er ihn schleunigst aus den Wassermassen zerren, und zog ihn rasch hinein ins Zelt.

»Danke, Doktor, danke! Mensch, mich laust der Affe, was ein Wetter!« Knitter brummelte, er wisse schon, wo hier im Großraumzelt die Kerzen lägen. Er verschwand im dunklen Hintergrund, halblaut fauchend fand er aber keine Kerzen. Er zündete mehrere Streichhölzer an und ließ sie wieder verlöschen. Endlich schleppte er zwei Klappstühlchen an.

»Wissen Sie was, Doktor? Wir setzen uns damit in den Zelteingang, dann haben wir auch etwas Licht. Natur und Licht. Hier ist Ihr Bier!« Knitter stellte drei Flaschen zu Kafkas Füßen und die beiden Stühle unter den Zelteingang. Ein erkerartiges Zeltvordach schützte ausreichend vor dem jetzt wieder schrill anpeitschenden Regenschwall. Der Zeltplatz stand schon voll mit großen Lachen, Erdklumpen gleißten silbergrau, ein feuchter Brei. Knitter ließ sich fallen und bat auch Kafka, Platz zu nehmen. Mit einem Taschenmesser öffnete er zwei Bierflaschen und überreichte Kafka nochmals die seinige.

»Ich danke Ihnen, Doktor, ehrlich! Ich danke Ihnen ganz unheimlich! Daß Sie rausgekommen sind, daß Sie mitgekommen sind!« Als ob er das Ende seiner ersten Rede nicht ganz absehen und also abwarten könne, nahm Knitter einen winzigen Vorausschluck Bier. »Ich danke Ihnen, was ein Wetter! Ich wollte schlafen, konnte aber nicht. Geht mir immer viel zu viel im Kopf herum, wenn ich nicht schlafen kann. Ängste, Ängste, Todesahnungen. Lauter nahe, sehr nahe Todesahnungen ...« Knitter schluckte mehrmals etwas zu früh und beifallheischend, dann fuhr er wieder schneidiger fort: »Aber am Arsch, jetzt sind Sie da. Ich danke Ihnen, Doktor. Und, Sie werden es vielleicht nicht glauben, weil Sie mich bisher vielleicht anders kennen – der alte Knitter kann sehr dankbar sein. Sehr dankbar, unheimlich dankbar sein! Prost, Doktor! Danke nochmals!«

Der Landarzt saugte ein bißchen erschöpft an seiner Flasche. Kafka schielte nach links auf Knitters Mund, die Lippen umhalsten das Glas rundum, entweder in der Flasche oder schon im Hals des Alten setzte es ein munteres Gluckern. Ober der freilich nur ahnbaren Schwärze des Meers schlängelte sich ein feiner, fadenförmiger Blitz, wahrscheinlich über Jugoslawien. Über der Ägäis widerlegte ihn ein knapper, kurzer, strammer. Sicherlich fuhren hier zwei, vielleicht drei Gewitter kämpfend aufeinander los, es war dies vermutlich das Ende der Welt. Kafka hatte es kommen sehen, oft erhofft. Zwei sehr ferne Donnermassen schmolzen ineinander, kämen sie näher, wäre alles aus. Knitter faßte mit einem beherzteren Schluck Bier nach, Kafka, ihn nicht zu verletzen, deutete einen gleichgesinnten an. Das Bier schmeckte dem Dichter sehr. Schön war es unterm Großzelteingang, das Zusammenleben mit dem Landarzt war gar nicht schlimm.

»Ich konnte nicht schlafen«, fuhr Knitter satt und doch verhohlen fort und schnalzte tänzelnd mit der Zunge, »die Filmarbeit macht mich wahrscheinlich fertig. Es läuft nicht alles, wie es sollte. Aber hier – hier kann man's doch aushalten, oder? Doktor? Eine riesige Gewitterstimmung! Ah! Eine Echt-Gewitter-Stimmung! Sehen Sie nur!« Knitters Arm wies ins Schlängeln dreier Blitze. »Unglaublich viele Blitze, Blitze wie nichts über Korsika! Hab ich so nur einmal in den Karpaten erlebt, vor dreizehn Jahren damals an der Front. Sehen Sie, Doktor!« Nochmals streckte Knitter den ausgespannten Arm und den dürren Zeigefinger aus dem Zelt, als zeige er Kafka seinen Besitz, sein Reich, »es regnet immer noch wie blöd. Ich fürchte Gewitter, ich gebe es zu, auch wenn Gewitter fern sind – sie könnten ja herüberkommen, oder? Sonst fürchtet Ferenc Knitter niemand. Nicht Gott noch Kirche und Scheiß. Stop: Gott fürchte ich schon, soweit es Gott gibt, weiß man nicht – aber sonst niemand. Wissen Sie, Doktor, ich bin ein alter Mann. Ich habe vielleicht noch drei oder zwölf Jahre zu leben. Was soll ich also noch?« Der Landarzt drehte sich aus einem Tabaksbeutel eine Zigarette und lehnte sich behaglicher in seinem Stuhl zurück. »Machen Sie sich's gemütlich, Doktor, ich kann das gar nicht sehen, wie krumm und beengt Sie dasitzen! Haben Sie was im Kreuz? Ziehen Sie Ihren nassen Anorak aus, Pullover reicht, es ist nicht kalt. Und darum, darum, weil ich ein alter Mann bin, bin ich mit hierher gefahren nach Italien! Nicht wegen dem Film – am Arsch! Was juckt mich der Film? Ich frage Sie, was soll's? Ich bin heute ein alter Mann.« Nicht ohne Würde stöhnte Knitter halblaut auf. »Ich mache mir nichts vor. Ich bin ein Blatt im Winde, ich bin ein Blatt im Wind, was soll's. Sie haben Ihre Büchs in Prag, ich habe keine Büchs, was soll's. Prost, Doktor, echt! Mensch!« Knitter wischte und striegelte sich an den angefeuchteten Schenkeln auf und ab. »Meine Beine sind ganz feucht. Scheiße! Aber keine Angst, ich erkälte mich nicht. Hab ich mich noch nie. Ich bin stark, bärenstark!«

Knitter winkelte den Arm ab und faßte sich spielerisch und stolz an den gestrafften Bizeps. Ein Blitz sprang auf, gefolgt von Donnerbrummen. »Doktor, ich will Ihnen eines sagen, Doc! Vergessen Sie bitte Ihre Rede nicht, lassen Sie mich nur das noch sagen: Heute nachmittag und auch gestern schon die Filmerei – alles drauf geschissen, alles am Arsch! Haben Sie schon was von einer Gage gesehen? Eben. Mit dem Geld machen die Burschen auf unsere Kosten Kohlen, das glauben Sie nicht! Kohlen über Kohlen. Clevere Burschen – Winni, Ulli, alle! Hören Sie, Doktor, ich war am Kurtheater Kattowitz. Ich habe am Kurtheater Kattowitz alles gespielt, alles! Scheiß und Gutes. Schiller, Hebbel, Fontane, Oskar von Liliencron, ›John Maynard hieß der Steuermann, hielt fest bis er das Steuer getan‹ – alles! Dann natürlich auch Klamotte – Napoleon, Bettelstudent, Nathan, Schneider aus Dingsda – alles! Als Napoleon, hören Sie gut zu, hatte ich siebzehn Vorhänge! Das war Rekord! Ich hatte die zweithöchste Gage damals in Budweis – die höchste hatte Knut Beischlag, der Intendant, bis er gefeuert wurde. Es gab Geschichten damals am Theater, es ist damals viel geredet worden von wegen Schwarzhandel und Sachen im Theater, die Geschichte mit den Ohrfeigen für den Kritiker Klohn, die haben Sie ja sicher in der Zeitung gelesen, aber das war schon in Brünn, und das war nicht ich, der ihn geohrfeigt hat, sondern Jochen Kuwing. Ich hatte damit nichts zu tun, Klohn kann es Ihnen jederzeit bezeugen. Ich bin Stoczek-Schüler. Stoczek kam aus Eger, das sagte damals alles – Cheb. Ich habe alles gespielt, mal gut, mal schlecht – aber hier? Ulli, Winni, Diddi? Ich meine, nichts gegen Ihre Story, Doc – das ist zwar nicht Bahr, nicht Schnitzler, nicht Oskar von Liliencron – aber immerhin, okay. Bon. Doktor, das Buch ist dufte – aber ich gebe mich keinen Illusionen hin. Ich bin Halbmagyare, Doktor, vergessen Sie das nicht! Fernsehen wird nicht daraus, Fernsehen wird niemals draus. Der alte Knitter weiß es. Aber – ich sage es natürlich nicht. Die Arschgesichter spekulieren auf das Fernsehn. Da lach ich bloß! Ich genieße meinen Urlaub. Hab ich seit zwanzig Jahren keinen mehr gehabt. Der Film? Am Arsch – ich mache mit, mit Freude, aber ohne Ehrgeiz, ohne Illusionen!«

Wie eine kleine Unreinlichkeit schnippelte Knitter

den Film mit dem grauen Daumen und dem Zeigefinger weg von seinem Mantelkragen. Er saugte einen geschwinden Schluck Bier an, stieß Rauchdampf aus und griff fast zärtlich seitwärts nun nach Kafkas Arm. Blitzgeschnatter, Himmelsrumpeln, Kafka zuckte schwach zusammen. Knitter furzte kurz, fast lautlos.

»Heute ist Sonntag«, nahm er mit etwas schwieriger Stimme den Faden wieder auf, vermutlich über Griechenland und der Türkei zischelten Blitze ringelförmig aufeinander zu und versenkten sich verstockt am umbraschwarzen Horizont. »Heute ist Sonntag. Na und? Ich bin in Italien. Na und?« Für zehn Sekunden dröhnte der Regen nun fast doppelt stark. »Was soll ich in Pilsen? An einem Sonntag. Freitag, Samstag gut – geh ich aus, geh ich einen saufen. Sonntag mach ich gar nichts. Hocke ich daheim. Sirup-Sonntage sind das. Bei mir läuft jede Woche gleich. Und dann Montag wieder Arbeit. Versicherung, immer das gleiche. Hausieren gehen – und betrügen. Das heißt, im Moment bin ich beurlaubt, bis der Fall geklärt ist mit der Witwe – behauptet, ich hätte Vorschuß einkassiert. Aus Königsgrätz. Natürlich Quatsch, ich hab das Geld nicht, ich schwöre Ihnen. Versicherung, Arsch-Versicherung, Arbeit, Arbeit. Ich muß arbeiten, bis an mein Lebensende, Doktor! Sonst gehe ich kaputt. Ich bin ein Klasse-Typ, ich bin astrein! Aber ich muß arbeiten! Scheiße, aber es ist gut so. Damit ich fit bleibe – nur Arbeit hält mich fit und stark. Und Saufen auch, natürlich. Ehrlich wahr, prost, Doc!«

Knitters Sog erfaßte Kafka abermals mit Schmerzgewalt. Nervenzitternd fand der Dichter dennoch jetzt die Menschen als schon gar zu stark, ihre große Anwesenheit. Jetzt erst und seitwärts schielend fiel Kafka bei Knitter auch eine bedeutende Ähnlichkeit mit dem älteren George Washington, ja sogar entfernt mit Papst Leo

XIII. auf, nach dem Gemälde von Franz von Lenbach. Leise fragte der Dichter den Schauspieler, was denn ›Sirup-Sonntage‹ seien.

»Wie bitte?« rief Knitter. Ein böser Regenschauer hatte die Frage halb hinweggefegt. Kafka wiederholte sie mit Sorgfalt.

»Sirup-Sonntage?« Knitter raunzte es verächtlich, spuckte verheißungsvoll aus dem Zelt, fast um die Ecke, »Sirup-Sonntage – sind am Arsch. Ich nenne sie so, Doc, weil sie sich so endlos hinziehen wie Sirup. Üääh, endlos, endlos üüaaääh, Doc, wie Sirup, verstehen Sie mich bitte? Ich darf doch Doc zu Ihnen sagen?«

Kafka nickte bodenlos. Jetzt zeigte sich eine Garbe von fünf Blitzen simultan, anmutig kreuzten sie einander, zu rasch für blöde Menschenaugen. Kafka unterdrückte bang die Frage, warum er, Knitter, dann nicht auch noch am Sonntag saufen gehe. Weinerlich schon faßte er dafür nach, was er, Knitter, denn an solchen Sirup-Sonntagen anstelle.

»Sockenwaschen«, sagte Knitter kalt, und eine Salve, voltenschlagend, senkte sich erneut ins Meer. Ein besonders charmanter Blitz wie Spinnweb fein schien wie ein Nest des lautlos Bösen, während hier das laute gärte. »Sockenwaschen, was denn sonst?«

Kafka wandte spröder ein, das könne doch einen Sonntag nicht ausfüllen. Pilsen habe eine reizvolle Umgebung, auch gebe es dort wohl Film und Theater.

»Sehen Sie, Doc«, unterbrach Knitter reichlich unduldsam, ja ungehalten, er strich im Überdruck die Oberschenkel glatt und hatte Mühe, sein hin und wiederfahrendes Unterkinn zu beruhigen, »ich bin Landarzt. Was? Pardon: alle Mann zurück! Ich bin Versicherung, Agent. Na und? Versicherung lastet mich voll aus. Ich bin dauernd unterwegs, ich bekomme dauernd Briefe von Kunden: ›Lieber, liebster Herr Knitter …‹ all so Scheiß. Ich sitze zuhause und überlege, überlege alles mögliche.« Knitter legte überlegend, besinnlich den noch immer nassen Kopf sehr schräg. »Überlege ich alles mögliche zuhause. Politik, Systemveränderung, SS-20-Raketen, mit der Bombe leben – wir haben 600 000 Karpaten-Ukrainer in Böhmen, ist Ihnen das klar! Das sind politische Probleme! Bon – ich sitze also zuhause und überlege. Der Mensch braucht ein Domizil, und wenn es noch so klein, und wenn es noch so blöde ist. Denn Domizil, also domo, kommt ja, Sie wissen es, Doktor, von domo: das Haus. Oder nit? Okay?«

Plötzlich sprang Knitter auf, beugte den Körper den Zelteingang hinaus und krümmte den Kopf prüfend dem Himmel entgegen. Im Profil glich der Kopf nun gar dem Friedrichs II., zumal die übers Ohr geringelten grauen Lockenbüschel. Bald nahm der Landarzt summend wieder Platz.

»Ich bin ein alter Mann, ich gebe mich keinen Illusionen mehr hin, das ist vorbei. Aber ich bin stark, Doktor! Ich bin ein bärenstarker Typ!« versicherte Knitter noch einmal, aber diesmal weich, verklärt fast schon. »Und ich will Ihnen auch sagen, warum. Hören Sie gut zu, Doc. Wo ist mein Bier? Hier. Wenn ich heute lese, was in der Zeitung steht, was im Fernsehen kommt, wenn ich heute die kleinen Büchsen abschleppen will – ich weiß alles, alles. Ich bin Psychologe ha! Sie wissen, was Psychologie heute ist?«

Kafka schraubte langsam den Kopf um den Hals, abwartend, als glaube er es nur entfernt zu wissen. Der Zeltplatz war jetzt schon ein Schauerfeld, die Pfützen reine Schierlingsbecher. Flüchtig ging Kafka mit sich zurate, ob dereinst am Großen Tage der Weltenrichter

Knitter wohl so gerade noch durchrutschen ließe. Einiges sprach wohl dafür, obwohl andererseits …

»Psychologie ist heute Durchblick«, versicherte Knitter bärenstark, »wenn die kleinen Büchsen – Quatsch! Psychologie ist heute, wenn Sie wollen, praktisch alles! Alles ist Psychologie!«

Sehr zögernd wollte Kafka erfahren, welcher psychologischen Richtung oder Schule er, Knitter, angehöre.

»Wieso ›Schule‹?« staunte der Versicherungsmann und verstand nicht gleich.

Nun, legte Kafka nicht ganz ohne Hinterlist auseinander, es gebe ja heute zum Beispiel die Freudianer, die Orthodoxen, die Verhaltensforscher, die Gestaltpsychologen …

»Doktor!« segelte Knitter Kafka scharf in die recht lose Rede, in der Art eines Fächers sauste die Hand vor der großen Nase blitzschnell und im Halbkreis hin und wieder, »all der Scheiß kann mich nicht jucken. Schulpsychologie, Schulpyschologie! Ich bin, hören Sie gut zu, wenn Sie so wollen, Basispsychologe, Grundlagenpsychologe – mit einem Wort: Parterrepsychologe. Ich komme vom Theater – und wissen Sie, was das heißt? Theater heißt Parterrepsychologie. Theater heißt: Basis. Keine Kathederpsychologie – Parterrepsychologie! Am Arsch! Arschklar! Verstehen Sie mich bitte!« Die Stimme wurde rasch noch leidenschaftlicher und drangvoller, es war klar, daß Knitter jetzt seinen Haupttrumpf ausspielte. »Parterrepsychologie! Ich protestie – pardon: ich appelliere an Ihre Fairneß, Doktor! Katheder – Scheiße. Ich bin Parterrepsychologe, verstehen Sie mich bitte! Und das heißt: Ich durchschaue alles! Alles!« In Knitters Augen trat viel trockener Glanz. »Ich stecke sie alle in die Tasche. Zum Beispiel, pardon, Sie, Doktor! Warum sollen wir nicht darüber reden unter Freunden? Und da sage ich Ihnen arschklar: Sie haben Angst, Doc, Angst! Jede Menge Angst! Angst vor den Frauen, Angst vor dem Gewitter, Angst vor allem, vor der Welt! Warum? Sie schauen doch gut aus! Aber ich, Ferenc Knitter, stecke sie alle in die Tasche! Mit Parterrepsychologie! Zum Teil mit Mutterpsychologie! Und der alte Knitter vergißt seine Mutter Grete Mitzelbach nicht – auch wenn ich den Namen meines Vaters angenommen habe. Mein Vater war eine Sau. Verstehst du mich bitte? Ja? Alle, alle – auch die dicken Ärsche in den Parteien. Und den Universitäten!« Jetzt sickerte etwas Wasser vielleicht sogar politischer Wut in Knitters Blickstrahl. »Alle reden von Demokratie! Was soll der Scheiß? Okay, Demokratie ist gut, arschklar, na und? Und dann? Ich habe Todesängste, Todesängste oft und oft! Im Magen – und in der Schulter reißt es auch – ich habe nicht mehr lang zu leben. Aber wissen Sie, Doktor, was die größte Scheiße, das größte Verbrechen ist? Ja? Wissen Sie es? Dann sag ich es Ihnen. Wissen Sie, was Toleranz ist? Eben! Toleranz ist – ich war früher immer tolerant – Toleranz ist heute die allergrößte Scheiße! Wenn ich heute zu Hause in Pilsen-Kist in meinem Zimmer aus dem Bett steige, dann stoße ich gegen die Wand. Vierzehn Quadratmeter, mein Zimmer! Schau mal, Doc, ich bin jetzt 63. Oder 62. Sie sind jetzt 28 oder 40 oder was, was sind Sie? Dichter, Dichter, Dichter. Okay. Dichter ist nicht schlecht, aber ich – ich lebe! Nicht doll – aber saustark! Was wollen Sie, ich hab doch alles! Ich leb noch dreißig Jahre! Ich bin jederzeit saustark! Saustark, mein Kleiner, bin ich immer noch! Auch dann, wenn ich mal schwach bin. Oder?«

Die Weisheit, dachte Kafka, dieses Mannes ist der Lärm, ist der sehr große Lärm. Warum soll man ihn darum nicht leishals loben? Preis und Ehre seinem

Namen! Und dies saustark ewiglich! Kafka trank erneut vom Bier.

»Ich fühl mich jederzeit saustark.« Knitter stählte, kaum sichtbar, seine Brust, die Stimme zwang sich auf Normalstärke zurück. »Nächstes Jahr geh ich auf Rente. Schau mal, all die anderen Arschgesichter schlafen. Ich bin auch müde wie eine Sau. Aber ich schlafe trotzdem nicht. Eigentlich bin ich auch gar nicht müde. Aber auch wenn ich hundemüde bin, warum soll ich nach Italien fahren, wenn ich dann nur schlafe?« Knitter äugte Kafka Beifall heischend an. »Na also, alles klar. Das nenne ich Psychologie. Sie wissen, was ich meine. Prost, Doktor! Haben Sie noch was zu trinken?«

Knitter rumpelte erneut hoch, schleuderte leicht und stützte sich deshalb mit der Hand auf einen Zeltpflocken, mit der anderen aber auf Kafkas schmale und doch feste Schulter. Dann verschwand er für zwei Minuten im Hinterbereich des Gerätezelts. Winzige Ärgerlaute drangen hervor. Als er wiederkam, humpelte der Landarzt merklich.

»Mein Hühnerauge«, jammerte Knitter mehr en passant, »sehen Sie, Doc, du hast Angst, geben Sie es ruhig zu. Zugeben ist die halbe Miete. Ich habe auch Angst, natürlich, wir haben alle Angst – wer das Gegenteil sagt, lügt, wir sitzen alle im gleichen Boot. Wer was anderes behauptet, ist ein Lügner und ein Arsch, der lügt!« Fast spielerisch blies Knitter die Mundhöhle auf und ließ mit einem kleinen ›Puh‹-Geräusch die Luft durch das Ventil der Lippen entweichen, es war Kafka nicht ganz einsichtig, ob der Akt Knitters überlegene Einsicht in die Psychologie der Dinge vorführen oder die allgemeine Stickigkeit des Lebens ausdrücken sollte. »Sie sind jung, ich bin Profi. Ich bin ein alter Mann«, fuhr Knitter sorglos ältlich fort, Wind schlug verirrt wider die Plane, »ich habe keine Illusionen mehr. Auch keine mehr politisch. Aufrüstung und Nachrüstung, was kann ich daran ändern? Die Büchs, die Kleine, läßt mich nicht – na und? Mach ich halt ihren Dackel. Mach ich halt ihren Landarzt. Komm ich ins Fernsehn – gut. Und klappt es nicht – auch gut. Ich war damals in Paris, Doc. Siebzigeinundsiebzig, Doc. Paris, Sie wissen es so gut wie ich, Paris ist Fickhochburg. Heute wie damals – Fickhochburg. Die Kapitole des Allzeit-Bereit-Ficks. War es damals, ist es heute. Ich habe gefickt, gefickt, gefickt! Gefickt und jederzeit gefickt!«

Jetzt fürchtete Kafka doch sehr stark, ein ferner Blitz, ausgerechnet ein dummer ferner Blitz möchte sich hierher verlaufen und sein und seines Landarztes Leben gemeinsam auslöschen, aber das ginge ja nicht, weil ein Blitz nichts löschte, sondern im Gegenteil anzündete, so daß Kafka sich sehr gesichert wußte. Wie im Offizierscasino. Knitter fuhr schon reißend fort:

»Jeden Tag gefickt! Und heute? Ich bitte Sie! Was wir hier machen, ist zehntklassig. Schauen Sie, Doktor, ich sage Ihnen die volle Wahrheit. Ich habe in Brünn Napoleon gespielt und sogar damit in Preßburg gastiert. Schrieb der Kritiker, der Arsch, er schreibt: Man versteht Ferenc Knitter nicht. Er nuschelt stark. Schreibt die Sau. Aber ich war nicht mal besoffen. Er hat die Rolle nicht verstanden, Napoleon muß nuscheln – nicht röhren! Er ist ein gebrochener Mann, klaro. Ich habe Egon Klohn geohrfeigt. Schauen Sie, Doc, alle großen Männer der Weltgeschichte, Napoleon, Graf Zeppelin, Madame Curie, Julius Caesar waren große Männer. Gar keine Frage, die meisten jedenfalls. Das Publikum war hingerissen. Wir haben jeden Tag gespielt, jeden Tag die gleiche Kiste, obwohl das Theater nicht beheizt war. Napoleon, Götterdämmerung, Fledermaus, Julius Caesar, Moltke – alles!«

In diesem Augenblick kamen vier Blitze sich ins Gehege, einer davon bildete die Form von Knitters hehrer Nase und seines Schnauzers nach. Wieder schwoll der Regen auf, nach mächtig trommelndem Krafteinsatz ließ er es aber bald wieder langsamer laufen. Kafka trank mutig vom Bier, sah das Drehbuch auf dem Meer wegschwimmen geradewegs nach Afrika.

»Doktor, ich habe Notabitur. Don Carlos, Notabitur – ich habe Notabitur gespielt, pardon: Napoleon Buonarotte. Wir hatten beim Notabitur nicht zwei Prüfer, sondern sieben! Sie wissen, was das heißt!« Knitter packte Kafka rauher, doch auch sehr galant am Arm und wippte zapplig mit den Beinen. Jetzt hatte Kafka trotzdem wieder das Empfinden, wenn jetzt ein Blitz ihn und Knitter fände, die Welt wäre zwar nicht vom Gesamtübel, immerhin aber von ihren beiden Hauptwunden geheilt. »Und was soll ich hier, Doc?« Den Pakt des Bösen zu beschließen, summte Kafka einen Wiener Walzer. Doch Knitter hatte aufgepaßt, er faßte Kafka mit höchstem Argwohn ins Auge. »Doc, du bist Dichter, Dichter. Bon. Kein großer, aber immerhin, okay. Aber weißt du eigentlich, was das heißt? Was ›Dichten‹ heißt? Dann will ich es dir sagen. ›Dichten‹ kommt von ›verdichten‹. Verstehst du mich bitte? Weißt du, daß du hier der Dichter und – der Dumme bist? Die Lehrer nehmen dich nur aus. Doc! Kein großer Dichter, aber immerhin der Dumme! Und was machst du? Du hältst dich raus. Okay. Während ich beim Filmen schwitze, hältst du dich raus, du gehst in aller Ruhe in den Wald und wichst dir einen runter, wenn ich schwitze. Verstehe ich, Doc, okay. Aber warum tust du das? Du hast doch schöne Augen. Doc! Echt tiefe, dunkle Augen!« Der Landarztzeigefinger stach strafend auf sie los. »Augen wie ein treues Reh. Die Weiber sind doch spitz auf dich!

Schöne treue Augen machen Pflaumen feucht, mehr als alles andere, sogar noch mehr als Rotwein. Ich aber, ich, der alte Knitter? Die Büchs ist spitz wie Nachbars Lumpi, die Helga, aber die Büchs läßt mich nicht. Läßt mich kalt. Scheiße, große Scheiße ...«

Enttäuschung rieb die drei letzten Worte arg zu Brei. ›Niemand singt so rein‹, sagte sich Kafka, ›als sie, die in den tiefsten Zelten sind. Was wir für Gesang der Engel halten, kommt aus Straflagern gradwegs.‹ Jetzt waren es wohl sieben Blitze, die lautlos lächerlich ins Meer versiegten. Entfesselter hob Kafka schon sein Bier zum Mund, er hatte einen kleinen sitzen.

»Ulli, Winni, Diddi!« seufzte Knitter laut und klagend und hielt die linke Hand auf Kopfhöhe in der Schwebe, »wie heißt der dritte? ›Diddi‹, klar. Sag ich doch. Sie nehmen mich nur aus. Alles Lehrer, große Scheiße! Das ganze Jahr in der Schule nehmen sie die kleinen Kinder aus – und jetzt« – jetzt packte Ferenc Knitter Franz Kafka bestürzend kräftig mit beiden Pranken an dessen beiden Armen, ums Haar wäre er von diesem ihm selber unverhofften Körperschwung vom Stühlchen gekippt, er schwankte, fing sich aber fast artistisch wieder ...

»Schau mal, Doc!« raunte ohne Hast der Landarzt und sein graues Antlitz schien überlastet von der Bitte um weiteren Aufschub, weitere Herumtreiberei, um eine Verlängerung der Galgenfrist – da fledderte ein wahrer Mannschaftsblitz vom Firmament, Kafka glaubte drei Hauptstränge mit vielleicht acht Ästen und zwölf weiteren Zweigen zu entschlüsseln, in der Bannzone der Blitze färbte die schwarze Nacht sich rosaviolett – »schau mal, Doc, wir beide kommen aus der selben Branche, Arsch, Versicherung. Ich habe den Kritiker Klohn – er wurde dann später Pater, was weiß ich, wo –

nie geschlagen. Was damals im Leitmeritzer Volksblatt gestanden hat, war dummes Zeug. Obwohl Egon es verdient hätte, er hat mich beim Bühnen- und Presseball um die ganzen Einnahmen betrogen und mir in der Nacht sogar meinen Pelz gestohlen. Aber ich war Spitze. Mein Vater war Antifaschist und Eisenbahner – Antifaschist und Eisenbahner!« Jetzt waren Knitter und Kafka, wenn auch aus auseinanderklaffenden Gründen, beidesamt den Tränen nahe. »Schau mal, Doktor, es war immer mein Wunsch, Theater zu spielen, mein Wunschtraum, stop: ich rede Quatsch. Ich hab ja früher auch gespielt. Jetzt bin ich Versicherung. Ich bin ein Blatt im Wind, im Wind. Du bist Junggeselle, alles klar. Ich aber bin noch verheiratet!« Schmerz saugte jäh an Knitters Stimme, verzweifelt zerrte er am Nyltesthemd. »Ich bin ein Blatt, aber verheiratet. Die Büchs hat jede Menge Kohlen. Sie lebt heute in Hamburg, war früher eine Klassebüchs, auch wenn sie solche Beene hatte, Fritzi!« Knitter beschrieb mit den Händen ein großes Ei. »Heute ist sie dick wie Brei. Sie lebt noch – 64 ist die Alte. Sie müßte für mich aufkommen, aber ich lasse es nicht zu. Vor drei Jahren habe ich am Hemd einen Knopf verloren – ich bin noch, glaube mir, nicht dazugekommen, ihn wieder anzunähen. Ich bin ein alter Mann, ein Arsch – so treib ich mich herum. Hör mir gut zu, was ich sage, hat Hieb und Stich. Ich habe Schulden wie ein Major – aber Fritzi für mich zahlen? Nie! ›Schau mal‹, hab ich zu ihr neulich in Marienbad gesagt, ›wenn ich in Pilsen hundert Kirchen anzünde, dann kann ich es irgendwie irgendwo verantworten, Fritzi – aber daß ich von dir eine müde Krone nehme, nie! Niemals! Nie! Und wenn du mit Diamantenschmuggel eine Million gemacht hast! Nie! Du warst zwar gut zu ficken, Fritzi, aber niemals nehm ich Geld von dir!‹ Trauzeugen waren Arno und Ellen Angenend. Meine Vettern. Aus Güstrow kamen die. Oder Peterfecking!«

Hinter dem Zelt patschte im Regen Nasses, es mußte die böhmische Fahne sein. Knitter warf die Beine neu übereinander, tappte zum Beweis mit beiden flachen Händen in die Hüfte, als ob er sich von der größten Sünde losgerissen habe und sich an seiner Freiheit labe. ›Der Arzt zu mir ins Bett gelegt‹, dachte Kafka und wäre zehn Sekunden lang innig gern Knitters Gemahlin gewesen, um ihm beim Eindringen zu helfen. Kafka kniff sich in die Lende, war da nicht warm schon Kinderfrucht? Donner, Blitze, schon zu schmählich. Eine kleine Pause schwelte. Der Regen ließ schon wieder nach. Kafka gewahrte am Boden eine Kiste voll mit Hacken. Dann räusperte er sich und fragte sehr leise in ferne Donnerwellen hinein, ob er, Knitter, die Landarzt-Rolle möge.

Knitter ließ sich auch diese Frage wiederholen und fiel erst mal in Schweigen. Er nahm kurz das Gesicht zwischen beide Hände, dann nahm er einen Schluck Bier, streckte die Beine weit von sich und ruderte ein wenig mit den Schultern, als kämpfe er gegen eine Falle an, die er freilich längst erahnte. Endlich lachte er befreit.

»Du mußt die Frage anders stellen, Doktor. Hör zu, ich kann dir genau sagen, Doc, warum du mitgefahren bist – nein, laß mich ausreden, bitte! Du bist mitgefahren, daß du was erlebst – Doc, du alter Dichterarsch!« Knitter langte mit der rechten Hand zu Kafka herüber und rüttelte äußerst gemütlich an dessen Oberkörper herum. »Du sammelst Stoff für deinen nächsten Roman oder ein Drama – machen doch alle, die Dichter! Der alte Knitter weiß es doch! Du sammelst Stoff für deine Bücher, deine Arztromane – oder wie sie alle heißen!«

Kafka stockte steil der Atem, im Schlund brannte tatsächlich ein verstockter, pelziger Blitz, die Augen schlugen überrumpelt auf und zu. Bedeutend fuhrwerkte erneut der Regen drein. Der Alte nahm einen hastigen, dann einen sehr entspannten Schluck, dann fuhr er leiser, rasselnd fort, erpicht auf eisernen Comment, indes sein Blick fast katzenhaft sich freute:

»Doktor, laß dich nicht verrückt machen! Schau, ich bin ein Blatt im Wind, aber – ich lebe. Ich bin ein Wind im Blatt im Wind, das lebt. Goethe, Schiller, Landarzt alles Quatsch! Ich habe dein Buch gelesen, Doc, oder jedenfalls das Drehbuch. Das Buch ist gut geschrieben, okay, echt gut – aber du nimmst mich doch nur aus. Ich bin nicht auf dich angewiesen, weiß Gott nicht, mein Kleiner. Aber du auf mich, der alte Knitter weiß es, aber echt. Landarzt-Quatsch – was soll's? Der Mensch, hören Sie gut zu, ist dem Mensch ein Raubtier – hab ich recht oder nit?« Knitter sägte nun verbittert und aufs äußerste wohlgelaunt zugleich. »Sagt schon Nietzsche oder wer. Man muß es einsperren, alles klar. Ich bin ein Blatt im Wind, aber ich lebe. Ich habe jede Menge Todesahnungen – darauf ist auch geschissen!« Der Landarzt strich beidhändig seine Zierlocken nach hinten – der Regen schwieg wie wißbegierig. »Kunst«, raunte Knitter sehr nachdenklich, »Kunst muß von innen kommen, oder sie taugt nichts. Der Landarzt, gut, er kann so bleiben. Kennst du, Doc, die Fernsehserie ›Landarzt Doktor Brock‹? Mit Rudolf Prack? 26 Teile – österreichisches Fernsehen, kann ich in Pilsen gut empfangen. Ich habe mindestens 24 Teile angeschaut!« Knitter kratzte sich mit dem etwas angestachelten Kinn abwägend an der Schulter. »Da gehst du mit deinem Buch natürlich baden, Doktor! Aber – macht nichts, für mich reicht es. Ich spiele jeden Scheiß herunter, den sie wollen. Ich bin ein Blatt im Wind, eine Äolsharfe, wenn Sie wollen! Wissen Sie, was wahre Romantik ist?« Jetzt streifte Knitters Faustknöchel wie einseifend des Dichters Unterarm vielmals auf und ab, Kafka hörte Engel singen, dunkle Engel, sonder Zahl. »Kunst muß von Herzen kommen, Doc! Von Herzen – möge sie wieder zu Herzen finden, sagt schon Lessing. Und er hatte recht!«

Wasser tropfte schwer vom Großzeltdach. Ein Zwölffachblitz klang auf. Wie sehr feine Rißwunden einer Marmorplatte, ja wie die zackig rasende, die endlich zersplitternde Rißwunde der Erde selbst. Knitter ließ einen Lauten krachen. ›Action!‹ dachte Kafka zart.

»Ich bin Tierarzt, stop: der Landarzt!« Knitter brummelte über seinen Versprecher, etwas verfallen mit der Welt. Der Nasenzinken bebte nach. »Ich kenne das Leid, oh, ich kenne Leid. Einsam, Doc, immer allein! Doc, wenn du willst, kann ich für dich so etwas wie Vater sein. Mit deinem leiblichen Vater kommst du nicht zurecht, ich weiß es – ich aber könnte für dich ein leibhaftiger Vater sein. Wir können zusammen ein Zimmer nehmen in Prag oder wo! Okay, Sie haben in Prag Ihre Büchs – aber wenn Sie heute sterben, wer erbt die ganzen Kohlen? Passen Sie auf, wir könnten ein Vater-Sohn-Vice-Versa-Abkommen machen, ehrlich! Ich spiele jede Woche im Lotto. Wenn ich eine Million gewinne, gebe ich es Ihnen, Doktor. Und umgekehrt natürlich. Fritzi, meine Alte, kriegt keinen Knopf, keinen Arsch. Und wenn Sie gewinnen oder wenn Ihre Bücher eines Tages Bestseller werden, dann geben Sie mir einen Teil. Bzw. wir geben uns umgekehrt eine kleine Rente vice versa 1:1. So sparen wir auch Schenkungssteuer. Und umgekehrt. Und eines Tages bringen Ihre Bücher unter Garantie viel Geld. Wer weiß, wer dann den Nutzen hat. Sind ja gut geschrieben, alle.«

Eilfertig stürzte Knitter hoch und verschwand nochmals im Hintergrund des Zelts. Ein langer Wasserstrahl war von viel Ächzgeräusch begleitet. Kafka überlegte schnellstens. Wenn er schon dem Landarzt nicht Kindsmutter sein konnte, zum Vater wollte er ihn auch nicht haben. Eine Art Waffenbrüderschaft auf geistiger Ebene schwebte ihm jetzt wohlig vor. Ja, so wollte er es halten.

Schon kam der Landarzt wieder, ruckelte an seinem Hosenladen und machte sich's erneut bequem. »Sie können schreiben, mein Junge. Ich könnte gut Ihr Vater sein. Das Lotto hat mir bisher nichts gebracht, außer einmal 40 Eier. War sofort wieder weg. Pardon, Doktor, darf ich Ihnen etwas sagen? Okay. Kunst ist Kunst! Alle reden sie von Kunst! Sogar die Lehrersäcke. Kunst ist«, schlagartig ließ Knitter die Stimme fast zum Wispern welken, »Kunst ist etwas Anderes. Kunst ist etwas Heiliges – war sie immer, jederzeit. Kunst ist Zwiesprache mit Gott, geschenkt, das wissen Sie genau wie ich. Kunst ist wie ein tiefer Schlaf, ich weiß es. Kunst ist Weltgewissen Gottes, sagte Otto Lilienchron. Kunst ist nicht Gefühl, aber – auch Gefühl. Oder nit, ich weiß es doch. Dichtung ist immer Botschaft, Doktor! Frohbotschaft, kann man auch sagen. Wie im Evangelium. Ich bin ein alter Mann, ich weiß es. Jeden Tag kann ich wegsterben. Ich bin ein Blatt im Wind – die Kunst ist für mich Strohhalm, mitten im Geräusch der Welt. Kunst ist für mich Lebenssinn, Kunst ist für mich Abendläuten ...«

›Mein Bruder Ferenc-Charly‹, lautlos zähneknirschend weinte Kafka, während Knitter mit der Faust sich drucksend übers Auge wischte, ›Franz-Winnetou ist schon ein Christ!‹

»Ich bin ein Blatt im Wind«, zeterte Knitter nach einer

Weile leise fauchend fort, Spuren noch der Tränen schluckend, »schau mal, Doc, entschuldige, wenn ich dich unterbreche, merke dir bitte deine Rede – ich wollte nur noch eines sagen: Der Landarzt ist eine gute Rolle, eine echt exzellente Rolle, aber die Büchs – sie läßt mich nicht!« Knitter sah Kafka ratlos an. »Wir sollten Freundschaft schließen, echt. Wir könnten Reisen machen, jede Menge Reisen machen. Italien und Kenia. Traumstraßen der Welt, von Winnipeg bis Seattle – soll eine tolle Gegend sein. Schau mal, früher war ich bei den Weibern stark, heute bin ich echt sauschwach. Die Büchs, sie läßt mich einfach nicht. Sie will zwar mit mir Theater spielen, sie zehrt von meinem Prestige. Ich bin Profi, immer noch. Aber läßt mich nicht drüber. Wissen Sie, wie Walter Stoczek dazu sagte: ›Typische Kulturhure, typische Kulturhure!‹ Sie läßt zwar ihren Mann drüber, den Lehrerarsch – aber eigentlich fickt sie dauernd die Kultur. Verstehst du mich bitte, Doc! Fickt die Kultur, hältst du im Kopf nicht aus. Sie macht auf Kultur und Film und Oper, und wenn du etwas nachbohrst und nachkrallst«, Knitter krallte Kafka kurz und heftig am Puls, »wenn du nachkrallst, ist nichts da. Trotzdem fickt sie weiter die Kultur. Im Arsch, ich Arsch!« Knitter hatte jetzt wieder herb und rauchig Whisky in der Stimme und schwang sich zum Galgenhumor zurück. Er verknäulte auf eine von Kafka noch nie gesehene Weise die gestreckt gekreuzten Arme und Hände fast spiralig ineinander, aber nur zwei Atemzüge lang. »Ich bin spitz auf sie wie Nachbars Lumpi, Doc, und Sie doch auch!« Knitter haute Kafka eine Freundschaftliche in den Magen. »Und ich erst, leck mich doch am Arsch! Schon seit unserer Ankunft. Heute mittag hab ich mir einen runtergeholt!« Knitter vollzog eine unmißverständliche Handbewegung, aber zu Kafkas Verblüffung melkte Knitter beidhändig und holte fast einen Meter weit aus, immer wieder, immer wieder. »Aaah! Ich bin heute noch bärenstark, ich bin ein bärenstarker Typ! Ich habe mir ganz gemütlich und schön im Zelt zwei Stunden lang einen runtergeholt – laß ich mir immer Zeit dazu.« Knitter fuhr schon ganz unverschämt lang und langsam mit seiner Demonstration fort, »in meinem Alter dauert das ein bißchen, natürlich, natürlich! Und ich hab Zeit, ewig Zeit! Aber ich bin Psychologe, morgen pack ich sie. Ich habe jede Menge Tricks. Besser als Ihre schönen Augen, Doktor!« Knitter lachte goldig. »Mit denen, mit den schönen Augen bringen Sie die Büchsen nicht ins Bett, ich bitte Sie! Und mit Dichtung zweimal nicht! Aber meine Tricks haun hin. Aber ehrlich, mein Herr Dichter! Ich bin echt ein Blatt im Wind«, die Stimme zog rasend hoffnungsgebläht an, »aber trotzdem saustark, Schätzchen!«

Der Regen hatte vollends aufgehört, letztes Blitzgefaser schwirrte, aber fast beschaulich schon. Kafka sah Knitter hellwach von der Seite an, nicht ohne Begeisterung. Dem Greis schien eine Idee erwacht, eine saustarke Idee. Er lachte lächelnd, hochbefriedigt und mehrfach noch im Husten auf. Kafka sann ins ferne Prag, Knitter an was anderes. Beide schwiegen sehr beseligt, wie zwei alte Herbstzeitlose. Der letzte Donner war verrollt, das Meer schwankte verzeihend nach. Über der Adria lag schwarzer Plunder, die Welt im Kopf barg zwiefach Wahrheit. Knitter und Kafka hatten ihre je drei Biere ausgetrunken, der Zeltplatz schwamm verwahrlost, Klumpen Erde glänzten. Sehnsucht nach Bier und noch mehr Bier nagte an Kafka. »Nachdem ich viel in Wirtshäusern verkehre«, faßte Knitter nochmals nach, »habe ich natürlich auch entsprechend viele Neider. Der Film wird nichts, ich fühle es. Egal. Ich bin auf euch nicht angewiesen, bin ich weißgott ja nicht, mein Kleiner!« Er hustete verächtlich. »Sie haben auch kein Bier mehr, Doc? Scheiße, und nirgends in diesem Sarglager pardon: Zeltlager steht noch eine Kiste!«

Knitters gelbe Zähne schimmerten im Dunkel, schienen sich in flüchtiger Wut kurz selbst zu beißen. Kopf und Haarschwung waren jetzt vom Halbprofil die Alexander Dubčeks. Da fiel dem Landarzt etwas ein. Durch den offenen Holzschuppen im Tomatenbau, dort, wo die alte Frau Tagliavini ihre Tomaten in Flaschen füllte, könne man, wie er wisse, machte Knitter zügig Hoffnung, in die Küche Carlos eindringen, da habe es im Kühlschrank noch Wein, den könne man jetzt ohne weiteres klauen oder aber vielmehr morgen zahlen.

Zum Zeitvertreib stellte sich Kafka vor, wie Felice sich in diesem Augenblick mit einem anderen vergnügte, aber das half ihm jetzt auch nicht weiter. Wind geigte stark verblasen nach. ›Bier auf Wein, das bringt viel ein, Wein auf Bier gibt ein Geschmier‹, dachte Kafka und er sah sich schon mit Knitter durch des Schuppens Dunkel schleichen. ›Wie die Nase eines Mannes‹, das Reimen sagte Kafka äußerst zu, ›so dem Jesus sein Johannes‹. Doch plötzlich rappelte sich Knitter hoch, tappte nach Kafkas Hand und griff sie warm. »Ich geh jetzt pennen, Doc. Ich bin auf einmal müd wie eine Sau. Ich danke Ihnen, Doktor, daß Sie mit mir etwas Konversation, daß Sie zu mir gehalten haben, kann ja doch nicht schaden, oder? Und der alte Knitter kann sehr dankbar sein. Kann unheimlich dankbar sein!« Er zwängte sich in seinen Mantelkittel, Kafka half ihm pressen. »Können Sie mir sagen, wo mein Zelt ist? Bevor ich es verwechsle? Danke. Ich möchte keinen Krach im Lager in der Nacht, aber ich freue mich – auf morgen!« Hingebungsvoll reckte Knitter die Brust heraus, tippte in Vorfreude gegen die Warzen und kraulte sich hinter den Ohren. »Ich freue mich auf morgen, echt!« Er hakte Kafka ebenso hilfbedürftig wie leutselig unter. »Müde wie eine Sau, Sie bringen, Doktor, mich zum Zelt.«

Arm in Arm überquerten Knitter und Kafka den schlimmen Zeltplatzbrei, die Nacht begann sich schon zu lichten. Knitter rutschte mehrfach aus und drohte Kafka mitzureißen. »Der Film wird gut, echt gut, mein Engel. Ich bin ein Blatt im Wind, okay, wäre aber doch trotzdem große Klasse, wenn wir im Fernsehen groß rauskommen. Ich als Napo – ich als Landarzt, du als Dichter. Kommt ja sowieso jetzt Kabelfernsehen.«

»Gute Nacht, Doktor!« Knitter nickte planlos, machte sich klein und kroch schwerer ächzend in sein flaches Zelt. »Scheiße, ich muß erst den Mantel runtertun, sonst komm ich nicht hinein in diese Scheiße!« Er quälte sich rückwärtsgrabschend rumpelnd wieder aus den Nähten, zerrte ingrimmig den Mantel herunter und schleuderte ihn ins Zelt voraus. »Wir bleiben gute Freunde, oder?« Schon kauerte Knitter in seinem Bau, streckte aber wieder den Kopf heraus und reckte auch die Pranke vor. »Den Wein stauben wir morgen ab. Ich bin saumüde wie eine Sau. Ich danke Ihnen nochmals, Doc. Und wenn ein alter Mann sich bei einem jungen Schnösel bedankt, verstehen Sie mich bitte, dann will das ehrlich echt was heißen, dann kann das sehr viel bedeuten. Gut Nacht, Doktor. Tschüssing, Doc!«

Am Morgen überraschten die Lehrer Kafka nur mäßig mit der Mitteilung, sie hätten soeben beim Frühstück beschlossen, in den Film »eine zweite, eine Meta-Ebene« einzuführen, so Ulli – nämlich ihn, Kafka, zu verfilmen, wie er – als Kafka – an der Meeresküste stehe oder sitze oder »also praktisch als Symbol« stumm in einem Buch lese, am besten im ›Landarzt‹, falls den jemand dabei habe. Die Kamera führe dann auf den Buchtitel zu, es könne im Prinzip aber natürlich auch jedes andere Buch sein – und diese zweite Filmebene solle dann nachher in Prag »sequenzenweise in den Hauptfilm hineingeschnitten werden«. Und deshalb, sagte Winni, gut ausgeruht sehr schnittig, brauche man also von ihm, Kafka, etliche Schnittbilder in unterschiedlichen Stellungen.

Sonne schien recht heiter, noch nicht allzu quälend, der Himmel war vom mächtigen Schwefel blank und blau gefegt, schnelle hibbelige Wolkenschäfchen schweiften. Nasenbohrend stand Hiemler müßig an der Feuerstelle und bewunderte Gehring, der einen Handstand probierte. Kafka verspürte einen nicht zu kleinen Bierkater. Noch während die Lehrer auf ihn einsprachen, schwindelte ihm, in früher Verblendung schloß er die schönen dunklen Augen, gedachte Helgas Scham und hielt sich an der Böhmenfahne fest. Ulli erwähnte, unterstützt von Diddi, momentan fehle es dem Film noch an einem gewissen »feeling«, an den richtigen »vibrations«, gerade durch die Meta-Ebene aber sei »dieses fuck'n' Eindimensionale durch mehr Abstraktionalität wahrscheinlich rauszukriegen.«

Allerdings, faßte Winni nach, solle er, Kafka, sich im Film dann ›Frank S. Kafka‹ nennen, das sei »viel attraktiver« und habe »echt mehr drive«.

In diesem Augenblick keuchte weißlichblond und in pariserblauen Badeshorts Heitler heran an die drei Lehrer. Er japste laut. Es sei dies eine Sauerei und echte Beleidigung, krähte er verzweifelt und doch merkwürdig eintönig, gerade habe er es von Verena beim Frühschoppen gehört, daß sie, die Regisseure, umdisponiert hätten, nämlich das Kind spiele jetzt ein anderer, der heute vormittag eingetroffene kleine Neffe Carlo Tagliavinis, der zwölfjährige Ettore, dieser solle also nun plötzlich den kranken Knaben im ›Landarzt‹ spielen – ob denn das auch wahr sei? Das sei doch gemein und eine echte Sauerei, wo er, Heitler, doch extra mit nach Italien gefahren sei und seine Semesterferien geopfert habe, um den kranken Knaben zu geben, er habe jetzt auch seit sechs Wochen die Rolle studiert und seiner Oma schon Bescheid gesagt, die freue sich darauf. Und, umschwenkend und schon allzu plump und gierig, deutete Heitler Schadenersatzforderungen an.

Ulli ruderte mit beiden Armen, Diddi sah verraten drein. Gerade setzte Winni dazu an, Heitler klarzumachen, der Fall sei zwar für ihn, Heitler, menschlich traurig, fast tragisch, man habe aber eben heute morgen bei Ettores Erscheinen sofort klar erkannt, daß dieser der filmischen Vision des Knaben aufs Haar entspreche, indessen er, Heitler, ja schon fast zwanzig sei – und wie fünfzig aussehe, ergänzte Ulli unverschämt und plötzlich rückhaltlos schon heiter und klopfte Heitler auf den Rücken – da aber kam auch schon Ferenc Knitter angeschnauft, mit Händen grob fachierend, wahrscheinlich mit dem ganzen Körper. Er bitte um Aufmerksamkeit, schrie Knitter rauh metallisch, packte Winni und Ulli anhaltend je an einem nackten Schulterflügel und stampfte mit dem Fuße auf. Er, Knitter, schrie Knitter und scheußlich nahmen seine Augen Kafka in Besitz, er, Knitter, verlasse sofort Lager und Filmarbeit – ohne Widerrede, nein, keine Widerrede! Kafka erwartete, derweil etwas seitlich Schuller einen dicken Holzstecken zerschnitzelte, Knitters Fußtritt, doch packte dieser nun erst auch einmal Diddi grob am Arm. Ein Skandal sei passiert, »ein Riesenеklat«, schrie Knitter schmerz- und wutumdunstet und saugte neuen Atem. Die Magd Helga-Abigail habe heute morgen Eva beim Zähneputzen vorgelegen bzw. Eva habe dann ihn, Knitter, umgekehrt darauf angesprochen, er, Knitter, habe, hastete Knitter und hielt Kafka scharf im Auge, Helga-Abigail gestern dahingehend erpreßt, er, Knitter, würde sich wahrscheinlich wegen Erpressung bzw. Depression und Alterseinsamkeit umbringen oder aber zumindest die ›Landarzt‹-Rolle platzen lassen, wenn sie, Helga, ihn, Knitter, nicht »drüberlasse« oder »wenigstens am Sack kraule, ungefähr eine Stunde lang!«

Knitter brauchte nur knapp drei Sekunden, wieder zu Atem zu kommen, dann überzog der Ausdruck unerbittlichster Strenge, ja züchtigender Rache seine falben Wangen, die Lippen wurden ganz kurz hart und schmal, dann öffneten sie sich wieder.

»Lüge, Lüge, dreimal Lüge! Die größte Lüge aller Zeiten!« Es hallte mächtig, dann flackerten zwei Arme hoch. »Die Ausgeburt der Lüge! Ich erpresse wen?« Ungläubigkeit zog in die Stimme, doch nur kurz. »Lüge, Lüge, nochmals Lüge. Ich, Knitter, will den Karren auffliegen lassen! Ich, der ich mich seit Wochen opfere! Und die Wahrheit, und die Wahrheit?« fragte Knitter. Dann endlich fiel sein Arm gleich einer Bahnschranke auf Kafka nieder. »Der der, der da, der da ist es! Der ist es – nicht ich! Der – die Sau da ist es! Die Sau verdreht, seit wir hier sind, seine Dackelaugen hin auf Helga! Der ist scharf auf sie und macht sie alle fertig! Ich sage euch – er nimmt uns aus! Dichter! Dichter!« In Knitters Stimme barst der Hohn. »Dichter will er sein, der Arsch! In Prag hat er angeblich eine Büchs – aber er will Helga! Der ist auf die Helga scharf! Und auf all die andern auch. Der da hat doch vorgestern fast den ›Landarzt‹ sabotiert! Aber ehrlich, Ulli, Diddi!«

»Sabotiert?« frug Kafka ziemlich müde und lehnte leicht gegen den Sommerwind. Seitwärts zog sich Wimmer mit einer Pinzette den Dorn aus einem Zeh. In der Ferne wähnte Kafka Karawanken funkeln.

»Sabotiert!« rief Knitter grausig und galvanisierend. Etwas überhastet drückte Ulli Heitler abseits ein Fünfkronenstück in die Hand; sehr zufrieden, ja wie hochbeschwingt marschierte der Student im Stechschritt sogleich der Taverne zu.

»Sabotiert«, echote Kafka. Aus dem Hinterland hervor hörte er einen Gockel gackern, einmal, zweimal, dreimal. Grashalmschnipsel klebten zier an der verknittert schwarzen Hose des Dichters.

»Logisch, logisch, logisch!« krähte Knitters Trompete schon etwas fernhinschwebender fort, der Landarzt maß Kafka jetzt ohne Scheu mit drohenden verschränkten Armen. »Was wollen Sie! Ich habe es genau gesehen, wie Sie vorgestern beim Landarbeiter- und Bauernprotestmarsch aus der Gruppe ausgeschert sind! Das war Absicht! Dreimal Absicht!« Knitter funkelte jetzt kaum Kafka, um so wilder aber die drei, vier anderen Zuhörer an und stieß die Faust sich in den Nacken; Hiemler, aber wahrscheinlich aus einem anderen Grund, prustete schon aus voller Kehle. »Damit, hört alle gut zu, ich sage die Wahrheit – wir alle schinden und plagen uns – und er schert mit voller Absicht aus! Damit wir später das fertige Filmmaterial wegschmeißen müssen! Weil er nämlich neidisch darauf ist! Weil es unser Film ist! Und nicht seiner! Nur das ist volle Wahrheit! Ihr Spiel ist aus, Kafka!« schrie Knitter hehr, hieb sich mit den Handkanten gegen die Ohren, frenetisch fletschte er die bleichen Zähne, es war von schwindeliger Schönheit. »Kafka, ich decke Sie nicht mehr, ich habe Sie lange genug gedeckt und aus jeder Scheiße gezogen. Wenn Sie bei den Mädels nicht zum Schuß kommen und neidisch sind«, vorübergehend schien Knitters Stimme schwül verschleimt ein klein wenig ins trotz allem Verständnisvolle zurückgleiten zu wollen, »dann ist das Ihre Sache, voll Ihre Affaire!« Des Alten Kopf war plötzlich nah an Kafka herangerückt, gleichsam halb vertraulich, allein das Auge schien vor Wut zu schmunzeln schon. »Oder waren Sie vielleicht besoffen? Als Sie Abigail erpreßten – erpreßten, ja, erpreßten!« Die Stimme nahm einen neuen, etwas richtungslosen Aufschwung. »Wenn Sie wirklich Dichter wären – Dichter wären! –, hätten Sie so was nicht nötig! Ich habe es genau gesehen, am ersten Abend schon! Sie sind am Lagerfeuer gesessen, Kafka, Helga neben Ihnen – und Sie haben arschklar Kreise und Schrift und Hieroglyphen in den Sand gemalt. Ein Herzchen und drin ›Love‹! Sie sind ein Bauernfänger, Kafka! Ich mache Sie zur Sau! Ihr Spiel ist aus, Kafka, geben Sie auf! Ich bringe Sie auf Null!«

Mit Sauseschubkraft schoß die Zunge aus dem Mund, wischte rasend über die Oberlippe, schnellte schlangengleich zurück in ihre Höhle, aus der noch in der nämlichen Sekunde, begleitet von schwersten Schnieflauten aus der Nase, zutzelnd-suckelnde Sauggeräusche des noch im Schmatzen wirksamen Vernichtungswillens ins Freie drangen. Dann zeigte Knitter nochmals, etwas kraftloser schon, die Zähne, nach vorn gebeugt die Hand wider die Lende rammend:

»Kafka, ich sage Ihnen die Wahrheit, zum erstenmal die volle Wahrheit! Sie sind eine Sau. Eine Super-Sau sind Sie. Ich frage mich, warum. Sie haben doch in Prag Ihre Pritschen, Stopferln jede Menge. Dazu noch Ihre normale Büchs. Warum wichsen Sie im Wald? Die kalten Bauern in Ihr Taschentuch, in Ihr Spitzentaschentüchlein, ha! Damit wir auf Ihren kalten Bauern nicht ausrutschen? Ha! Sie wichsen in den Wald – und machen uns den Film kaputt!«

Überraschend standen Knitters Augen feucht, die Stimme nahm die letzte Steigung.

»Kafka, Sie sind eine Sau! Eine Super-Sau sind Sie! Eine Super-Hyper-Sau! Kafka, ich fluche Ihnen. Elffach, elffach fluch ich Ihnen!«

›Die Fährte des Gemeinen‹, träumte Kafka fast behaglich, ›bis zur Unendlichkeit verfolgen‹. Er wünschte sich, daß es mit einem Male schneien möge, weiß und sahnig rieseln möge, dann, nur dann würde er die Knitter geliehenen 84 000 Lire jetzt stante pede wiederfordern. ›Silbereisen‹, hauchte Kafka, ›sieh, dein Knecht, er harrt ja dein.‹

Ulli kraulte und zauselte sich mit großer Geschwindigkeit am schwarzen Pechbart, sichtlich sehr vermittlungswillig. Eher trostlos hatte sich Winni abgewandt, naserümpfend tappte Diddi auf der Stelle. Flankiert von Ferdl fächelte Körperich mit seiner alten ›Bild‹-Zeitung sich die verdiente Kühlung zu. Sehr unberührt trotteten Wimmer und Kümmel wasserwärts. »Sau!« hallte Knitter nach und setzte sich. Abgewandten Blicks wirkte er überanstrengt.

Angelinas Badekörper blitzte hellauf, knisternd wie Geschmeide. ›Ich bin eine Sau‹, dachte Kafka und überlegte, ob es technisch machbar wäre, jetzt ein Pferd zu kriegen und von hier weg zu einem Bahnhof zu reiten, irgendwann wohl käme er dann auch in Pescara an – und in längstens drei Monaten wäre er mit Sicherheit wieder in Prag. Aber das war auch nichts. ›Ich werde nicht mehr in mein Zimmer zurückkehren‹, dachte Kafka und wußte ums Verrecken nicht, warum er bei diesem Einfall nicht traurig wurde. Hübsche, dralle Schenkel hatte Eva.

Winni sagte etwas Flüsterndes zu Diddi, halb gemurmelt, doch mit Überzeugungskraft. ›Die Welt mit Schorf wie Manna überziehen‹, dachte Kafka arglos weiter, ›allein, ich bliebe Super-Sau.‹ Da kam ein kleiner Junge angelaufen, es war das Kind Ettore. Pfeilschnell schüttelte Ettore den braunen Wuschelkopf und strahlte in die Runde. Knitter zischte endlich fort, murmelnd, wie nachqualmend. Ettore lächelte steil an Kafka hoch, stellte sich ganz fest zu ihm. »Er wollte«, hörte man hinter dem Gerätezelt die Stimme Knitters würgen, aber schon etwas altjüngferlich, »er wollte, hör gut zu, mir meine Rolle kaputtmachen, die schwule Sau – von wegen ›Doktor‹! Wo hat er eigentlich seinen Doktor gemacht? Von Drama keine Ahnung ...«

Ettore stellte sich Kafka vor. Er heiße Svevo, gehe in Piacenza aufs Gymnasium und wolle später Schiffsanstreicherkaufmann werden. Glühend bildungswillig spähte er zu Kafka hoch.

Kurzzeitig tauchte auf dem Zeltplatz das Gerücht auf, Heitler habe Flöhe, dann hieß es wieder, Karin habe sie. Diddi teilte Schuller mit, der ›Landarzt‹-Film würde dem Andenken Walter Benjamins gewidmet werden, respektive seinem Selbstmord.

Das Meer glitzerte gelbtürkis, geheilt nach schwerer Prüfung gischtgekörnt. »Also, Punkt zwölf!« rief Ulli schon mit neuer Kraft, »wir drehn die Szene mit der Wunde. Wenn's ein Flop wird, machen wir's morgen nochmals, Zeit ist noch genug. Wichtig ist die Troika Kindheit-Krankheit-Tod. Und du, Ettore, brauchst gar nichts sagen, wir machen's wie in ›Terra trema‹!«

Irisblaue Kicherwellen paddelten dem Sandstrand zu. Jetzt sprang auch Abigail ins Wasser. ›Die Büchs ist Klasse‹, redete es aus Kafka, ›ein wunderbares Stopferl, ein Stopferl der Superklasse!‹

Hiemler umknusperte ein wenig Karin Bock, Gehring rümpfte stark die Nase. Halblaut sengte seidig blaue Luft. Staatssekretär Zwirn mit Panamahut sowie Dr. Piana fuhren mit Angelina Tontaubenschießen nach Vieste. ›Aufknüppeln!‹ dachte Kafka frisch und zuckte nicht zusammen. Heitler hatte seine Enttäuschung scheinbar lang verwunden, er trug zwischen Nase und Lippe einen braunen Kaffeefleck und las geziert in einem Buch, ›Ei, was wächst denn da?‹ Wimmer trat in krapplackrosanem Hemd an Kafka heran und bat ihn darum, heute abend bei einem Fußballmatch unter den Wasserballern den Schiedsrichter zu machen. Kafka nickte ohne Furcht. Doch schon war Zeit zur Filmarbeit. Ulli trommelte seine Leute zusammen. Man wolle, klärte er nochmals auf, es so halten, daß der im ›Landarzt‹-Film praktisch thematisierte Lernprozeß sozusagen im Lagerleben selber, in der Solidarität des Alltags, sich nochmals reflektiere. Außerdem, faßte er sehr flüchtig überlastet nach, wolle man, wie Woody Allen, sehr »sophisticated« vorgehen, aber nicht wie dieser »overgagged«.

Sehr unabhängig äugte Schuller.

In seiner Lederjacke als Landwirt eingekleidet, sah Kafka aufmerksam zu, wie der Landarzt Knitter, im elfenbeinschwarzen Sonntagsanzug und mit einem lichtockeren Tropenhut auf dem Kopf, sich knieend unter einer etwas vietnamesischen Dschunke zu schaffen machte, auf einem grün-cölinblau gerauteten Handtuch, der Rockschoß wehte sanft. Nackt bis auf eine Schärpe und sehr erwartungsvoll lag Ettore im heißen Sand, er hielt die Augen, nach Diddis Weisung, fest geschlossen, lustig zum Blinzeln machte er sie doch immer wieder auf. Schriml gaffte Kümmel an, sie war die schönste der Landfrauen. Ruhig und leicht schaumgekräuselt lag das Meer, kobaltblau und purpurviolett, zugleich und unverschämt auch noch pergamentgrünlich. Jemand hatte dem Knaben mit Ölfarbe oder Marmelade und Uhu in der Blinddarmgegend eine eindrucksvolle Wunde gemalt, in der auch tatsächlich wurm- und schabenartiges Getier herumkroch – Kafka hätte seinerseits das Eitrige lieber durch zwei Rühreier ausgedrückt, vielleicht auch durch zwei Spiegeleier mit Ketchup, doch das Unglück war ja keins. Knitter knieend wirkte sehr geschniegelt, fast schon allzu wohlsoigniert.

»Kamera läuft!« schrie Ulli, »Action!«

Knitter kramte etwas vergrämt in seiner sienabraunen Aktentasche und zog ein Stethoskop hervor. Scheinbar sehr kaltblütig steckte er es in sein Ohr und legte es Ettore auf die Bronzebrust. Dann sah er ratlos drein, endlich entdeckte er die Wunde. Der Ausdruck von Erkenntnis trat in Knitters Runzelstirn. Voll Zartgefühl betappte der Landarzt seinen Pflegling lange. Ruckartig sah er dann zum Himmel hoch.

Der Ginster am Ufer stand zerzaust, das Unwetter vom Vortag hatte schwere Pfützen auf den Strandplatz hinterlassen. Ein Segelflieger plänkelte über den Karst. Der Nachmittag war der Freizeit aller gewidmet. Heitler wieherte auf Hiemler ein, aufgemuntert langte Wimmer Schuller eine Leichte. Kurzzeitig hielten zwei katholische Urlauber aus Oldenburg am Zeltplatz an und fuhren dann wieder weiter gegen Süden. Planlos strich Kafka um die Zelte. Knitter schien gleichfalls allerlei Gedanken nachzuhängen und Kafka nicht länger mehr zu grollen, nach einem schnellen, vielleicht auch versehentlichen Gruß über die Lagerfeuerstelle hinweg zu schließen. Kafka nahm sich fest vor, den Lehrern als endgültigen Filmtitel ›Kumulationen‹ vorzuschlagen, da komme der offene und geschlossene Lernprozeß optimal sophisticated raus. Falls sie es nicht wieder vergessen haben möchten, würde er, schwor sich Kafka und warf einen Stein ins jetzt wieder grenzschutzgrüne Meer, den Lehrern morgen nicht nur als Meta-, sondern auch als Super-Ebene zur Verfügung stehen, gleichzeitig als Hyper-Sau. Dann würde er Helga nageln, vor geballter Kamera, Speckeier um den Sack. Kecker spitzte Kafka bald sein Mäulchen. Sollten die Lehrer es verlangen, würde er, Kafka, auch die Filmmusik noch schreiben. Wie ›Alexis Sorbas‹, doch im Stil von Gustav Mahler. Allerdings in es-moll, darauf würde er bestehen.

Terry van der Moulen war nicht mehr zu sehen, aber einsam nah der Lagerfeuerstelle spielte sein facettenreiches Kofferradio chromblitzend Unbegreifliches. Jetzt erstmals und sehr spät sah Kafka ein Grillgerät, auf dem sich Schriml und Marianne Ach unbedrängt und wohlgenährt ein Schnitzel brieten. Kafka ging zu Carlo Mocca trinken. Licht belaberte Kafkas Franz, schon bald ging er zum Weine über. Zum Abschlecken sah Helga aus. Sonne patschte plump ins Meer, umgeschaut vom Dreckfleck weg.

Wie schön schimmerte Kümmels Haut!

Beim abendlichen Dämmerschoppen schienen alle Lehrer hochzufrieden, sogar Ferdl. Knitter, wie man hörte, war mit Schmer in Peschici. Kafka lächelte vorsorglich, aber freilich sehr entlarvt. Knitter fehlte ihm schon bitter. Körperich ließ einen springen, schurkisch üppig, froschgesichtig. Schön war es in Italien. Er fühle sich etwas »overstressed«, klagte Ulli und goß wie in Trance einen Schnaps nach dem anderen in den Schlund. Dagegen trank der Student Heitler sehr bewußt, mit schon unglaublich stolzer Miene. Ettore strahlte alle an, am artigsten den Dichter.

Noch einmal überschneite Kafka gleichwohl Wehmut. Italien war Spitze, bon. Die Büchsen waren schwer okay. Es waren alles ›very nice people here, very nice and mighty fuck'n'‹. Soweit war alles klar. Kühn goß sich Kafka einen neuen Roten scharf hinter die Binde. Und übers Wetter ließ sich auch nicht klagen. Trotzdem, so zürnte Kafka leicht benebelt, derweil die Wehmut stärker preßte und Hiemlers Plattnase auf Bock zukroch – irgend jemand hätte trotzdem warnen, ihm abraten, ihn fest am Kragen halten müssen. Max und Oskar Baum und notfalls Felix Weltsch. Lauter gute Kameraden, leider lauter Super-Säue. Kein Verlaß auf diese Burschen! Das ganze Jahr hängen sie rum, die schwulverwichste Troika. Doch wenn man sie mal echt braucht, ehrlich, dann sind sie ja nie da, die Boys.

DER MANN,
DER NICHT BUMSEN WOLLTE

Je verdorbener ein Zeitalter, desto mehr Verachtung der Weiber

(Jean Paul, Levana)

Ach was, hört mir doch mit diesem Franz Kafka (1883–1924) auf! Was war denn schon groß dran an ihm, daß alle Welt sich das Maul zerreißt! Und unsere blöden Professorenprimeln immer vorndran! Was war er denn, der Kafka? Ein Böhmackl war er halt und ein Jud dazu – naja, schreiben konnte er ganz gut (prima Stil!) – also z. B. »Wo ich bin, ist keine Klarheit«, sehr richtig, oder: »Der Onkel ist mir der nächste Verwandte, viel näher als die Eltern«, sehr gut gesagt, sehr prägnant und flott hingeschrieben – jaja, formulieren hat er können, dieser Kafka – aber sonst? Sieht's böse aus. Mit Frauen lief es nicht – aber andererseits, nicht mal ein echter, cooler Frauenhasser war er! Doch doch, er hat sich schon immer wieder mal eine angetan – aber was war? Nichts war! Da schmiert der Mann in einem Jahr also zig hundert Seiten Briefe an Felice Bauer zusammen, aber was soll's? »Ich bin ein lügnerischer Mensch«, schreibt er eiskalt, oder: »Wenn man keine Kinder hat, muß man es an seinen Gespenstern merken, und man merkt es um so gründlicher«. Als ob einen solchen haarigen Gedankengang ein dummes Weib begreifen könnte! »Ohne sie« – Felice – »kann ich nicht leben«, schreibt er 1913 der Schwester Ottla, »und mit ihr auch nicht.« Eben. Gebracht hat es jedenfalls absolut nichts, nicht einen einzigen Coitus, obwohl er sich mit ihr sogar zweimal verlobt hat – alles Mache, als ob die gerade davon was gehabt haben möchte, die taube Nuß! Naja gut, später hat sie ja dann diesen ganzen Briefpacken mit Erfolg, ja geradezu brillant verhökert, an den S. Fischer-Verlag, der ihr den ganzen Schrott abgekauft hat (schön dumm!) – aber Kafka, natürlich, hat wieder mal das Nachsehen gehabt. Hat er praktisch-faktisch immer gehabt. D. h. er hat es ja offenbar so richtig gern gehabt, eben nicht zu Pott zu kommen. Und dafür natürlich immer und immer im Puff von Prag! Die alte Pottsau! Rattenscharf und echt unmenschlich, mit Th. W. Adorno zu reden: »Jeder Satz steht buchstäblich und jeder bedeutet ... Die Flucht durch den Menschen hindurch ins Nichtmenschliche – das ist Kafkas epische Bahn.« Eben. Genau. Und seine vitale! Immer und immerfort Weiber austricksen! Und zur Schnecke machen! Durch die blanke Unlust! Gut, einmal in Riva (oder war's in Meran, ist ja gleich), da hat er's angeblich gepackt, da hat er die Büchs, von der man aber den Namen nicht mehr weiß, flachgelegt, ziemlich gnadenlos, sogar ein Kind soll dabei hergeflochten worden sein, ein kleiner piccolo Kafka nach einer numera piccolissima, einem ewig kleinen Nümmerl, oje – niemand weiß was von diesem Sohn, auch er, der Alte, natürlich null Ahnung – aber dann eben wieder: Romane, Dramen, Lyrik. Nichts als Kauderwelsch. Von wegen »Märchen für Dialektiker« (Walter Benjamin), von wegen eine »Ellipse mit den Brennpunkten Mythos und Großstadtalltag«! Ellipse? Eine Pflaume war er! Und gibt es auch noch selber zu: »Ich schreibe anders als ich rede, ich rede anders als ich denke, ich denke anders als ich denken soll und so geht es weiter bis ins tiefste Dunkel.« Ja dann, gut Nacht! Aber so schaut's eben andauernd aus mit ihm – und dann natürlich Tagebücher, ewig und einen Tag Tagebucheintragungen. Was er da alles reingeteufelt hat! Das hat ihn angeheizt, das hat ihn hochgebracht, den »verdammten alten Wichser« (Peter Jackopp)! Zwanzig Jahre Hirnschamott! Und ich? Naja, einerseits geht's mir ganz gut, andererseits werd ich immer mehr vom Wetter abhängig. Und es gießt ja dauernd, Sauerei. Aber um auf Kafka zu rekurrieren: er war schon echt ein großer Wichser. Hm. Und nichts als Unfug auch im Kopf. »So zum Beispiel«, berichtet Max Brod, »lachten wir Freunde ganz unbändig, als er uns das erste Kapitel des ›Prozeß‹ zu Gehör brachte. Und er selbst lachte so sehr, daß er weilchenweise nicht weiterlesen konnte.« Gut, gebongt, Humor ist, wenn man trotzdem lacht – aber so baut man natürlich keine Schnepfen auf, das kapieren sie nicht, das schätzen sie auch nicht, die Pritschen – und auch das nur in den seltensten Fällen: »Er ist absolut unfähig zu lügen, so wie er unfähig ist, sich zu betrinken« (Milena). Der Lahmarsch. Überhaupt Milena, die alte Gurke. Was hat er ihr nicht alles vorgeseiert, dieser Kafka! »Im Umkreis um mich«, schreibt er ihr auch noch, »ist es unmöglich, menschlich zu leben.« Siehe oben. Und: »Ich werde dir ja die Hand nicht zu reichen wagen, Mädchen, die schmutzige, zuckende, krallige, fahrige, unsichere, heiß-kalte Hand.« Sowas hören sie eben gar nicht gern, die Schicksen, von ihren Stechern – aber das war eben sein Trick, er wollte und wollte nicht ran an die Geräte, es hat ihm einfach nicht gepaßt, da hat er keinen Bock gehabt, das war eben nicht sein Bier. Nur einmal, ein einzigesmal, bei einer Party bei Werfels, da hat es ihn überfallen. Da steht er, Kafka, also eine Zeitlang dumm rum, Sektglas linkisch in der Hand, auf einmal sieht er aber die Alma Mahler, und die ist also exakt sein Typ, und er überlegt und überlegt und so Zeug wie »Schreiben ist ein tieferer Schlaf, also Tod« brummt ihm durch die Birne, aber es hilft und hilft nichts, er wird nur immer spitzer – und er also endlich hin zur Alma und stellt sich vor von wegen Dr. Kafka, Arbeiterversicherungsanstalt, Verlag Rowohlt u. dergl. – und kurz, ob sie mit ihm in den Weinkeller kommt, er muß ihr da was Schönes zeigen, was auch noch gut tut usf. Und also Alma ahnt natürlich sofort was, wird auch logisch unten rum ganz feucht – aber weil sie ja ihren Kafka kennt, pfeift sie ihm natürlich was und hält sich raus und lieber weiter an Gustav schadlos, der ja mit Weibern echt was draufhaut (mit Musik geht alles besser) – und Kafka kriegt also wieder mal sein Heu nicht heim, sondern wie immer »strahlende Kopfschmerzen« noch und nöcher.

Ja, so war er halt, der Franz, der alte Zausel. Naja, ›Amerika‹ ist ja schon ein Klasseroman, und auch das andere Zeugs verkauft sich heute gut, alles bei Fischer, echte Longseller durch die Bank – aber eben nichts für Weibsen. So wie er eben mit ihnen nichts im Sinn gehabt hat. Na gut, später hat er dann zwar noch mit einer Minze und einer gew. Dora Diamant rumgeschwuchtelt und vielleicht noch ein-zwei Mädels umgelegt, fällt mir aber jetzt der Name nicht mehr ein (Wagenbach anrufen? Aber wo) – wird auch extrem wenig losgewesen sein. Typisch Kafka, typisch Tschechenkrüppel. Trotzdem, eine gute Haut war er natürlich auch wieder (z. B. ›Der Bau‹ – echte Spitze!) – naja, seien wir tolerant, jeder nach seiner Façon, so war er eben, unser Franz. Ein Mann, der seine Qualitäten hatte – aber halt nicht und nicht hat bumsen wollen. Oder jedenfalls viel zu selten. Und da hat er natürlich irgendwie irgendwo auch wieder recht gehabt. Oder? Herr Ober, noch ein Helles! Und bitte extra kühl!

Aber ehrlich!

ZU DIESEM BUCH

Kommentierende Nachworte von Autoren zu eigenen Büchern haben, indem sie der Interpretation und Kritik vorgreifen, meist etwas Kokettes, Unerwünschtes. In diesem besonderen Fall will eine Ausnahme gestattet sein; denn einige Informationen sind fast unerläßlich.

Die erste Geschichte dieses Buchs stellte den Verfasser und stellt den Leser vor Probleme. Nicht nur, weil sie die Kenntnis des Kafka'schen ›Amerika‹-Romans in gewisser Weise voraussetzt, diese zumindest sich empfiehlt: Vorkenntnisse erfordern andere Werke auch, z. B. solche, die sich auf Goethes ›Faust‹, beziehen. Vor allem aber die Tatsache, da sie den Kafka-Roman gleichsam um ein Kapitel fortschreibt und das Fragment ›zuendebringt‹, ist der Geschichte mehrfach problematisch. Vorhaben und Idee grenzen an Sakrileg, denn ich halte ›Amerika‹ für einen der zehn größten Romane der Weltliteratur, für den vielleicht rührendsten – und sind also nur mit Ehrgeiz und mit großer Liebe zu diesem Roman einigermaßen begründ- und legitimierbar. Die Entscheidung für diese Idee und diese Form hat nun freilich die Methode zur Folge, die ganz besondere ›Amerika‹-Erzählweise, auch den wunderbaren Tonfall, zumindest partiell zu übernehmen, auch leis parodierend, darüberhinaus doch auch ›persönlich« zu verändern – und zur Methode gehört dabei folgerichtig die Adaption von Themen, Motiven, Figuren – auf der anderen Seite das oft leicht abgewandelte Zitat bis hin in die Nähe des Plagiats. Ein schmaler Grat also, eine labile Balance, Gefahren im Großen und im Einzelnen. Weniger die vielverrufenen Kafka-Experten und Exklusiv-Exegeten als die freisinnigen unter den fühlsamen Kafka-Lesern wären befugt, die Stirn zu runzeln und, das Risiko liegt an und ist gar nicht zu vermeiden, Verdammnis auszusprechen.

Die Probleme der zweiten Geschichte sind vergleichsweise geringer Art. Schnell erkennbar gründet der Text auf der vielfachen zeitlichen Brechung, auf der allseitigen Anarchie der Anachronismen sozusagen. Das folgert z. B., daß der historische Franz Kafka in der Zeit nach der Veröffentlichung des ›Landarzt‹ ja keineswegs in der Alchimistengasse wohnte – in der vorliegenden Geschichte aber aus Gründen doch. Oder: Niemals natürlich wäre Kafka mit dem Homburg auf dem Schoß nach Italien gereist, im Gegenteil, in einem Brief an Felice (7. 11. 1912) rühmt sich der Dichter als »Erfinder der westenlosen Kleidung«, sozusagen einer besonderen Klamotten-Legerheit – aber das Impromptu erschien mir halt für die Geschichte fast unverzichtbar, nämlich gar zu verlockend. Freiheit des Umgangs mit Fakten ist nach ihrem eigenen Verständnis Voraussetzung der Geschichte – und das gilt auch für die Totalvermischung von Zitaten, Halbzitaten und Erfindung, mögen auch abermals die Stirnrunzler desgleichen tun. Vielleicht macht aber gerade die Entmischung dem Kafka-Freund etliches Vergnügen.

Die dritte Geschichte birgt, so weit ich sehe, keine Probleme.

Filmtechnische Ratschläge bei der zweiten Geschichte danken sich Herrn Stephan Meyer, München.

E. H.

P.S. zur 2. Auflage:

»Ich bin ein ganz und gar unfähiger Beamter«, lamentierte Doktor Kafka, als ich ihn einmal in seiner Kanzlei mit ganz verknittertem Gesicht vor seinem Schreibtisch antraf.

(Gustav Janouch, Gespräche mit Kafka)

Das anspruchsvolle Programm

62/0003

Doris Lessing
Das Leben meiner Mutter

62/0008

Monika Fagerholm
Wunderbare Frauen am Wasser

62/0004

Peter S. Beagle
Die Sonate des Einhorns

62/0005

Klaus Modick
Das Grau der Karolinen

DIANA-TASCHENBÜCHER

Zeit zum Lesen …